公務員試験 地方初級・国家一般職(高卒者)

第4版

自然科学

Natural science

TAC出版編集部編

テキスト

TAC出版
TAC PUBLISHING Group

はじめに

地方初級・国家一般職(高卒者)試験は，各試験によって多少の違いはあるものの，おおむね高校卒業～20代前半の人を対象として行われ，難易度は高校卒業程度とされています。近年は少子化や「全入時代」ともいわれる大学進学率の増加によって受験者数は減少していますが，公務員制度改革や財政難などの理由で採用予定者数も減少しており，国家系の試験で最終合格率は10％程度，地方系だとそれ以下という難関試験であることにかわりはありません。

この試験は，主要５科目＋公務員試験独特の科目が出題されるため，付け焼き刃の勉強で太刀打ちできるものではありません。その一方で，「何から手をつければよいのか分からない」,「問題集を購入したが最初からつまずいてしまい，勉強するのが嫌になった」などの声もよく聞きます。

公務員試験に限ったことではありませんが，勉強において最も重要なのは，「基礎力を身につける」ことです。基礎を理解せずに勉強を進めても高い学力は身に付きませんし，分からない部分が出てきたときに「どこでつまずいているのか？」を自分自身で判別することができません。

本シリーズは，基礎学力の向上を目的として，地方初級・国家一般職(高卒者)試験に挑む方々のために作られました。まず，各科目を分野別に分け，そこで覚えてほしいことや基本的な解き方を示すことで基礎的な知識を身につけ，代表的な問題を解くことで理解を深めていくという形で構成されています。迷ったときや分からなくなってしまったときは，解説部分をもう一度見直してみてください。何らかの道しるべとなるはずです。

皆さんと私たちの望みは１つです。

「憧れの公務員になること」

この本を手にした皆さんが，念願の職に就けることを心から願っております。

2024年１月　ＴＡＣ出版編集部

本シリーズの特長

① 科目別の６分冊
地方初級・国家一般職（高卒者）の教養試験で問われる学習範囲を，分野ごとに編集し，「数学・数的推理」「判断推理・資料解釈」「国語・文章理解」「社会科学」「人文科学」「自然科学」の６冊にまとめました。

※国家公務員試験は，平成24年度より新試験制度により実施されています。新試験制度では，「数的推理」は「数的処理」に，「判断推理」「空間把握」は「課題処理」に，名称が変更されています。しかしながら，これはあくまで名称上の変更にすぎず（名称は変更となっていますが，試験内容には変更はありません），本シリーズでは受験生の方が理解しやすいように，これまでどおりの科目名で取り扱っています。

② 基礎的な分野から段階を追った学習が可能です。
各テーマの記述は，まず，基礎的な解説，ぜひ覚えたい事項の整理からスタートします。ここでしっかり解き方や知識のインプットを行いましょう。続いて，演習問題を掲載しています。学んだ解き方や知識のアウトプットを行いましょう。演習問題は，比較的やさしい問題から少し応用的な問題までが含まれていますので，本試験へ向けた問題演習をしっかり行うことができます。

●ＴＡＣ出版では，国家一般職（高卒者）試験の対策として，以下の書籍を刊行しております。本シリーズとあわせてご活用いただければ，より合格が確実なものとなることでしょう。
『ポイントマスター』（全６冊）
　～本試験問題も含め，もっと多くの問題を解いて学習を進めたい方に
『適性試験のトレーニング』
　～適性試験対策にも力を入れたいという方に

本書のアイコンについて

解法のポイント	各章で取り扱う内容のうち，しっかりと理解して欲しい点を示しています。繰り返し読んで，確実に身につけましょう。
ヒント	例題を解くにあたって，ヒントとなる点を示しています。悩んだら，どういった点に注目すればよいのか確認しましょう。
参考	例題としてとりあげた問題について，参考となる情報を補足として付しています。

物理の出題状況

■国家一般職（高卒者）

例年１題出題。力学や電気が頻出。熱，波動，原子なども出題されることがある。

■地方初級

全国型	例年１題出題。力学，電気，熱，波動，原子などが頻出。
東京23区	例年２題出題。１題は力学からの問題であることが多い。

＜対策について＞

基本的には力学と電気を中心とした学習でよい。力学は力のつり合い，自由落下運動，運動の法則などが頻出である。基本的な公式や考え方をマスターし，問題演習を繰り返すことで，公式を使いこなしていくことが重要。電気はオームの法則，ジュールの法則，直流と交流などが必須分野であり，問題を解くことで解法パターンを身につけるとよい。

化学の出題状況

■国家一般職（高卒者）

例年１題出題。無機化合物の出題が多い。物質の構造，状態，反応などの基本的な事項が組み合わされた出題となる。

■地方初級

全国型	例年２題出題。基本的に国家一般職（高卒者）と同傾向だが，計算問題が出題されることがある。
東京23区	例年２題出題。物質の構造を問う問題が多い。

＜対策について＞

物質の構造，状態，反応などの基礎事項を整理した後，過去問を中心に演習問題をこなすことが重要である。重要な化学反応式については，代表的な化学反応例を繰り返し解くことで，そのパターンを把握することが必要である。

生物の出題状況

■国家一般職（高卒者）

例年１題出題。細胞分裂，呼吸，光合成などが頻出。遺伝，恒常性の維持と調節，生態系などもよく出題されている。

■地方初級

全国型	例年１～２題出題。生態系，恒常性の維持と調節，呼吸，光合成などが頻出。
東京23区	例年２題程度出題。動物や植物の分類に関する問題が多いが，まんべんなく出題される。

<対策について>

細胞，呼吸，光合成を中心に，遺伝，恒常性の維持と調節，生態系を学習する。基礎事項を頭に入れたら，繰り返し問題を解きながら覚える，演習中心の学習が適切である。

地学の出題状況

■国家一般職（高卒者）

例年１題出題。気象は頻出，地球の運動，太陽系からの問題も多い。また地球の内部構造についての出題も散見される。

■地方初級

全国型　例年１～２題出題。気象と地球の運動，太陽系からの出題が多い。

東京23区　例年１題出題。気象と地球の運動，太陽系，地球の内部構造などから，基本的な事項が出題される。

<対策について>

暗記系の科目になるので，基礎的なことを一通り学習した後は，繰り返し類似の問題を解いて，知識を確実に覚えていく学習方法が有効である。

「自然科学」 目次

第１編

物　理

第1章 力と運動1

本章で取り上げる「力と運動」は，**力学**と呼ばれる分野であり，物理の学習の基本となる考え方である。力学の学習をすすめるためには，**ベクトル**という概念が重要となる。物理の学習では物体にかかる力を図示することから始まるが，そのためには**力の大きさ**，**力の向き**，**力のはたらく点（作用点）**の３つが必要となる。これら３つの力の要素を紙面上に表現するために物理の世界では矢印（＝ベクトル）を用いる。

「力学」というと何か難しい世界のように感じるかもしれないが，わたしたち人間も常に力を受けながら生活している。地球上に住んでいるということは，地球から**引力**を受けているのである。普段はほとんど意識することはないが，引力というベクトルが加わっているのである。しかし，わたしたち人間が受けている力は引力だけではない。もし，受けている力が引力だけであれば，人間はさらに地球の中心に向かって引っ張られ，地面に埋まってしまうはずである。このようにならないのは，地球が人間を引っ張る力と同じ大きさの力が地面から人間に加わっているからである。人間や物体がその場に止まっているということは，１つの力と正反対の方向に同じ大きさの力が加わっているということになる。このことを**力のつりあい**という。

物体にはたらく力は１つだけとは限らない。いろいろな方向にさまざまな力がはたらいていることもある。そのために２つ以上の力を合成することが必要になる。このことを紙面上に表現するために，矢印で表したベクトルの足し算を考えなくてはならない。ところがベクトルには大きさだけでなく向きがあるため，向きも足し算しなくてはならない。ベクトルの大きさと向きを同時に足し算するためには２つの矢印を辺にもつ平行四辺形を作り，その対角線が足し算の答えとなる。このようにベクトルの足し算で求めた力を**合力**という。同じように平行四辺形を用いてベクトルを分解することもできる。この分解された力を**分力**という。

わたしたちの生活の中にはさまざまな力がある。定滑車や動滑車などにはたらく力，水の浮力，バネの弾性力などは比較的なじみが深いのではないだろうか。これらの力についても考えていく。

解法のポイント

(1) スカラーとベクトル

スカラー：長さ，速さ，時間など大きさだけで定まる量

ベクトル：変位，速度，加速度，力など大きさと方向，向きをもち，平行四辺形の法則によって合成・分解される量

(2) 力の合成と分解

２つの力$\vec{F_1}$と$\vec{F_2}$との合成効果をもつ１つの力$\vec{F}$を導くことを力の合成という。

$$\vec{F_1}+\vec{F_2}=\vec{F}$$

合成法

① 平行四辺形の法則

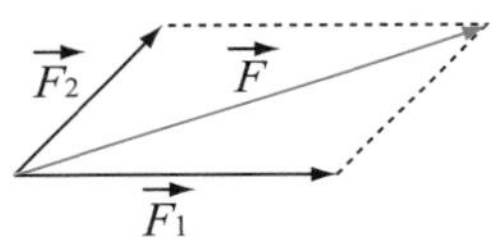

$\vec{F_1}$，$\vec{F_2}$を隣り合う２辺とする平行四辺形の対角線を求めて，これを$\vec{F}$とする。

② 三角形法

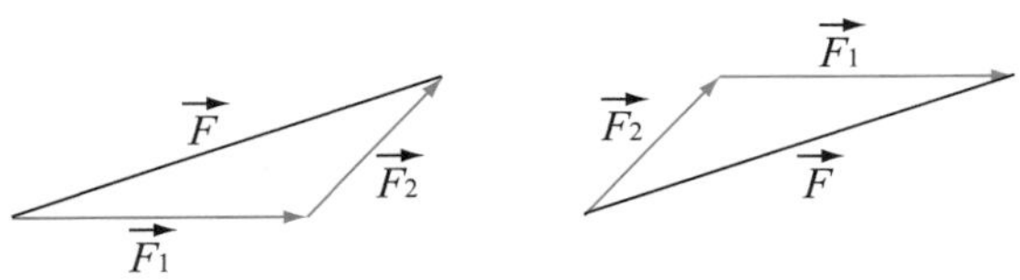

１つの力$\vec{F}$が与えられていて，それらの合成効果が$\vec{F}$の効果と等しい２つの力$\vec{F_1}$と$\vec{F_2}$を求めることを力の分解という。

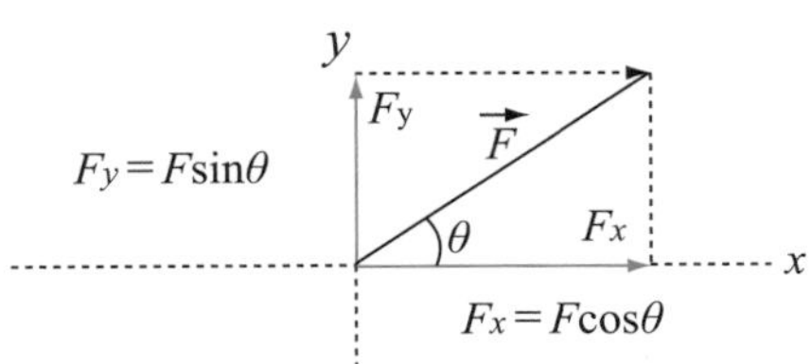

㊟ ベクトルを表す矢印の長さ＝力の大きさ

㊟ 三角形の辺の長さの比＝力の大きさの比となる

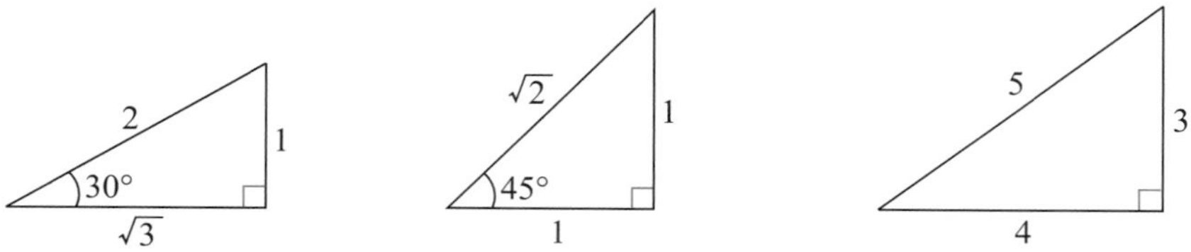

㊟ $\sqrt{2} = 1.41$　$\sqrt{3} = 1.73$　$\sqrt{5} = 2.23$

(3)　力のつり合い

物体に２つ以上の力がはたらいているにもかかわらず，物体が静止または運動の状態に変化が起こらないとき，この物体にはたらいているそれらの力はつり合っている。あるいは「つりあいの状態」（平衡状態）にあるという。合力は０となる。

①　２力のつり合い

２力が質点（作用点）にはたらいて，つり合いの状態にある場合

２力の大きさは等しく，作用線が共通，向きが反対

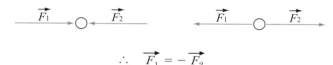

$$\therefore\quad \overrightarrow{F_1} = -\overrightarrow{F_2}$$

②　３力のつり合い

(a)　２力の合力と第３力がつり合う

$$\overrightarrow{F_{1,2}} = -\overrightarrow{F_3}$$

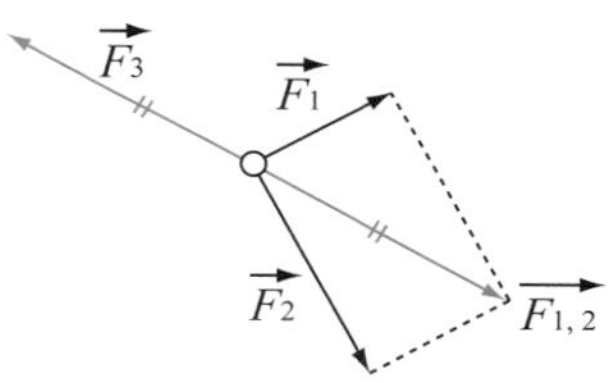

(b)　３力を表す矢印が三角形をつくるとき

$$\overrightarrow{F_1} + \overrightarrow{F_3} = -\overrightarrow{F_2},\quad \overrightarrow{F_3} + \overrightarrow{F_2} = -\overrightarrow{F_1},\quad \overrightarrow{F_2} + \overrightarrow{F_1} = -\overrightarrow{F_3}$$

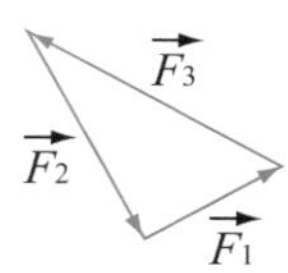

(4)　てこと滑車

両者とも回転力（モーメント）の利用

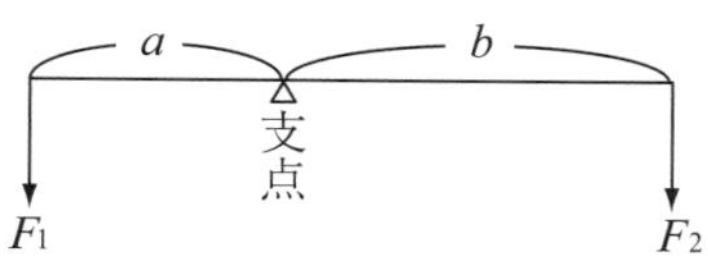

左まわりの回転力＝右まわりの回転力のとき

$\therefore$　つり合いの状態

$$\therefore\quad F_1 \times a = F_2 \times b$$

定滑車の場合

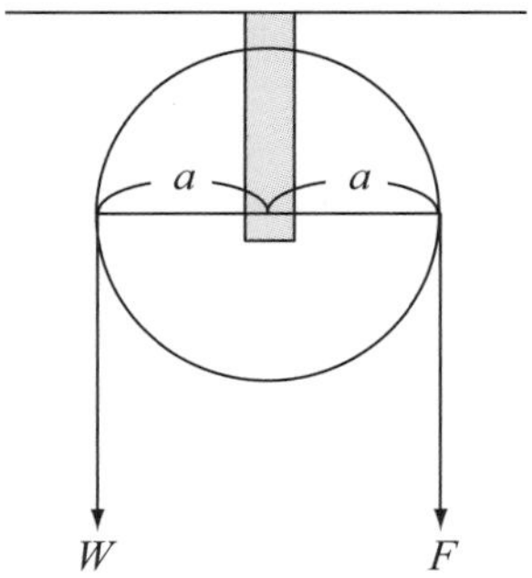

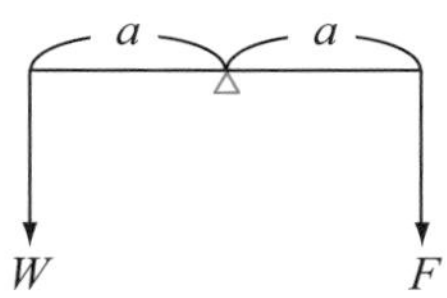

と考える

$$W \times a = F \times a$$

$$\therefore \quad W = F$$

動滑車の場合

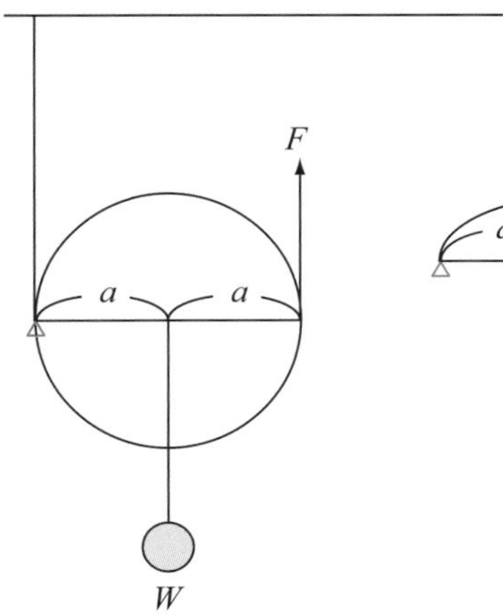

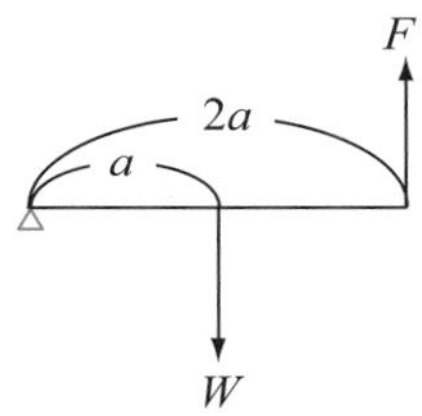

と考える

$$W \times a = F \times 2a$$

$$\therefore \quad \frac{W}{2} = F$$

(5) **浮力**

アルキメデスの原理：物体を液体の中に入れると増加した液体の重さだけ浮力を受ける。

増加した液体の体積＝液体中の物体の体積

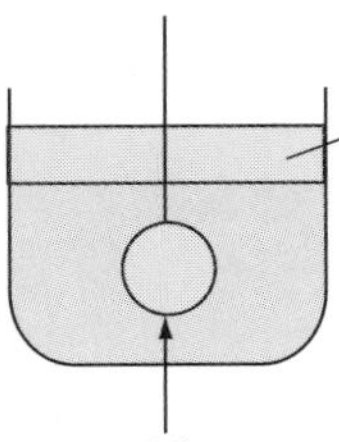

浮力

増加した液体の体積＝ V〔m^3〕＝物体の体積

㊟　密度 ρ〔kg/ m^3〕＝ $\dfrac{質量\ m〔kg〕}{体積\ V〔m^3〕}$

∴　増加した液体の質量＝密度×増加した液体の体積＝ $\rho \times V$〔kg〕

∴　浮力 $F = \rho V g$〔N〕

g：重力加速度

(6) **力とバネの伸び**

バネの伸び：加える力に比例する。（バネ定数＝ k，伸びの長さ＝ x）

$$\therefore \quad F = kx$$

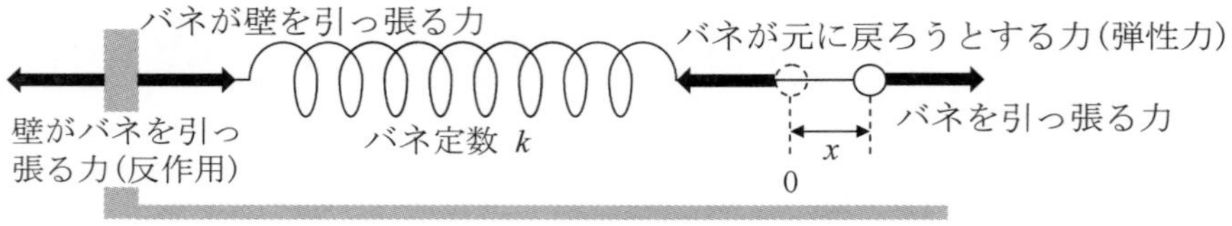

Q 例題①

問題ア

以下のベクトルを合成して，合力を求めよ。$\sqrt{2}=1.41$，$\sqrt{3}=1.73$ とする。

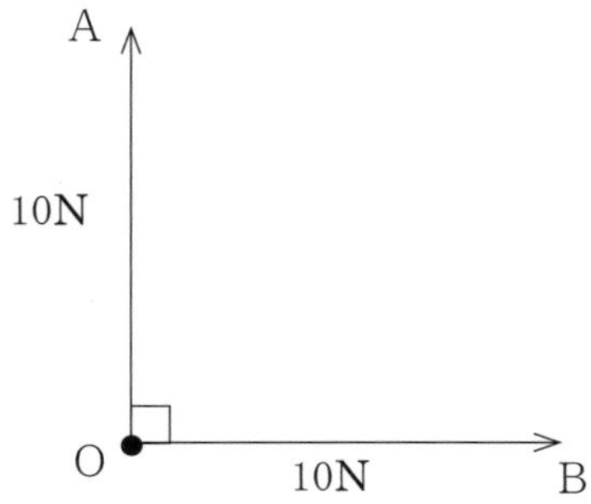

問題イ

以下のてこがつり合っている。Bのおもりの重力を求めよ。ＯＡ＝30cm，ＯＢ＝15cm とする。

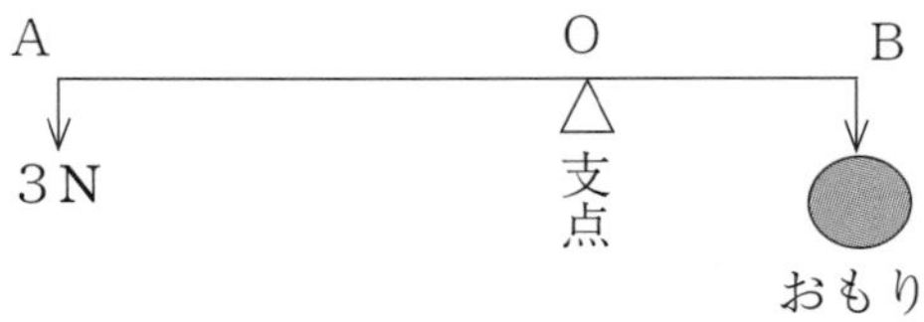

ヒント

問題ア

ベクトルを合成する場合は，ベクトルの値を単純に足し算するのではなくて，与えられている２つのベクトルを平行四辺形の１辺として，対角線を作る。

問題イ

てこの場合は支点からの長さが重要である。左右のてこがつり合っている場合は，【おもりの重さ】×【支点からの距離】の値が等しい性質を利用する。

A 解答・解説

問題ア

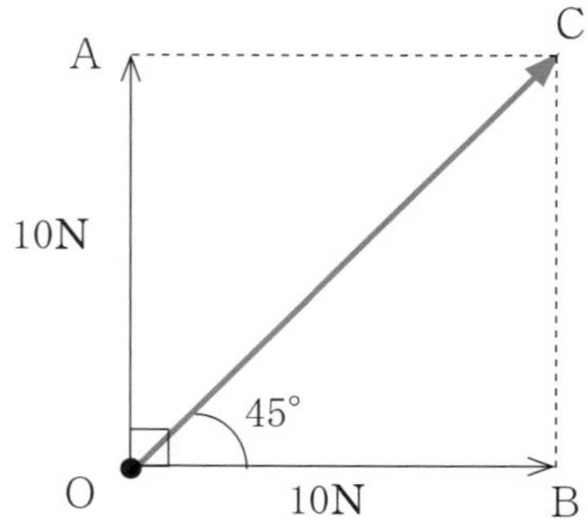

図のように平行四辺形を作成する（この場合は正方形となる）。

三平方の定理を用いると，ＯＣ＝10〔N〕×$\sqrt{2}$ となる。

よって，$\sqrt{2}$ ＝1.41 とすると，合力ＯＣは 14.1N である。

解答：14.1N

問題イ

てこがつり合っているので，左側と右側の【おもりの重力】×【支点からの距離】が等しい。よって，3〔N〕×30〔cm〕＝【求めるおもりの重力】×15〔cm〕

したがって，Ｂのおもりの重さは 6N である。

解答：6N

Q 例題②

軽くて重さが無視できる滑車を２つ用いて，40N の重力のおもりを持ち上げることにした。アを引いて，おもりを持ち上げる際に必要な力を求めよ。

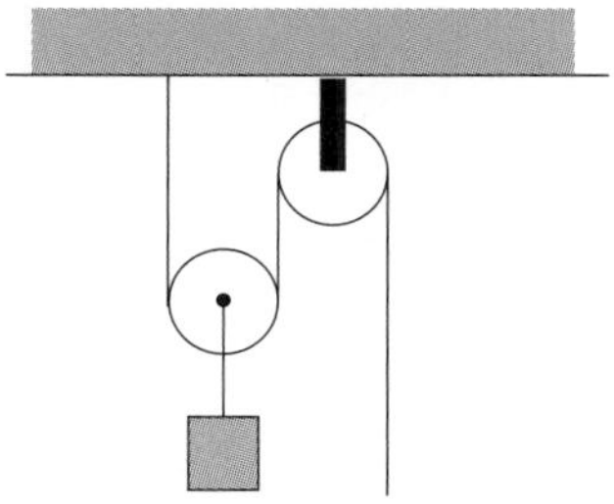

ヒント

滑車には「定滑車」と「動滑車」がある。試験では組み合わせて出題されることが多い。定滑車は力の向きが変化するだけであるが，動滑車を利用すると，物体を半分の重さで上に引き上げることができる。これは定滑車と組み合わせになっている場合も同様に考えてよい。

A 解答・解説

動滑車が含まれているので，力の大きさは半分でよい。したがって，20N が必要である。

解答：20N

演習問題

No.1

（解答 ▸ P.1）

次の記述のうち，正しいものはどれか。

① 速さは向きをもたないので，ベクトル量である。
② 力は向きをもつので，スカラー量である。
③ 速度は向きと大きさの両方をもつので，矢印で表すことができる。
④ 時間は向きだけをもつので，スカラー量である。
⑤ 運動している物体の質量と，その運動の速度の積を運動量という。運動量はスカラー量である。

No.2

（解答 ▸ P.1）

次の図において，ひもＯＡにかかる力はどれだけか。

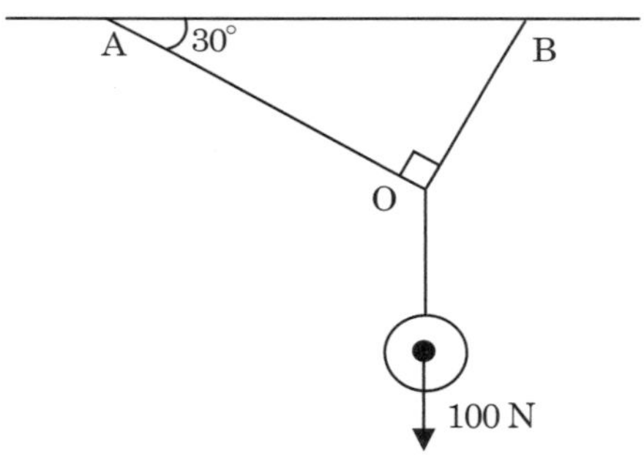

① 28.8 N
② 50 N
③ 86.5 N
④ 100 N
⑤ 115 N

No.3

（解答 ▸ P.1）

右の図において，ひもＯＡに 98N の張力がかかっていたとき，おもりにはたらく重力の大きさは何 N か。

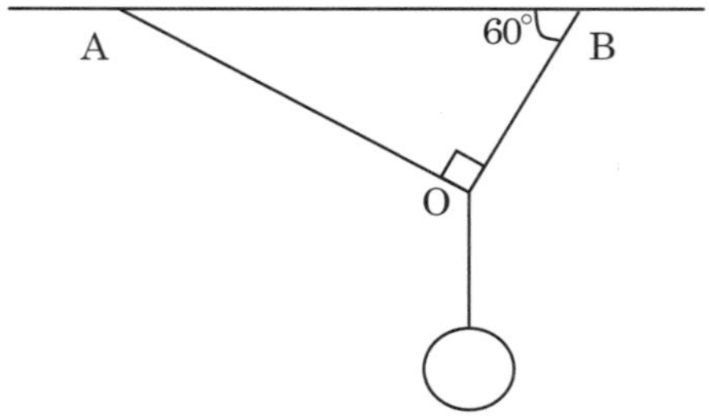

① 20 N
② 48 N
③ 85 N
④ 156 N
⑤ 196 N

No.4

(解答 ▸ P.1)

図のようなてこがある。棒の長さは 1 mで，おもりAから 20 cmのところに支点がある。

おもりにはたらく重力が 120N のとき，おもりを動かすためにはどれだけの力を棒のB点にかければよいか。ただし，棒の重さは無視できるものとする。

① 20 N
② 30 N
③ 40 N
④ 50 N
⑤ 60 N

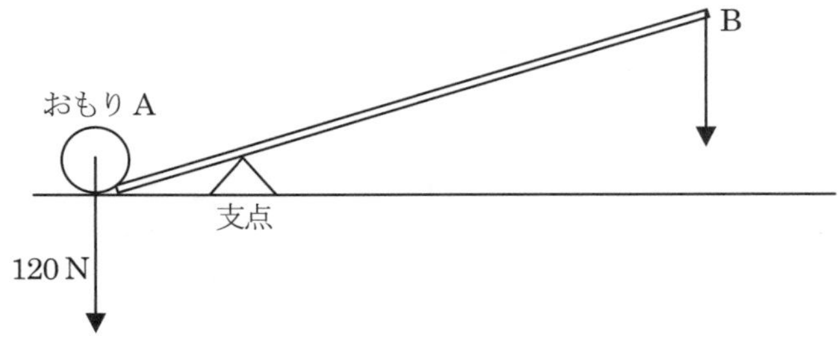

No.5

(解答 ▸ P.1)

図のようなモビールが天井から吊り下げられており，つり合っている。

点Oからの距離は，OA＝50 cm，OB＝40 cm，OC＝20 cm，OD＝50 cmである。B，C，Dに吊り下げられているおもりの重さが等しいとき，Aに吊り下げられているおもりの重さはBに吊り下げられているおもりの重さの何倍か。

ただし，モビールのひもの重さは無視できるものとする。

① $\frac{1}{5}$ 倍
② $\frac{3}{5}$ 倍
③ $\frac{3}{2}$ 倍
④ $\frac{5}{3}$ 倍
⑤ 5 倍

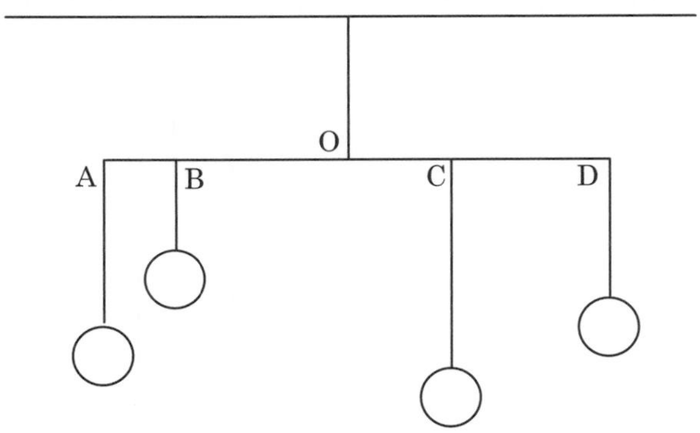

No.6 （解答 ▸ P.1）

次の図A，Bについて，ひもア，イにかかる張力の組合せとして，最も妥当なものはどれか。
ただし，それぞれのおもりにはたらく重力の大きさは **100N** とし，滑車やひもの重さは無視できるものとする。

	ア	イ
①	100 N	25 N
②	100 N	50 N
③	100 N	75 N
④	50 N	25 N
⑤	50 N	50 N

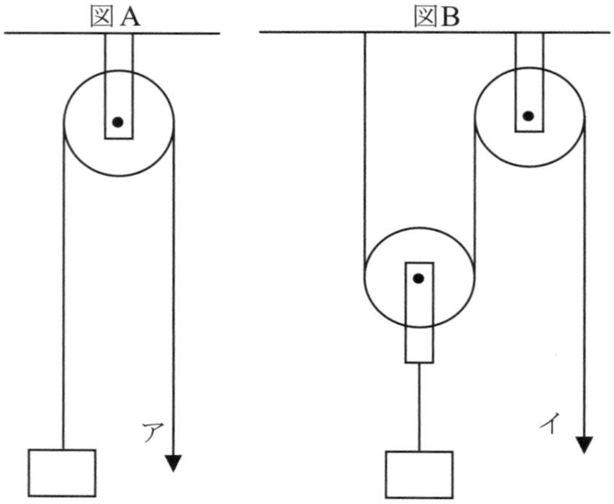

No.7 （解答 ▸ P.2）

図のような装置でおもりを吊り下げるとき，ひもAにかかる力の大きさとして正しいものはどれか。

おもりにはたらく重力の大きさは **120N**，動滑車にはたらく重力の大きさは **40N** とし，ひもの重さは無視できるものとする。

① 30 N
② 40 N
③ 50 N
④ 60 N
⑤ 70 N

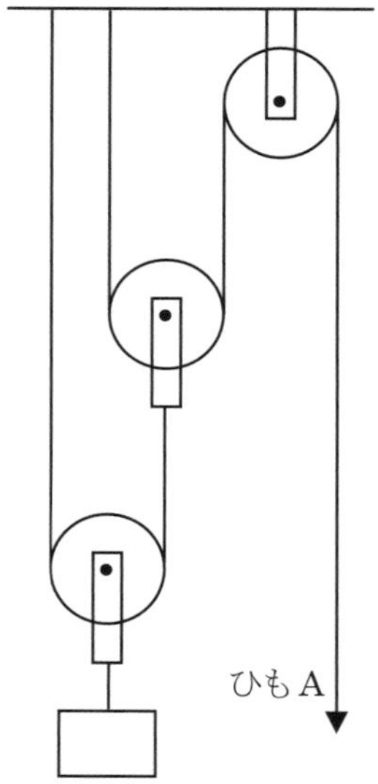

No.8

（解答▸P.2）

グラフはバネA，Bの，おもりの重さとバネの伸びについて表したものである。これより，バネA，Bを図のように連結して**20g**のおもりを吊るしたときの，バネAとバネBの伸びの和はいくつになるか。ただし，バネの重さは無視できるものとする。

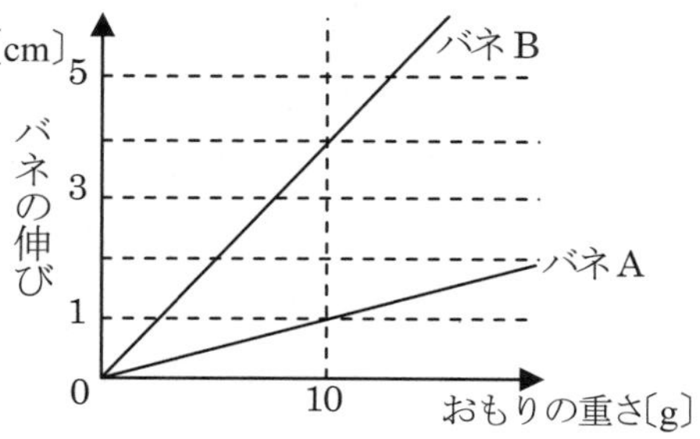

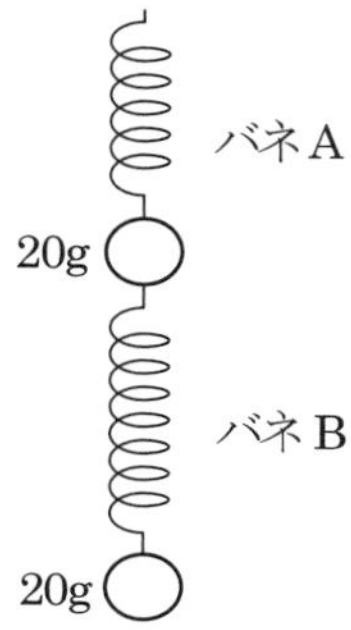

① 9cm　② 10cm　③ 12cm　④ 15cm　⑤ 18cm

第1編

第2章 力と運動2

この章では，動いている物体について取り上げる。物体が動いている状態のことを物理では**運動**という。そして，この運動している物体は**速度**をもっている。たとえば道路を走っている自動車は，時速30kmとか時速45kmといった速度をもっていることはイメージできるだろう。この速度は一定時間にどれだけの距離を進むかを表したものであるため，「**距離÷時間**」の計算式で求めることができる。また，速度もベクトルの一種なので，向きをもっていることに注意してほしい。自動車であれば，「進行方向に向かって時速45kmで走っている」と考えるのである。

しかし，自動車は最初から時速45kmで走っていたわけではない。出発前は止まっていたのだから，時速0kmの状態である。自動車の速度は時速0kmから一瞬にして時速45kmになったのではなく，発進してから徐々に**加速**して時速45kmになったのである。すなわち加速しないと速度が出ないということである。この加速のことを物理では**加速度**という。加速度は「一定時間に速度がどれだけ変化したか」を示す数値であり，「**速度の変化÷時間**」の計算式で求めることができる。

物体はさまざまな運動をする。常に速度が一定で加速度が０である**等速直線運動**，常に加速度が一定である**等加速度直線運動**，物体を投げ下ろす**落下運動**などがあげられる。これらの運動を考えるにあたっては，運動している物体がその運動を継続しようとする**慣性の法則**，物体の加速度は力の大きさに比例し，質量の大きさに反比例するという**運動方程式（運動の法則）**，物体Ａが物体Ｂに力を及ぼすとき，物体Ｂも物体Ａから同じ大きさの力を受けるという**作用・反作用の法則**の３つを頭に入れておく必要がある。これらの３つの法則を**ニュートンの３法則**とよぶ。

解法のポイント

(1) 見かけの速度と相対速度

① 速度の合成

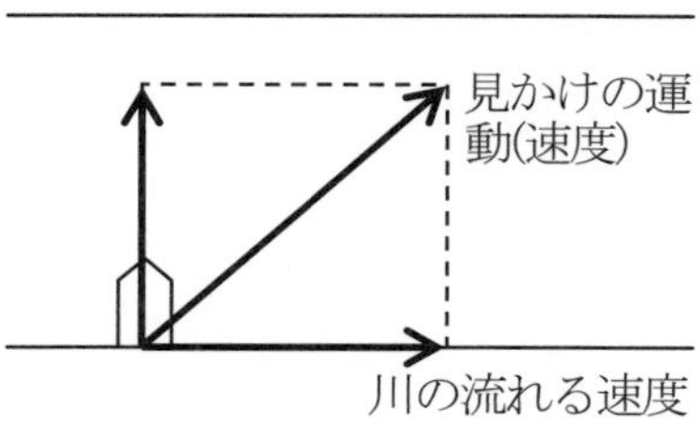

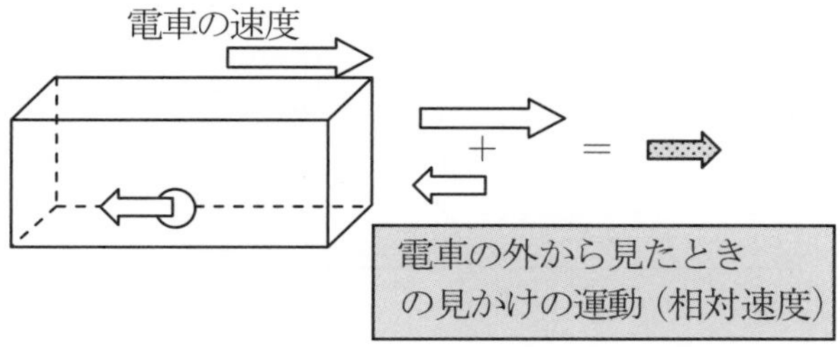

② 相対速度

２つの物体が運動しているとき，一方から見た他方の見かけの速度

Aに対するBの相対速度＝Aから見たBの相対速度　$\overrightarrow{V_{A\to B}}$

$\overrightarrow{V_{A\to B}} = \overrightarrow{V_B} - \overrightarrow{V_A}$

(2) 等速直線運動

速さ v〔m/s〕，時間 t〔s〕，距離 x〔m〕との関係

$\therefore\ x = vt$

㊟　速さの単位　時速 km/h，分速 m/min，秒速 m/s

(3) 等加速度直線運動

加速度：一定時間における速さの変化の割合

時間 $t_1 \sim t_2$ の間の速さの変化について，t_1 のとき v_1，t_2 のとき v_2 とすると

$\therefore$　加速度 $a = \dfrac{v_2 - v_1}{t_2 - t_1}$〔m/s²〕

初速度＝v_0，t 秒後の速さ＝v，加速度＝a，t 秒間に移動した距離＝x とすると，

$v = v_0 + at$　……(1)

$x = v_0t + \dfrac{1}{2}at^2$　……(2)

(1)より $t = \dfrac{v - v_0}{a}$ を(2)に代入して，

$\therefore\ v^2 - v_0{}^2 = 2ax$　……(3)

(1)，(2)，(3) を用いて解く。

v–t グラフ

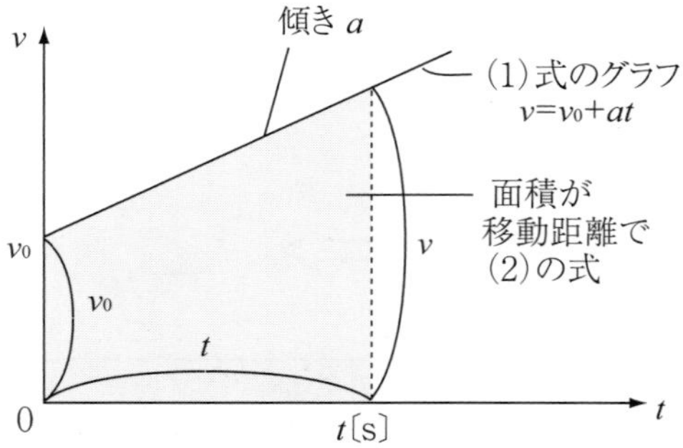

ある時刻 t〔s〕までの移動距離は v–t グラフで囲まれた面積になる。

上図，台形の面積より，

$$x = (v_0 + v) \times t \div 2$$

これに(1)を代入

$$= (v_0 + v_0 + at) \times t \div 2$$

$$= v_0 t + \frac{1}{2} at^2$$

となり(2)式になる。

まとめ

等加速度直線運動

$v = v_0 + at$ (v と t の式)

$x = v_0 t + \frac{1}{2}at^2$ (x と t の式)

$v^2 - {v_0}^2 = 2ax$ (v と x の式)

(4) 落下運動

① 自由落下

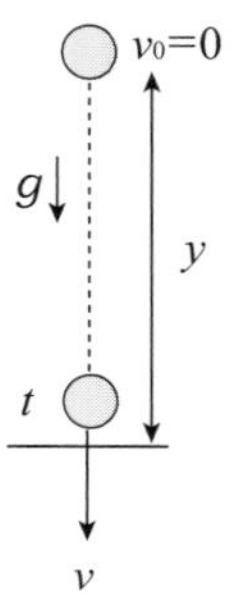

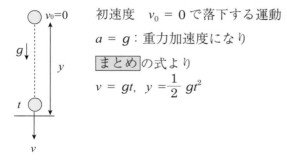

初速度　$v_0 = 0$ で落下する運動

$a = g$：重力加速度になり

まとめの式より

$v = gt$，$y = \frac{1}{2} gt^2$

② 鉛直投上

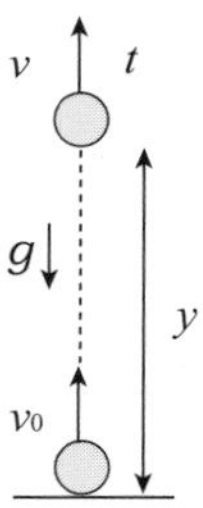

初速度 v_0 で投げ上げる運動

$a = -g$「−」は初速度の向きと逆のためにつける。最高点で速さ 0 になる。

まとめの式より

$v = v_0 - gt,\ y = v_0t - \frac{1}{2}gt^2$

③ 鉛直投下

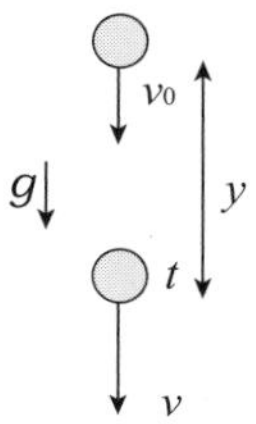

初速度 v_0 で投げ下ろす運動

$a = g$

まとめの式より

$v = v_0 + gt,\ y = v_0t + \frac{1}{2}gt^2$

④ 水平投射

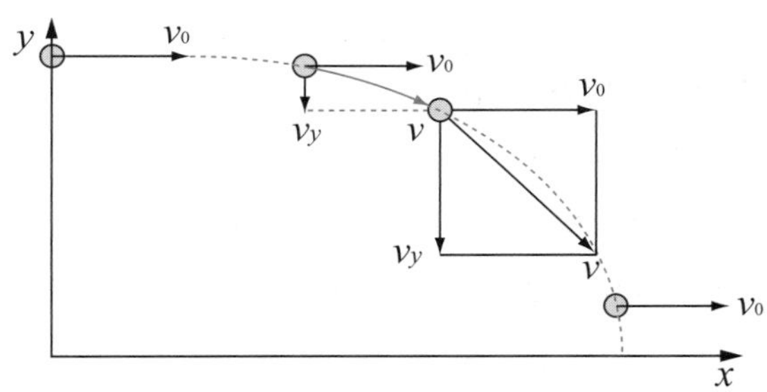

2つの運動に分解

- 水平方向

  等速運動　速さ v_0

  $x = v_0 \times t$〔s〕

- 鉛直方向

  自由落下運動

⑤　**斜方投射**

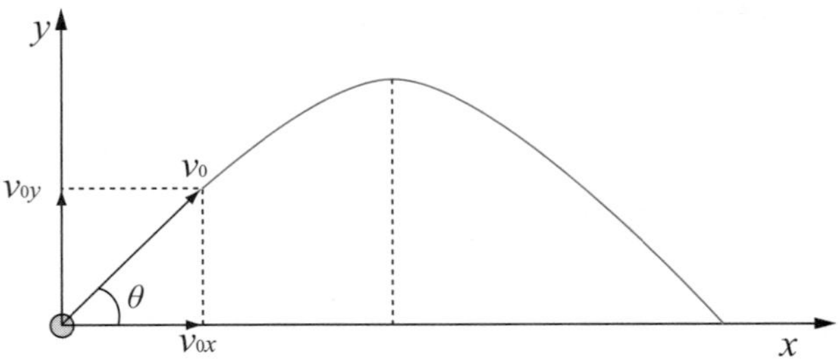

２つの運動に分解

●水平方向の運動：初速度 v_{0x} の等速運動

$v_{0x} = v_0 \times \cos\theta$　　∴　$x = v_0 \cos\theta \times t$

●鉛直方向の運動：鉛直投上　初速度　$v_{0y} = v_0 \times \sin\theta$

(5)　ニュートンの運動の法則

①　**第一法則（慣性の法則）**

物体に外から力がはたらかないか，または２つ以上の力がはたらいてもそれらがつり合っているときには，物体は静止あるいは等速運動の状態を続ける。

例.　ダルマ落し，車の急発進，急停止の場合の車内の物体など

※慣性：物体が現在の状態を持続しようとする性質

②　**第二法則（運動の法則）**

物体に力がはたらいているときに生じる加速度の方向・向きは，力の方向・向きと同じで加速度の大きさは，力の大きさに比例し，物体の質量に反比例する。

加速度 a〔m/s^2〕，質量 m〔kg〕，力 F〔N〕とすると

$$\therefore \quad a = \frac{F}{m} \text{ または } \therefore \quad F = ma \text{：運動方程式}$$

㊟ 1kgw ≒ 9.8N

③　**第三法則（作用反作用の法則）**

物体Ａが物体Ｂに力を作用するときは，ＢもＡに対して同じ作用線上にあって大きさが等しく，向きが反対な力を作用する。

Q 例題①

問題ア

加速度 15m/s^2 のバイクが初速度 0m/s から速度 45m/s になるまでにどれだけの時間がかかるか求めよ。

問題イ

初速度 5m/s の乗り物が 125m 進むのに 5 秒かかった。この乗り物の加速度を求めよ。

ヒント

問題ア

初速度，加速度，時間，速度の関係が聞かれている。したがって，この 4 つの関係についての公式「$v=v_0+at$」を用いることになる。

問題イ

初速度，加速度，時間，距離の関係が聞かれている。したがって，この 4 つの関係についての公式「$x=v_0t+\frac{1}{2}at^2$」を用いることになる。

A 解答・解説

問題ア

初速度，加速度，時間，速度の関係についての公式は $v=v_0+at$ である。

この公式に値を代入すると，$45 = 0 + 15 \times t$ となり，$t=3$〔s〕となる。

解答：3 秒

問題イ

初速度，加速度，時間，距離の関係についての公式は $x=v_0t+\frac{1}{2}at^2$ である。

この公式に値を代入すると，$125 = 5 \times 5 + \frac{1}{2} \times a \times 25$ となり，$a = 8$〔m/s^2〕となる。

解答：8〔m/s^2〕

Q 例題②

空からある物体を落下させた（初速度＝ 0）。地表に衝突するまでに 50 秒かかったとすると，地表に衝突する際の物体の速度はいくらか。ただし，重力加速度を 9. 8m/s^2 とし，物体の空気抵抗はないものとする。

ヒント

上空から初速度 0 で落下させた。では，加速度はどうなるのだろうか？　重力による加速度（＝重力加速度 g）が存在することを忘れないように。

A 解答・解説

初速度，加速度，時間，速度の関係についての公式は $v=v_0+at$ である。地球上で落下させた物体は重力で引っ張られる。したがって加速度は重力加速度ということになる。公式に数値を代入すると，

$v = 0+g \times 50$

よって，$v = 50g = 50 \times 9.8$

解答：490〔m/s〕

演習問題

No.1

（解答▸P.2）

次のア～ウの場合におけるAから見た物体Bの相対速度の組合せとして，正しいものはどれか。

ア　Aは速度5m/sで進む電車の中におり，外を電車と平行に速度3m/sで自転車Bが走っているとき。

イ　Aが速度3m/sで自転車で走っており，Aの運動と同じ直線上を速度−3m/sで自転車Bが走っているとき。

ウ　Aが速度2m/sで歩いており，Aの運動と同じ直線上を速度3m/sで自転車Bが走っているとき。

	ア	イ	ウ
①	2m/s	0m/s	1m/s
②	−2m/s	6m/s	−1m/s
③	2m/s	6m/s	5m/s
④	−2m/s	−6m/s	1m/s
⑤	2m/s	−6m/s	−1m/s

No.2

（解答▸P.2）

北向きに10m/sで進む自動車Aから，東向きに10m/sで進む自動車Bを見たときの相対速度の大きさと向きを表したものとして，正しいものはどれか。

①　北東の向きに速さ約14m/s
②　北東の向きに速さ約17m/s
③　南東の向きに速さ約14m/s
④　南東の向きに速さ約17m/s
⑤　北西の向きに速さ約14m/s

No.3

（解答 ▸ P.2）

速さ **2.0m/s** で流れる川を，流れに対して垂直に船で渡る。このとき，川岸に立っている人から見て，船の速さはいくらか。

ただし，船の静水流での速さは **4m/s** である。

① $2\sqrt{2}$ m/s
② $2\sqrt{3}$ m/s
③ $2\sqrt{5}$ m/s
④ $\sqrt{6}$ m/s
⑤ $2\sqrt{6}$ m/s

No.4

（解答 ▸ P.2）

船が流れに対して垂直に川を渡っている。川岸にいる人から見て，船は **8m/s** の速さで進んでいるように見えた。静水流での船の速さが **4m/s** であるとき，この川の流れの速さはいくらか。

① 4 m/s
② $4\sqrt{2}$ m/s
③ $4\sqrt{3}$ m/s
④ $4\sqrt{5}$ m/s
⑤ $4\sqrt{6}$ m/s

No.5

（解答 ▸ P.3）

A駅を出発してからB駅に着くまでの，電車の速度 ***v*** と時間 ***t*** との関係を示すグラフがある。A駅からB駅までの距離はいくらか。ただし，A駅からB駅まで，線路は直線であるとする。

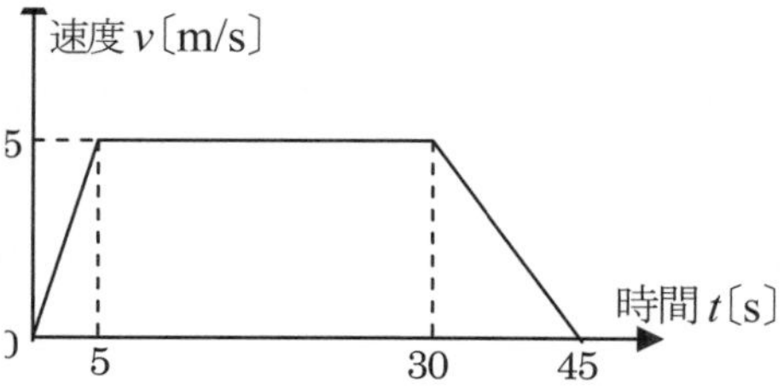

①　521 m　　②　522 m　　③　523 m　　④　524 m　　⑤　525 m

No.6

（解答 ▸ P.3）

初速 **2.0m/s**，加速度 **0.4m/s²** で運動している物体がある。動き始めてから **4** 秒後の位置と速度の組合せとして正しいものはどれか。

	位置	速度
①	11. 2 m	2. 8 m/s
②	11. 2 m	3. 6 m/s
③	8. 8 m	4. 4 m/s
④	8. 8 m	3. 6 m/s
⑤	8. 8 m	2. 8 m/s

No.7

（解答▸P.3）

物体の運動に関する次の記述のうち，正しいものを全て選んだ組合せとして，最も妥当なものはどれか。なお，いずれの場合も空気抵抗がないものとして考える。

ア　２つの物体を同時に自由落下させると，物体の質量や大きさに関係なく，２つの落下距離は等しい。

イ　２つの物体を同時に水平投射すると，物体の質量や大きさ，初速に関係なく，２つの水平方向の移動距離は等しい。

ウ　２つの物体を同時に斜方投射すると，物体の質量や大きさ，初速，投げたときの仰角に関係なく，２つの鉛直方向の速度変化の割合は等しい。

①　ア
②　ア，ウ
③　イ
④　イ，ウ
⑤　ウ

No.8

（解答 ▸ P.3）

高さ **140m** の崖の上から，小球Aを静かに放す。同時に，崖下から **80m** 離れた地点から小球Bを転がす。

２球が衝突するとき，小球Bの初速はいくらか。ただし，小球Bが転がる面の摩擦，球の大きさ，空気抵抗はないものとする。

重力加速度は $g = \mathbf{9.8m/s^2}$ とする。

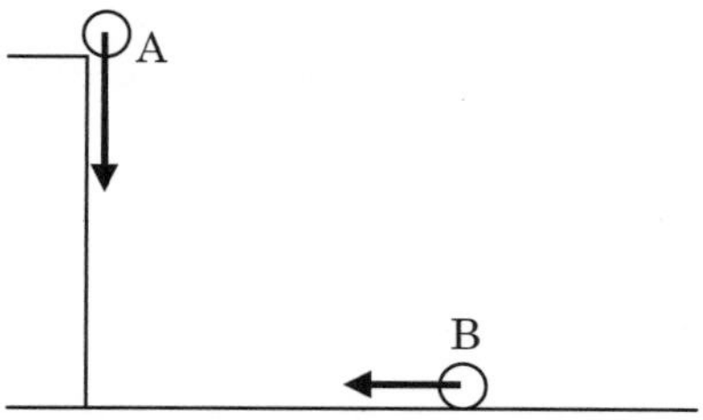

① $4\sqrt{14}$m/s　② $4\sqrt{17}$m/s　③ $14\sqrt{14}$m/s　④ $35\sqrt{14}$m/s　⑤ $40\sqrt{14}$m/s

第3章 力と運動・エネルギー

運動している物体が他の物体に衝突すると，他の物体に力を与えることができる。この力のことを**運動量**という。運動量は「**質量×物体の速度**」で求めることができる。つまり，質量が同じ物体であれば速度が大きいほど運動量は大きくなり，速度が同じ物体であれば質量が大きいほど運動量は大きくなる。また，この運動量は，複数の物体が衝突する前と後では，運動量の総和は変わらないという性質がある。このことは，ビリヤードの球が他の球に衝突したときをイメージするとよい。もともと運動していた球がその場に停止し，衝突された球が動き出すが，２つの球の運動量の和は変化しないのである。この法則を**運動量保存の法則**という。

また，運動している物体は停止するまでに他の物体に対して仕事（力を加えて動かす）をする能力をもっている。この能力を**運動エネルギー**という。運動エネルギーは物体の質量に比例し，速度の二乗に比例する。一方，高い位置にある物体には重力がはたらくため，低い位置にある物体に仕事をすることができる。この能力を**位置エネルギー**という。位置エネルギーは質量と高さの積に比例するという性質をもっている。例えば高い所から物体が落下すると，高さの減った分に相当する位置エネルギーが減少し，速度が増した分だけの運動エネルギーが増大する。このような運動の両エネルギーの和を**力学的エネルギー**といい，運動エネルギーと位置エネルギーの和は常に一定である。このことを**力学的エネルギー保存の法則**という。

物体の温度を上げると分子の熱運動が激しくなる。温度には，１気圧のもとで水の融点を０℃，沸点を100℃とする**摂氏温度（℃）**と，すべての物質の熱運動が停止する－273℃を０Ｋとする**絶対温度（Ｋ）**がある。また，熱とは高温の物体から低温の物体へ移動するエネルギーで，その熱エネルギーの大きさを**熱量**という。さらに，熱が高温の物体から低温の物体に伝わるとき，高温の物体が失った熱量と低温の物体が得た熱量は等しくなる。この性質を**熱量保存の法則**という。

解法のポイント

(1) 運動量保存の法則

運動量：ニュートンの定義として「運動の量は速度と物質の量を結びつけたもの」。

運動の激しさを表したもので，一般に〔質量×速度〕で示す。

質量 m〔kg〕，速度 v〔m/s〕　∴　mv〔kg・m/s〕

運動量保存の法則

- 外力を受けなければ，物体系全体の運動量は保存される。
- 衝突，合体，分裂の前後で，運動量の総和は等しい。

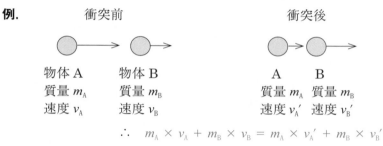

例.　衝突前　衝突後

物体A　質量 m_A　速度 v_A

物体B　質量 m_B　速度 v_B

A　質量 m_A　速度 v_A'

B　質量 m_B　速度 v_B'

∴　$m_A \times v_A + m_B \times v_B = m_A \times v_A' + m_B \times v_B'$

(2) はねかえり係数　e

2球が一直線上で衝突し，はねかえる場合がある。

∴　衝突後の速さの変化と衝突前の速さの変化の割合を表した値

$e = 1$…弾性衝突，$0 < e < 1$…非弾性衝突，　$e = 0$…完全非弾性衝突

$e = -\dfrac{v_A' - v_B'}{v_A - v_B}$　（上図の例を利用）

(3) 位置エネルギーと運動エネルギー

位置エネルギーと運動エネルギーの和＝力学的エネルギー

① 運動エネルギー　K

運動している物体が，止まるまでに他の物体になしうる仕事量。

運動している物体は，この能力（エネルギー）をもっている。

K ＝運動エネルギー〔J〕　m ＝質量〔kg〕　v ＝速度〔m/s〕

∴　$K = \dfrac{1}{2}mv^2$

② 重力による位置エネルギー　U

高いところにある物体にはたらく重力は，物体が基準の高さにもどるまで経路に関係な

く同じ仕事をする。

（物体が基準の位置と異なる位置にあるためにもっているエネルギーのこと）

U ＝位置エネルギー〔J〕　m ＝質量〔kg〕　g ＝重力加速度〔m/s^2〕

h ＝基準面からの高さ〔m〕

∴　$U = mgh$

③　力学的エネルギー保存の法則

（摩擦力や空気の抵抗力がはたらかない場合）

位置エネルギー＋運動エネルギー＝一定

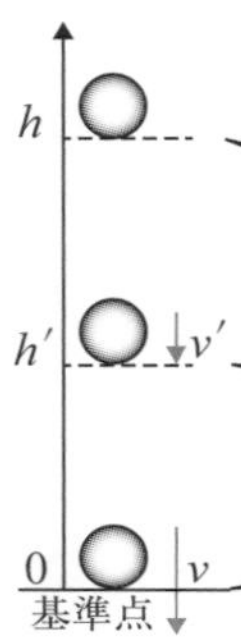

運動エネルギー	位置エネルギー
0	mgh
$\frac{1}{2}mv'^2$	mgh'
$\frac{1}{2}mv^2$	0

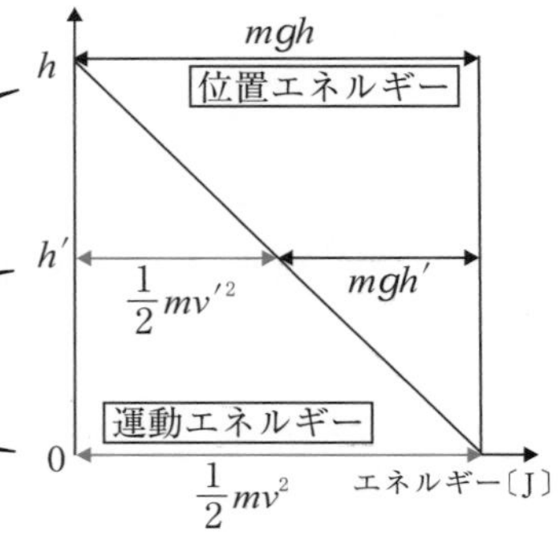

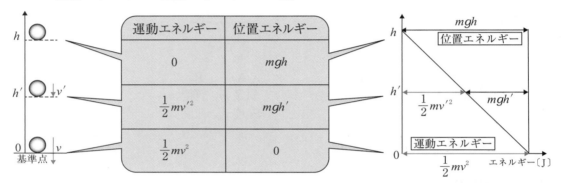

(4)　斜面上に物体を置いたときの力と運動

①　物体と面の間に摩擦力がない場合

質量 m〔kg〕の物体を斜面に置いた場合

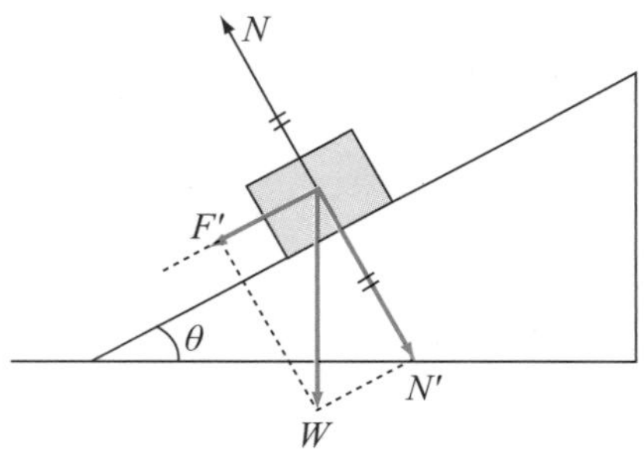

W ＝重力＝ mg

F'＝斜面をすべり落ちる力＝ $mg \times \sin\theta$

N'＝物体が斜面を押す力＝ $mg \times \cos\theta$

N ＝垂直抗力＝ N'

重力加速度 g ＝ 9.8〔m/s^2〕

②　物体と面の間に摩擦力がある場合

(a) 静止摩擦力：物体が静止した状態で受ける摩擦力　f

最大静止摩擦力：静止摩擦力の最大値　f_0〔物体が動き出す直前の摩擦力〕

$0 < f \leqq f_0$　　∴　$f_0 = \mu N$　（μ ＝静止摩擦係数）

(b) 動摩擦力：物体が面の上を運動しているときに受ける摩擦力　f'

∴　$f' = \mu' N$（μ'＝動摩擦係数，　$\mu' < \mu$）

例. ①の状態で静止摩擦係数 μ のとき，物体の進行方向にはたらく力は，

すべり落ちる直前　$F' = mg \times \sin\theta - \mu N$

斜面上を引き上げる直前　$F = mg \times \sin\theta + \mu N$

㊟　摩擦力が逆にはたらく

(5) 熱力学

① 単位

1cal：水 1 g の温度を 1K 高めるのに必要な熱量 = 4.2 J（熱の仕事量）

② 物質と熱

(a) 熱容量　C〔J/K〕物体全体の温度を 1K 高めるのに必要な熱量〔J〕

(b) 比　熱　c〔J/g・K〕物体 1g の温度を 1K 高めるのに必要な熱量〔J〕

(c) 潜熱：温度は変化しないが，物質の状態を変化させるのに必要な熱量

融解熱 ＝ 凝固熱　　蒸発熱 ＝ 凝縮熱

例. 水の状態変化

$$\text{氷（固体）} \underset{\text{凝固熱}}{\overset{\text{融解熱}}{\rightleftarrows}} \text{水（液体）} \underset{\text{凝縮熱}}{\overset{\text{蒸発熱}}{\rightleftarrows}} \text{水蒸気（気体）}$$

氷 1g の融解熱　80cal/g = 80 × 4.2J/g = （33.6J/g）

水 1g の蒸発熱　540cal/g = 540 × 4.2J/g = （2268J/g）

※　比熱 c の物体 m〔g〕に熱量 Q〔J〕を加えて $t_1 \rightarrow t_2$ に温度を上昇させた。

$$Q = c \times m \times (t_2 - t_1)$$

③ 熱量保存の法則

熱は高温の物体から低温の物体に伝わる。

∴　高温物体が失った熱量＝低温物体が得た熱量

	高温物体	低温物体
質　　量	m_1	m_2
比　　熱	c_1	c_2
温度変化	$t_1 \rightarrow t$	$t_2 \rightarrow t$
	失った熱量	得た熱量

$$m_1 \times c_1 \times (t_1 - t) = m_2 \times c_2 \times (t - t_2)$$

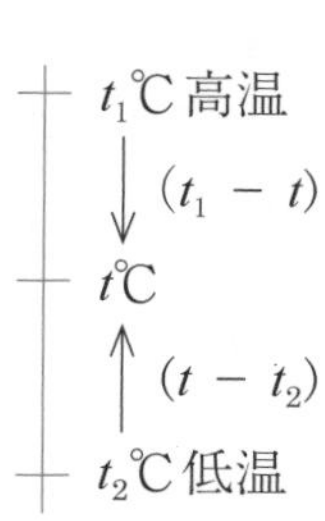

Q 例題①

直線上を小球A（質量 m）が速さ $6v$ で運動している。この小球Aが静止している小球B（質量 $3m$）に衝突した。その後小球Aは停止した。小球Bの速さはいくらになるか。

ヒント

衝突問題であるので，運動量保存の法則を考えるべきである。小球が静止するとか，停止するという場合もあるので，公式への当てはめは気をつけること。

A 解答・解説

衝突後の小球Bの速さを V とする。

$m \times 6v + 3m \times 0 = m \times 0 + 3m \times V$

$6mv = 3mV$

よって，$V = \dfrac{6v}{3} = 2v$ である。

解答：$2v$

Q 例題②

小球A（質量 m）を高さ35mから，自由落下させた。地面に衝突する直前の速さを求めよ。（重力加速度は g とする）

ヒント

ほとんど情報が与えられていないように思えるかもしれないが，力学的エネルギー保存の法則を用いることによってシンプルに解くことができる。

A 解答・解説

小球がはじめに持っていた力学的エネルギーは位置エネルギーのみである。それが運動エネルギーに置き換わったと考える。

$m \times g \times 35 = \dfrac{1}{2} \times m \times v^2$

よって，$v = \sqrt{70g}$

解答：$\sqrt{70g}$

演習問題

No.1

（解答▸P.4）

次の記述と関連のある語句・法則の組合せとして，最も妥当なものはどれか。

ア　物体に力がはたらかなければ，その物体は静止したままか，等速度運動を続ける。

イ　物体Aが物体Bに力をはたらかせるとき，物体Bから物体Aに対して同じ作用線上で大きさが等しく，逆向きの力がはたらく。

ウ　物体に力 F がはたらくとき，その力の向きに加速度 a が生じる。このとき，加速度 a の大きさは力 F の大きさに比例し，物体の質量 m に反比例する。

	ア	イ	ウ
①	慣性の法則	運動方程式	作用・反作用の法則
②	慣性の法則	作用・反作用の法則	運動方程式
③	運動方程式	慣性の法則	作用・反作用の法則
④	運動方程式	作用・反作用の法則	慣性の法則
⑤	作用・反作用の法則	慣性の法則	運動方程式

No.2

（解答▸P.4）

ひもをつけた質量5kgの小球を，ひもの上端を持って80Nの力で引き上げるとき，小球の加速度として正しいのはどれか。

重力加速度を $g = 9.8\ \mathrm{m/s^2}$ とする。

① $5.8\ \mathrm{m/s^2}$

② $6.0\ \mathrm{m/s^2}$

③ $6.2\ \mathrm{m/s^2}$

④ $6.4\ \mathrm{m/s^2}$

⑤ $6.6\ \mathrm{m/s^2}$

No.3

（解答 ▸ P.4）

水平面から角度 θ だけ傾いたあらい斜面上に，質量 10kg の物体を置いたところ静止した。このときの摩擦力の大きさと，静止摩擦係数の値の組合せとして，最も妥当なものはどれか。なお，$\sin\theta = \frac{3}{5}$ ，$\cos\theta = \frac{4}{5}$ とし，重力加速度 $g = 9.8\ \mathrm{m/s^2}$ とする。

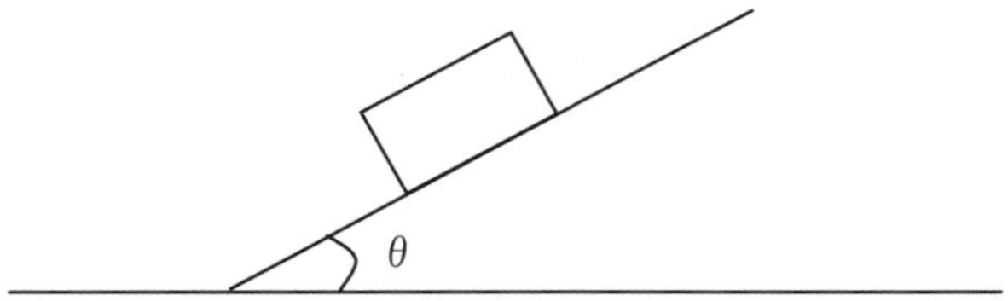

	摩擦力	静止摩擦係数
①	78.4 N	1.33
②	78.4 N	0.75
③	58.8 N	1.33
④	58.8 N	0.75
⑤	58.8 N	0.66

No.4

（解答 ▸ P.4）

質量 5kg の小球 A が 8.0 m/s の速さで右向きに運動している。このとき，同一直線上を質量 4kg の小球 B が 6.0 m/s の速さで左向きに運動している。

ただし，この２球が衝突した後，小球 A は静止した。このとき，衝突後の小球 B の運動として正しいものは次のうちどれか。

ただし，球と面の摩擦や，空気抵抗はないものとする。

① 右向きに 17 m/s の速さで運動する。

② 右向きに 14 m/s の速さで運動する。

③ 右向きに 4 m/s の速さで運動する。

④ 右向きに 3 m/s の速さで運動する。

⑤ 右向きに 2 m/s の速さで運動する。

No.5

（解答 ▸ P.4）

質量 5kg の小球 A が速さ 8m/s で右向きに運動している。このとき，同一直線上を質量 4kg の小球 B が速さ 10 m/s で左向きに運動している。

２球が衝突した後，小球 A は速さ 10 m/s で左向きに運動したとすると，小球 B の運動を説明したものとして，正しいものはどれか。

ただし，球と面の摩擦，空気抵抗は考えないものとする。

① 右向きに速さ 8m/s で運動する。
② 右向きに速さ 12.5m/s で運動する。
③ 静止する。
④ 左向きに速さ 4m/s で運動する。
⑤ 左向きに速さ 8m/s で運動する。

No.6

（解答 ▸ P.5）

高さ 65m の崖の上から質量 3kg の小球を自由落下させた。地面から 25m の高さにあるときの小球の運動エネルギーの大きさとして，最も近いものはどれか。

重力加速度 $g = 9.8\ \mathrm{m/s^2}$ とし，空気抵抗は考えないものとする。

① 0.74kJ　② 1.2kJ　③ 1.9kJ　④ 2.4kJ　⑤ 3.1kJ

No.7

（解答 ▸ P.5）

80℃のお湯 100g と，熱容量 115J/K の金属球がある。金属球の温度は 25℃である。

このお湯の中に金属球を入れてしばらく放置しておくと，温度は何度で一定になるか。最も近いものを選びなさい。

ただし，熱はお湯と金属球の間でのみ移動し，容器の外に逃げることはない。また，容器の熱容量は無視できるものとし，水の比熱は 4.2J/g・K とする。

① 31.6℃　② 47.4℃　③ 56.2℃　④ 57.4℃　⑤ 68.2℃

第4章 波　動

「波動」というとなんだか難しそうな言葉だが，単純に「波」と言っても同じことである。ある１点で起こった振動が周囲へ伝わっていく現象のことを**波動（波）**という。たとえば，水面に石を投げると同心円状のきれいな波が中心から外側に向かって広がっていく。このとき水は中心から外側へ移動しているわけではなく，その場で振動しているという性質をもっているのである。波動は日常生活の中にたくさん存在している。たとえば，**波**，**光**，**音**などが波動の代表的な現象である。

波には２つの種類がある。振動の方向と波の進行方向が同じである**縦波**と，振動の方向と波の進行方向が垂直な関係にある**横波**である。縦波には音波や地震のＰ波があり，横波には水面波や光波，地震のＳ波がある。横波は液体や気体中では伝わらないという性質がある。それから，波を理解するためには**波長**，**振幅**，**振動数**，**周期**といった要素に注目する必要がある。

音波の速度（音速）は，空気中においてセ氏零度で 331.5〔m/s〕，気温が１℃上がると 0.6〔m/s〕ずつ速くなる。また音速は気体中よりも固体中の方が速く伝わる。また振動数が多いと高い音，振動数が少ないと低い音となり，振動が大きいと大きな音，振動が小さいと小さな音となる。

救急車が近づいてくるときと，目の前を通過し遠ざかっていくときに，サイレンの音の高さが違ってきこえるという経験はないだろうか。一般に音源と観測者が近づいているときは音源の音よりも高くきこえ，遠ざかっているときには音源の音よりも低くきこえる。この現象を**ドップラー効果**という。ドップラー効果は波動に生じるので，音波だけではなく，光波にも生じることが知られている。

解法のポイント

(1) **波の要素**

① **波長**：隣り合う山と山または谷と谷の間の距離

② **振幅**：山の高さ，谷の深さ

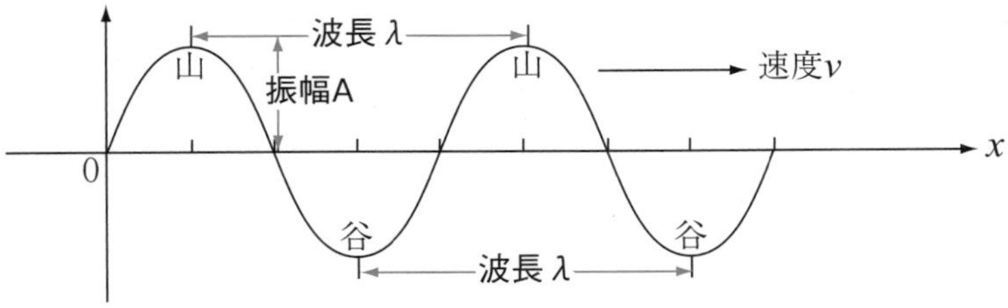

振幅 A〔m〕
周期 T〔s〕
振動数 f〔Hz〕

振動数 f：1秒間の山（谷）の回数

周　期 T：1振動するのに要する時間

$\therefore \ \frac{1}{f} = T$

③ **波の速さ** v〔m/s〕：山または谷が単位時間（1s）に進む距離

v = 振動数 f × 波長 λ

$T = \frac{1}{f}$ より　$f = \frac{1}{T}$ を代入　　$\therefore \ v = \lambda \times \frac{1}{T}$

$\therefore \ v = f \times \lambda = \frac{\lambda}{T}$

(2) **波の種類**

① **横波**：媒質の振動方向に対し直角の方向に進む波（進行方向に対し，垂直に振動する波）

例. 光，電波，S 波

② **縦波**：媒質の振動方向と同じ方向に進む波。疎密波ともいう。
固体，液体，気体中を伝わる。

例. 音波，P 波

③ **表面波**：一般的に媒質の内部を伝わる波は横波と縦波である。ところが固体や液体の表面に沿って伝わる表面波は横波・縦波に属さない。

(3) **波の性質**

① **反射**：波が，異なる媒質との境界面ではねかえる現象。

② **屈折**：波が，異なる媒質に入るとき進む向きが変わる現象。

③ **回折**：波が，障害物の陰に回り込む現象。

④ **干渉**：２つ以上の波が重なり合って合成される現象。
重ね合わせの原理。

(4) **光の進み方**

光の性質

① **可視光線の波長** 0.4 μm ～ 0.7 μm（1 μm = 10^{-6}m = 10^{-4}cm = 10^{-3}mm）

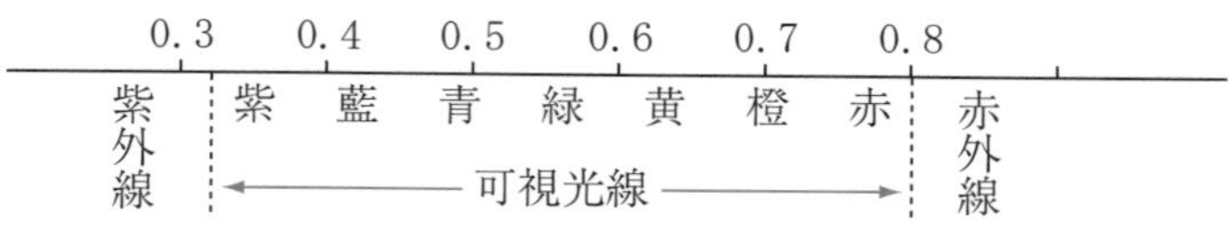

② **真空中での光速** $c = 3.0 \times 10^8$〔m/s〕(すべての振動数の光について同じ)

※ 真空中が一番速く，他の媒質中で J28 は遅くなる。

③ **屈折の法則**

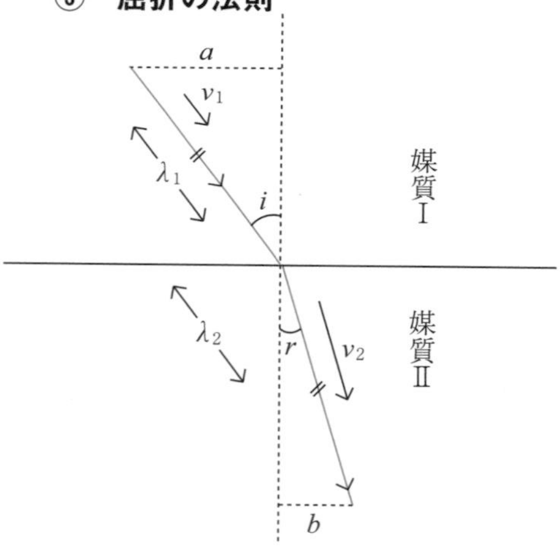

	媒体Ⅰ		媒体Ⅱ
入射角	i	屈折角	r
光の速さ	v_1		v_2
波　長	λ_1		λ_2
絶対屈折率	$n_1 = \dfrac{c}{v_1}$		$n_2 = \dfrac{c}{v_2}$
	$\left(v_1 = \dfrac{c}{n_1}\right.$		$\left.v_2 = \dfrac{c}{n_2}\right)$

$$\therefore\quad n_{1,2} = \frac{\sin i}{\sin r} = \frac{v_1}{v_2} = \frac{\frac{c}{n_1}}{\frac{c}{n_2}} = \frac{n_2}{n_1} = \frac{\lambda_1}{\lambda_2}$$

④　**光の分散　スペクトル**

太陽光線をプリズムに通すと波長の違いから可視光線が赤～紫まで現れる現象。

赤～紫の連続した色の帯：スペクトル

色　赤～紫

波長　大（0.7μm）～小（0.4μm）

波動数　小～大

屈折率　小～大

⑤　**偏光**

光が進行方向を含む一平面内で振動することを光の偏りといい，このような光を**直線偏光**または**平面偏光**という。

⑥　**干渉**

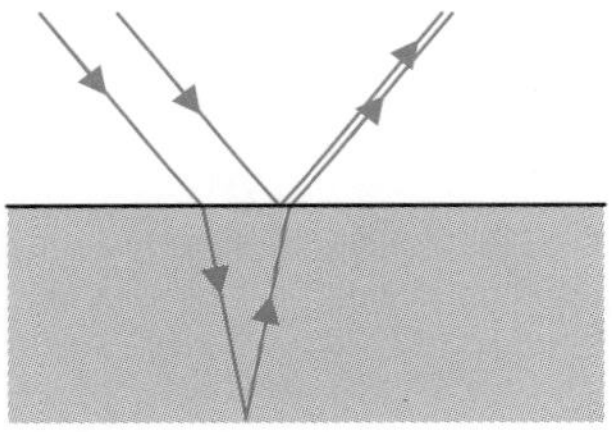

油膜の表面での反射光
油膜の表面での光の屈折・反射光
｝重なり合う

◎波長が変化し色づいて見える現象

⑦　**回折**

障害物がある場合，障害物の裏側の陰にまわる現象。

(a)　　　(b)

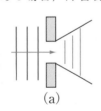

(a)：すき間の幅が波長より大きいと大部分の光は直進する。

(b)：すき間の幅が波の波長より小さいと障害物の裏の陰に大きくまわり込む。

※　光，音ともに生じる現象。

⑧　**光の散乱**

光が，その波長程度またはそれ以下の大きさの微粒子に当たって，あらゆる方向へ反射する現象。光の波長が短い（青，紫）ほど散乱されやすい。

∴　朝日，夕日の赤色など。

(5) 音　波

音波の性質

① 縦波（疎密波）である。

振動している方向に，媒質の密な部分と疎な部分が交互に現れて伝わる。

真空中では伝わらないが，気体，液体，固体のすべての媒質中を伝わる。

② 音の速さ V

$V = 331.5 + 0.6t$　V = 音速〔m/s〕　t = 摂氏温度〔℃〕

液体，固体中の速さは各媒質の密度に関係する。　※　密度大 ⇒ 音速は速くなる。

淡水中　$V = 1450$ m/s　海水中　$V = 1500$ m/s

固体中では大気中の音速の約 10 倍，水中の音速の３倍である。

③ 音波の基本

音の強さ＝振幅，音の高さ＝振動数　音色＝波形によって決まる

∴　音の三要素

音波の波長＝λ　周期＝T　振動数＝f　速さ＝vとすると

$\lambda = vT$　$v = f\lambda$　　∴　$f = \frac{1}{T}$ $(T = \frac{1}{f})$

㊟　fが２倍になっている音＝１オクターブ高い音

④ 音の回折，反射，屈折，干渉

(a) 回折：建物の陰にかくれていても声がきこえる。

(b) 反射：遠くの山での反射音がやまびことなってきこえる。

(c) 屈折：地上の気温が上空より低いと，音が屈折するため，夜間に遠方の音がよくきこえる。

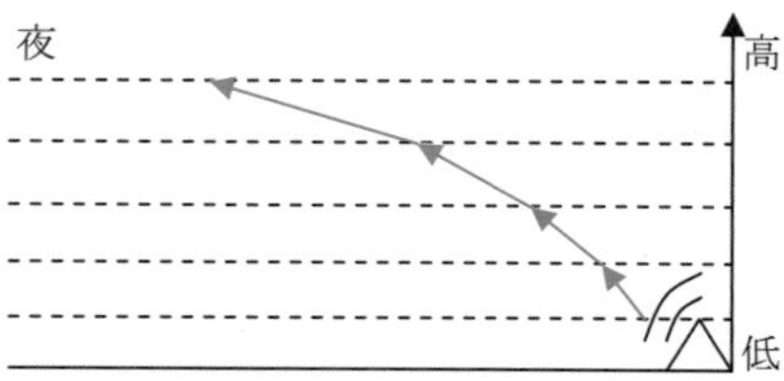

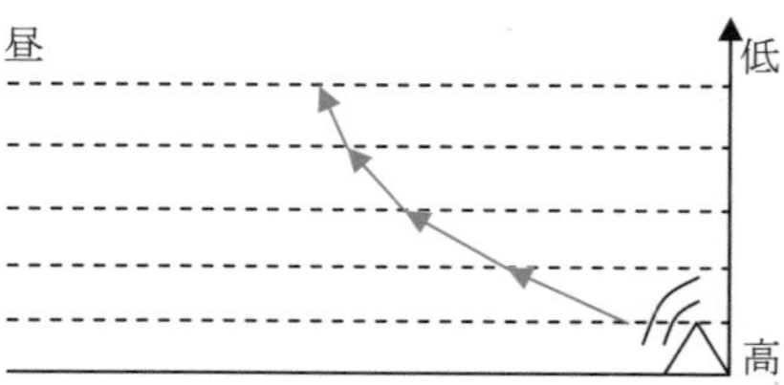

(d) 干渉：振動数の等しい２つの音さを同時に鳴らすとき，周囲に音が大きくなるところと小さくなるところが発生する。

⑤　**うなり**：振動数の異なる２つの音波の干渉により，きこえる音がウォーンウォーンと大きくなったり小さくなったり，周期的に変化してきこえる現象。

f＝うなりの振動数

f_1，f_2＝音波の振動数　　∴　$f = |f_1 - f_2|$

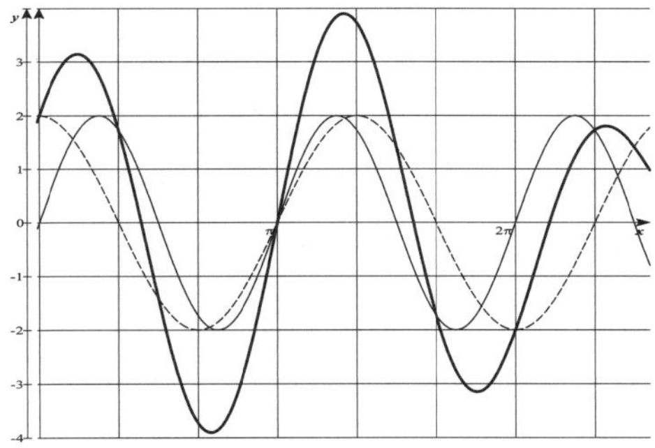
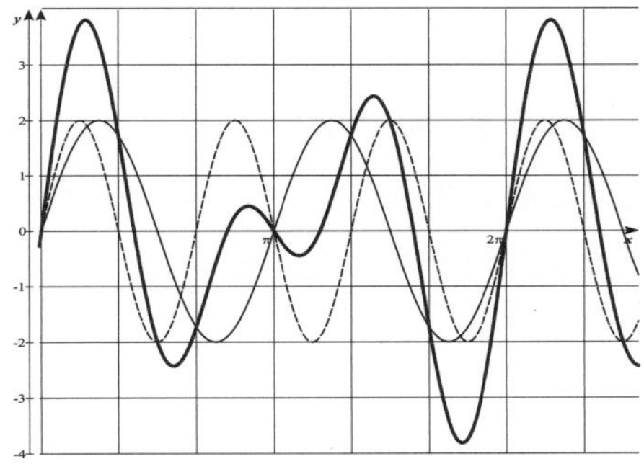

⑥　**ドップラー効果**

音源や観測者の運動によって波源とは異なった振動数の波が観測される現象。

∴　音源が近づくと高音にきこえ，音源が遠のくと低音にきこえる

f＝観測される振動数〔Hz〕　f_0＝音源の振動数〔Hz〕　V＝音速〔m/s〕

v＝観測者の速度〔m/s〕　u＝音源の速度〔m/s〕

$$f = f_0 \times \frac{V - v}{V - u}$$

(a) 人が静止し，音源が運動する場合　$v = 0$

・音源が近づくとき　∴　$f = f_0 \times \dfrac{V}{V - u}$

・音源が遠ざかるとき　∴　$f = f_0 \times \dfrac{V}{V + u}$

(b) 音源が静止し人が運動する場合　$u = 0$

・人が近づくとき　∴　$f = f_0 \times \dfrac{V + v}{V}$

・人が遠ざかるとき　∴　$f = f_0 \times \dfrac{V - v}{V}$

(c) 人，および音源が互いに反対方向へ運動している場合

・近づくとき　∴　$f = f_0 \times \dfrac{V - (-v)}{V - u}$

・遠ざかるとき　∴　$f = f_0 \times \dfrac{V - v}{V + u}$

Q 例題

問題ア　波長が 1 m，振動数が 400Hz である波の周期と速度を求めよ。

問題イ　以下の文章で誤っているものを選びなさい。

ア　水の中を伝わる波は縦波である。

イ　光は干渉するが，回折はしない。

ウ　太陽光は分散させることができるが，音は分散しない。

エ　可視光線は波長が大きくなるほど赤色に近づく。

ヒント

問題ア

波の基本的な公式に当てはめる。

$f=\frac{1}{T}$　　$v=f\lambda$（振動数：f　周期：T　波の速度：v　波長：λ）

問題イ

この分野では，言葉の問題が多く出題されている。得点源とすることができるので，言葉の意味を知っておくこと。

A 解答・解説

問題ア

$f=\frac{1}{T}$より，$400=\frac{1}{T}$　となり，周期は$\frac{1}{400}=0.0025$〔s〕である。

$v=f\lambda$より，速度は$v=400\times1=400$〔m/s〕である。

解答：周期 0.0025s　　速度 400m/s

問題イ

ア　正しい。液体の中を伝わる波は縦波である。

イ　誤り。光は干渉するし，回折もする。回折とは，波が物体の背後に回りこむ現象である。ドアが少し開いているときに，中の光がもれてくるのは回折によるものである。

ウ　正しい。太陽光は波長の異なる光の集合体なので，プリズムを通過させると，波長ごとに分かれた光を観察することができる。

エ　正しい。可視光線は波長が大きくなるほど赤色に近づく。赤外線は波長が大きい。

解答：イ

演習問題

No.1

（解答 ▸ P.5）

次の記述のうち，正しいものはどれか。

① 媒質の１点が１振動するのに必要な時間を振動数という。
② 媒質の１点が１秒間に振動する回数を周期という。
③ 波の山が媒質中を１秒間に進む距離を波長という。
④ 波の隣り合う山と山の距離は波の速さに等しい。
⑤ 媒質の変位の大きさの最大値を振幅という。

No.2

（解答 ▸ P.5）

次の文章の空欄に当てはまる語句の組合せとして，最も妥当なものはどれか。

媒質の動き方の違いにより，波は大きく２種類に分類される。地震波のＳ波のように，媒質が波の進行方向に対して垂直に振動するような波を（　ア　）といい，地震波のＰ波や音波のように，媒質が波の進行方向と同じ方向に振動するような波を（　イ　）という。

（　ア　）と（　イ　）が干渉しあうと，複雑な波が生じる。地震の表面波や，（　ウ　）などはこの例である。

	ア	イ	ウ
①	縦波	横波	水波
②	縦波	横波	光波
③	横波	縦波	水波
④	横波	縦波	疎密波
⑤	疎密波	横波	光波

No.3

（解答 ▸ P.5）

次の文章の空欄に当てはまる語句の組合せとして，最も妥当なものはどれか。

光が異なる媒質に入射するとき，媒質の境界面でその一部は反射され，残りは異なる媒質に透過して進む方向が急に折れ曲がる。この現象を（　ア　）といい，そのような道筋を通る光を（　ア　）光という。媒質が異なると光の進む速度が変化するが，（　イ　）は変化しない。

入射角を大きくしていくと，あるところで（　ア　）光がなくなり反射光だけとなる。このような現象を（　ウ　）という。逃げ水や光ファイバーの仕組みは，（　ウ　）で説明することができる。

	ア	イ	ウ
①	偏	振動数	全反射
②	偏	波長	全反射
③	屈折	振動数	散乱
④	屈折	波長	散乱
⑤	屈折	振動数	全反射

No.4

（解答 ▸ P.5）

絶対屈折率が$\frac{4}{3}$の媒質Aと，絶対屈折率が$\frac{7}{3}$の媒質Bがある。
これより，媒質Aに対する媒質Bの相対屈折率はいくらか。

① $\frac{4}{7}$

② 1

③ $\frac{7}{4}$

④ $\frac{28}{9}$

⑤ $\frac{11}{6}$

No.5

（解答 ▸ P.5）

次の文章の空欄に当てはまる語句の組合せとして最も妥当なものはどれか。

2つの波の変位が重なって，振動しないところができたり，2倍の振幅で振動したりするところができるように，2つの波が互いに強めあったり弱めあったりする現象を波の（　ア　）という。（　ア　）は（　イ　）起こる現象である。

2つの波が（　ア　）したとき，どちらの方向にも進まない波が現れる。この波を（　ウ　）という。管楽器から音が出ているとき，管の中には（　ウ　）ができており，これを気柱の振動という。

	ア	イ	ウ
①	回折	光波のみに	定常波
②	干渉	光波のみに	うなり
③	回折	音波のみに	うなり
④	干渉	光波でも音波でも	定常波
⑤	回折	光波でも音波でも	定常波

No.6

（解答▶P.6）

次の文章の空欄に当てはまる語句の組合せとして，最も妥当なものはどれか。

白色光は，さまざまな波長の光が混ざったものである。この白色光を三角プリズムを通って出てきた屈折光は，虹の色をした光の帯となって広がる。この現象を光の（　ア　）という。

一般に，媒質を伝わる光の速度は光の波長によって異なる。赤から紫へ速度が（　イ　）なるにつれて，屈折角は（　ウ　）なる。

	ア	イ	ウ
①	分散	遅く	大きく
②	分散	速く	小さく
③	分散	速く	大きく
④	回折	遅く	大きく
⑤	回折	速く	小さく

No.7

（解答▶P.6）

次の記述と関連のある語句の組合せとして，最も妥当なものはどれか。

ア　昼間の空は青く見えるが，夕方地平線近くの空は赤く見える。
イ　自然光をプリズムに通すと，光が色の帯のようになって出てくる。
ウ　遠くの水平線上に蜃気楼が見える。

	ア	イ	ウ
①	散乱	屈折	回折
②	分散	散乱	屈折
③	散乱	分散	屈折
④	分散	偏光	回折
⑤	屈折	分散	偏光

No.8

（解答 ▸ P.6）

ドップラー効果について述べた次の記述のうち，間違っているものはどれか。

① 音源と観測者がともに静止していて媒質だけが動くとき，ドップラー効果は現れない。

② 静止している観測者に音源が近づいていく場合，観測者には振動数の大きい音波が届くので実際よりも高い音がきこえる。

③ 3m/s の速さで動く音源がある。移動する音源を 2m/s の速さで観測者が追いかけるとき，観測者には実際よりも高い音がきこえる。

④ 2m/s の速さで移動する観測者に，正面から 1m/s の速さで音源が近づいてくるとき，観測者には実際よりも高い音がきこえる。

⑤ 2m/s で移動する観測者の背後に，静止している音源があるとき，観測者には実際よりも低い音がきこえる。

第5章 電気物理学

電気は日常生活の中でわたしたちが毎日お世話になっている。わたしたちが使っている電気は発電所で発電され，送電線を通ってわたしたちのもとまでやってくる。送電線には金属が使われているが，鉄，銅などの金属は電気を通すことができる。これらを**導体**という。一方，アクリルや塩化ビニルなどの電気を通すことができない物質を**絶縁体**という。日常使っている電気コードは，電気を通す銅線の周りを電気を通さない塩化ビニルなどで覆って周囲に電気が流れないように作られている。

電気が流れる道を**電気回路**という。また電気回路を流れる電気のことを**電流**という。電流の正体は**電子**で，電流の強さは１秒間に通過する電子の量によって決まる。電子は大変小さいのでもちろん目には見えないが，マイナスの電気を帯びている。電気的な位置エネルギーを**電位**といい，２地点間の電位の差を**電圧**という。電圧は電気回路に電流を流そうとする力のことを指している。例えて表現すると，電流は「水の流れ」で，電圧は「水を流そうとする水道ポンプ」である。電流の流れにくさを表すものが**電気抵抗**である。電気抵抗の値が一定であれば電圧は電流に比例し，電圧が一定であれば電流は電気抵抗に反比例する。また,電流が一定であれば電圧は電気抵抗に比例する。この電気抵抗と電流，電圧の関係を示したものが**オームの法則**である。

電気には**直流**と**交流**がある。乾電池から得られる電気は，電流の向きや強さが一定であり直流である。わたしたちが普段使っているような，家庭のコンセントから得られる電気は交流である。交流は電流の向きが一定時間ごとに反対になる性質がある。交流電流は変圧器を用いると容易に電圧を変化させることができるので，発電所からの送電に利用されている。

磁器とは磁力の根源と考えられるもので，一般的には磁石どうし，もしくは磁石と電流との相互作用（例：導体に電流を流す等）に関する現象のことである。またコイルに磁石を近づけたり遠ざけたりすると電流が発生するという性質があり，これを**電磁誘導**という。また電磁誘導によって発生した電流を**誘導電流**という。発電所で発生させている電気も，この電磁誘導の原理を応用して作られているのである。

解法のポイント

(1) 基本事項

① 各用語の表し方と単位

電流 I：A

電圧 V：V

抵抗 R：Ω

電力 P：W

熱量 Q：J

② オームの法則：電流は電圧に比例し，抵抗に反比例する。

$$\therefore \quad I = \frac{V}{R} \quad , \quad V = RI$$

③ 抵抗　R

(a) 抵抗体の抵抗 R は長さ l に比例し，断面積 S に反比例する。

$$\therefore \quad R = \rho \times \frac{l}{S} \quad (\rho = \text{抵抗率})$$

※電気伝導の良い順　Ag ＞ Cu ＞ Au ＞ Al ＞ Fe……

(b) 回路における全抵抗 R の求め方

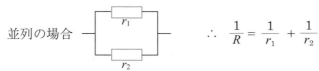

直列の場合 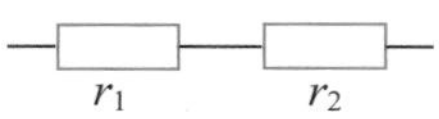

$$\therefore \quad R = r_1 + r_2$$

並列の場合 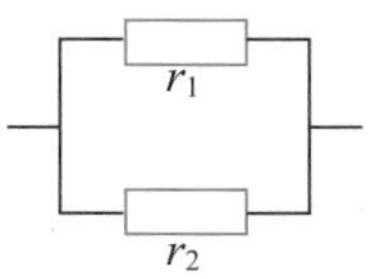

$$\therefore \quad \frac{1}{R} = \frac{1}{r_1} + \frac{1}{r_2}$$

④ 電力　P

P ＝電流×電圧＝ $I \times V$　これにオームの法則を代入

$$\therefore \quad P = I \times V = \frac{V^2}{R} = I^2 \times R$$

⑤ 熱量　Q

ジュール熱：抵抗を電流が流れると発生する。電力量と等しい熱量。

ジュールの法則：ジュール熱 Q〔J〕

$$\therefore \quad Q = IVt = I^2Rt = \frac{V^2}{R}t = Pt$$

t の単位は秒を用いる。

(2) 回路を流れる電流と電圧

① 抵抗を直列につないだ場合

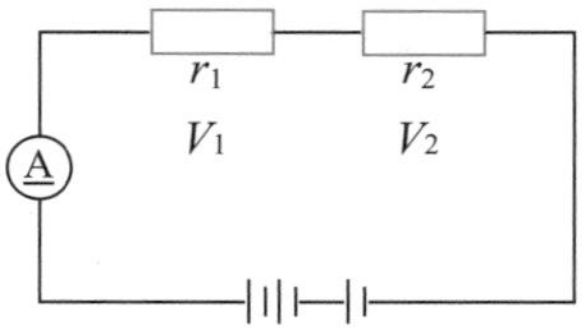

(a) r_1, r_2 に流れる電流は同じ（全電流）

(b) r_1, r_2 に加わる電圧の和＝全電圧

V_1 と V_2 は，全電圧を r_1, r_2 の値に比例配分した値。

② 抵抗を並列につないだ場合

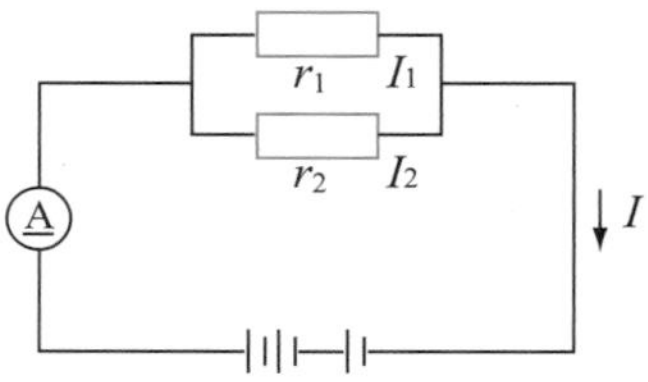

(a) r_1, r_2 にかかる電圧は同じ（全電圧）

(b) $I_1 + I_2 = I$

(3) 磁界

① 磁気現象

磁鉄鉱 Fe_3O_4 が鉄片を引きつけたり，この磁石でこすった針の中央部分を糸でつるすと針が南北を指す。　◎この性質を磁性という。原因は磁気と考える。

磁石：磁気をもつ物体

磁極：棒磁石の両端，最も磁性が強い部分

正磁極：北を向く磁極（N 極）

負磁極：南を向く磁極（S 極）

重要点

(a)：１つの磁石の両極のもつ磁気量（磁荷）は等しい。

(b)：同種の極どうしは互いに反発しあい，異種の極どうしは互いに引きあう。

N ↔ N　S ↔ S　N →← S

(c)：磁石は非常に小さい磁石の集合したもの。

②　**直線電流による磁界**

●直線の導体に電流を流すと導線を中心に，同心円状の磁界が発生する。

●電流と磁界の向きは右手を使って親指が電流の向き，４本の残りの指が磁界の向きになる。

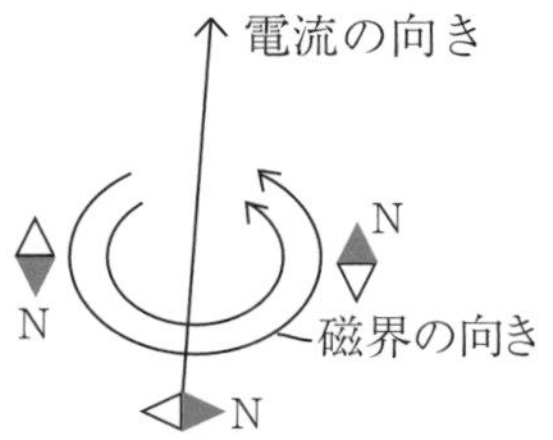

●方位磁針は，磁界の矢印の向きとＮ極の指す向きが一致している。

●このとき，磁界の強さは，電流に比例し導線との距離に反比例する。

③　**電流が磁界から受ける力**

●磁石などの磁界が発生している中に導線を入れ，電流を流すと磁界から導線は力を受けて動く。

●電流と，磁界の向きから左手を使って力の向きを決める。

フレミング左手の法則

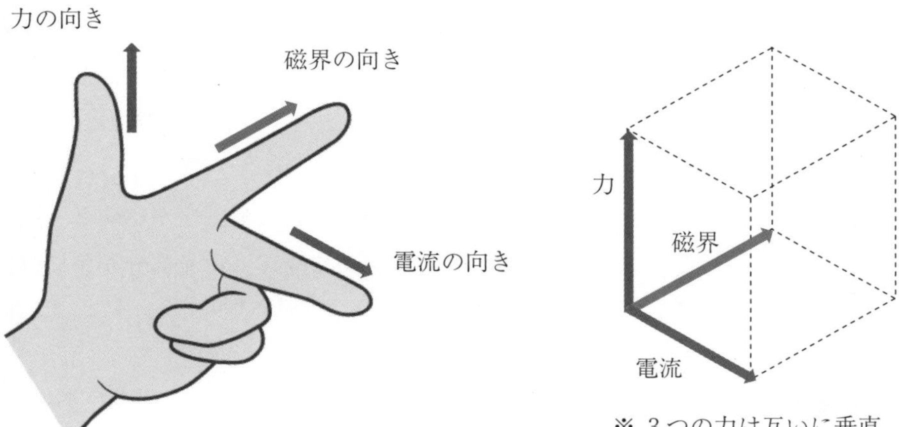

※ ３つの力は互いに垂直

④　**電磁誘導と誘導電流**

ファラデーの実験

内径約 2cm の紙の円筒を作り，この筒の長さ 16cm ほど巻きつけたコイルＢを用意。この筒の中に入る太さ，長さ 20cm の磁石Ａを出し入れするとＢに電流が流れた。

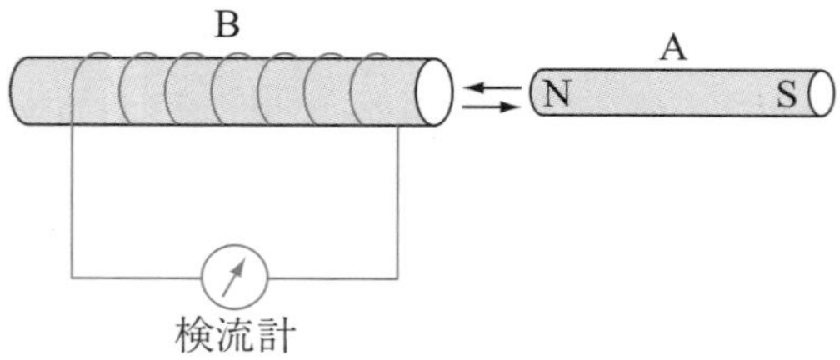

∴　コイルBが存在する場所の磁界が変化するとき，コイルBに起電力が生じ，図のようにその両端が連結しているとき電流が流れる。
この現象＝電磁誘導，流れる電流＝誘導電流

参考

陰極線について

陰極線の本体は電磁波ではなく高速度で走る負電荷の微粒子である。

性質

① **物体に圧力を及ぼす**

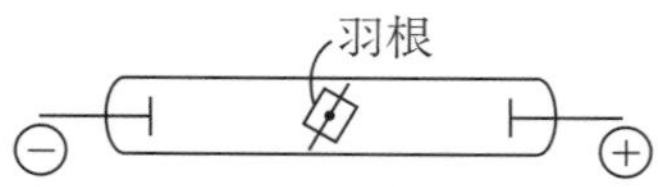

陰極線の道すじに羽根車を置くとこの羽根車は回転する。

② **陰極面に対し直角に射出され，かつ直進する**

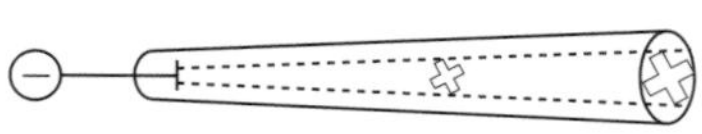

金属板を陰極線の通路上に置くと，これと相似な影が管壁にできる。

③ **電界によって進路を曲げられる**

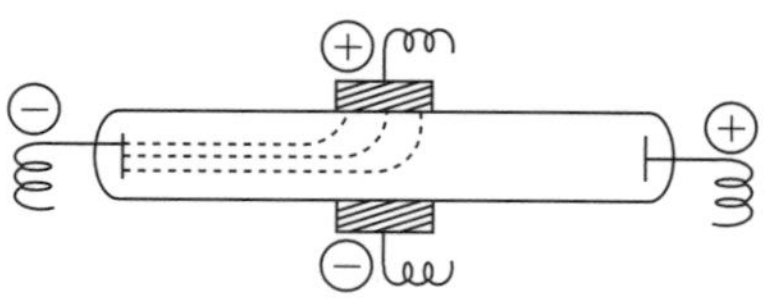

放電管の上下に電極を置いて電圧をかけると，陰極線は電界の逆方向に力を受け，蛍光部分が⊕極側に移動する。

④ **磁界によって進路を曲げられる**

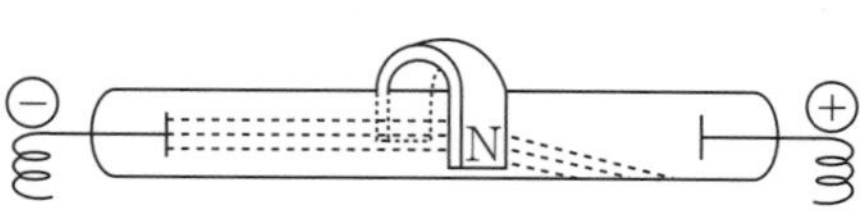

磁石を用いて放電管の手前から，その背後に向かう磁界を与えると，蛍光部分が下方に移る。
∴　下向きに力を受ける。

⑤ **その他，電離作用，蛍光作用，写真作用などがある**

Q 例題

問題ア

この回路全体に流れる電流はいくらか。

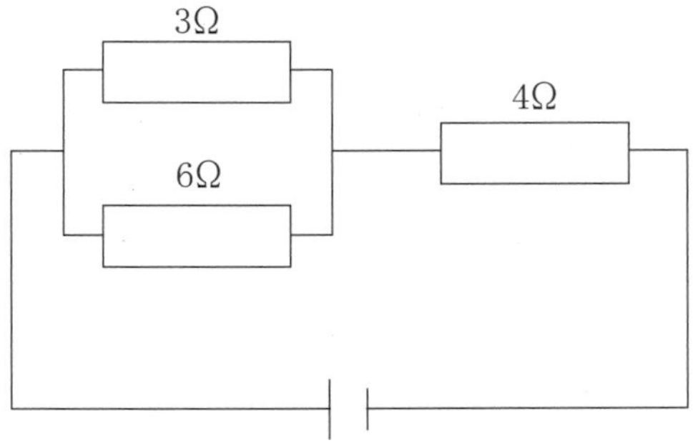

問題イ

問題アの回路で，3 Ωの抵抗に流れる電流はいくらか。

ヒント

問題ア

合成抵抗を求めて，オームの法則に当てはめる。合成抵抗を正確に導ければそれほど難しくはないはずである。

問題イ

回路全体に流れる電流は 4A である。

しかし，並列回路では導線が枝分かれしているので，電流がそれぞれに流れる。したがって，部分的に電流がいくら流れるのか計算する必要がある。

A 解答・解説

問題ア

①並列回路の部分：$\frac{1}{R_1}=\frac{1}{3}+\frac{1}{6}=\frac{3}{6} \Rightarrow R_1=\frac{6}{3}=2〔\Omega〕$

②直列回路の部分：$R_2=4\ \Omega$

③足し算を行なって，合成抵抗を求める：$R=R_1+R_2=2〔\Omega〕+4〔\Omega〕=6〔\Omega〕$

オームの法則に当てはめる。電圧は 24V なので，

$V = RI$

$I = \frac{V}{R} = \frac{24}{6} = 4$〔A〕　回路全体に流れる電流は4Aである。

解答：4A

問題イ

このときに，3 Ωの抵抗にかかる電圧をまず求める必要がある。

4 Ωの抵抗にかかる電圧は，オームの法則に当てはめると，$V = RI = 4 \times 4 = 16$〔V〕である。

ということは，残りの電圧が並列回路にかかるので，8Vの電圧が並列回路にかかる。

そして，3 Ωの抵抗に関して，オームの法則を適用すると，

$I = \frac{V}{R}$なので，$I = \frac{8}{3} \fallingdotseq 2.67$〔A〕となる。

解答：2.67A

演習問題

No.1

（解答 ▸ P.6）

100 Vの電池と，15 Ωと 25 Ωの抵抗を図のように接続した回路がある。この回路の合成抵抗と，回路の電流計が示す値の組合せとして正しいのはどれか。

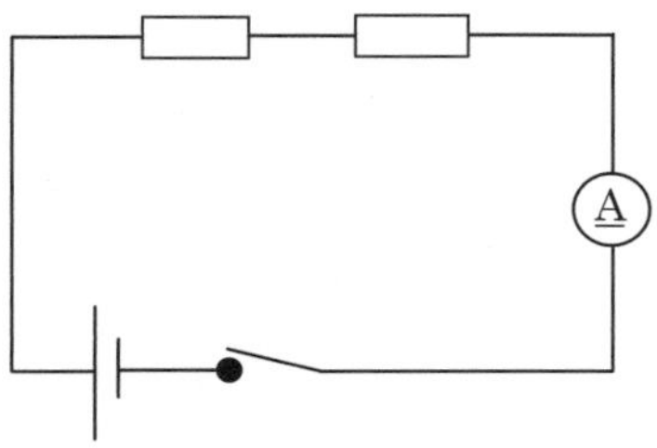

	合成抵抗	電流計の値
①	40 Ω	0. 4A
②	40 Ω	2. 5A
③	40 Ω	4. 0A
④	10 Ω	10A
⑤	10 Ω	2. 5A

No.2

（解答 ▸ P.6）

抵抗A，Bと 9 Vの電源装置を図のようにつなぎ電流を流したところ，0.5 Aの電流が流れた。抵抗Aが 10 Ωであるとき，抵抗Bは何Ωか。

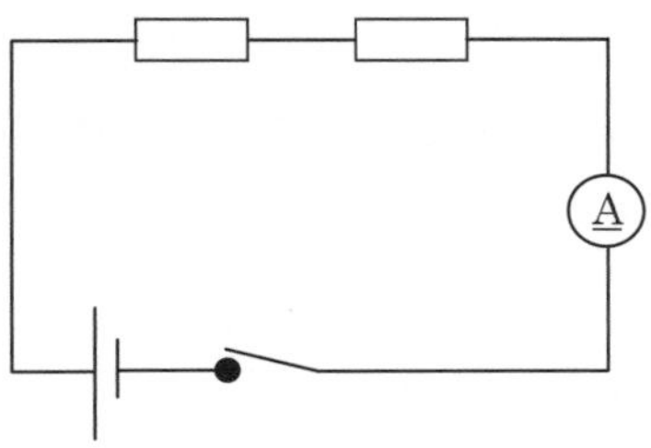

① 5 Ω

② 8 Ω

③ 12 Ω

④ 15 Ω

⑤ 18 Ω

No.3

（解答 ▸ P.6）

抵抗A，Bを用いて図のような回路を作り電流を流したところ，電流計が12Aを指した。抵抗Aに10Aの電流が流れているとき，抵抗Bの抵抗値は抵抗Aの何倍であるか。

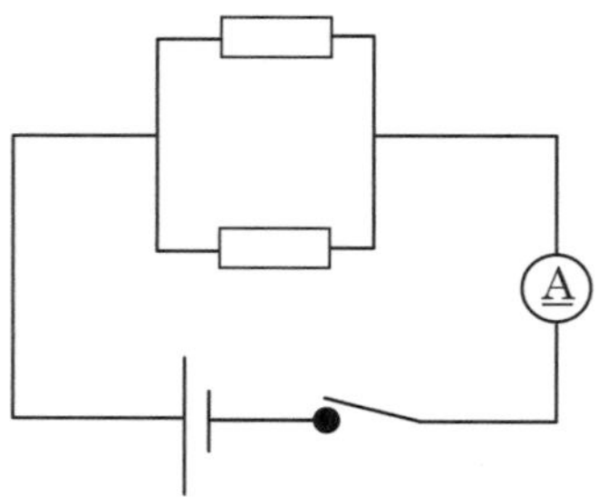

① 2倍
② 2.5倍
③ 3倍
④ 4倍
⑤ 5倍

No.4

（解答 ▸ P.7）

8Vの電池と，1Ωの抵抗2個，2Ωの抵抗1個を下の回路図のように接続した。この回路の合成抵抗と，回路の電流計が示す値の組合せとして，正しいものはどれか。

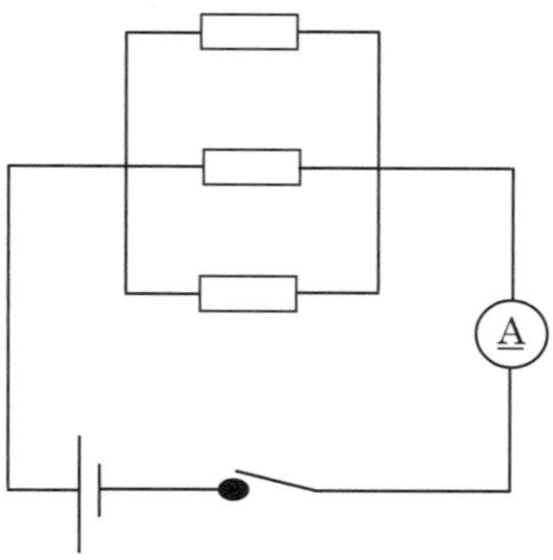

	合成抵抗	電流計の値
①	4Ω	2A
②	4Ω	20A
③	0.4Ω	2A
④	0.4Ω	20A
⑤	2.5Ω	8A

No.5

（解答▶P.7）

9 Vの電池と2 Ωの抵抗A，B，Cを使って，下の図のような電気回路を作った。

回路の電流計の値が3 Aを指したとき，抵抗Aにかかる電圧の値と，抵抗Bに流れる電流の大きさの組合せとして正しいものはどれか。

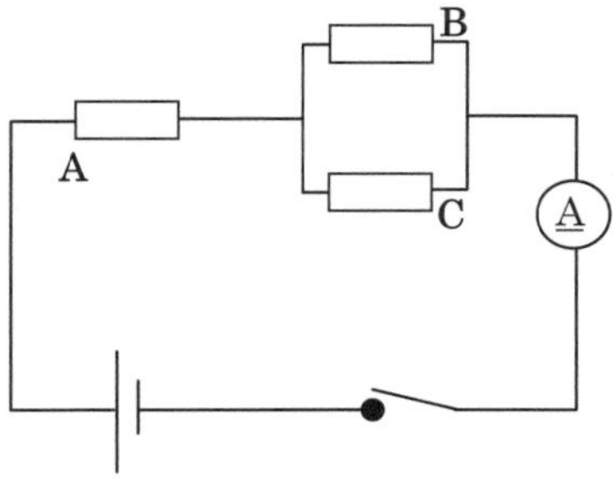

	抵抗Aにかかる電圧	抵抗Bに流れる電流
①	6V	1. 5A
②	6V	3A
③	6V	4. 5A
④	9V	2. 5A
⑤	9V	3A

No.6

（解答▶P.7）

抵抗A，B，Cと16.5 Vの直流電源を用いて，図のような回路を作った。このとき，抵抗Bに流れる電流の大きさはいくらか。

ただし，抵抗A＝1 Ω，抵抗B＝3 Ω，抵抗C＝2 Ωであるとする。

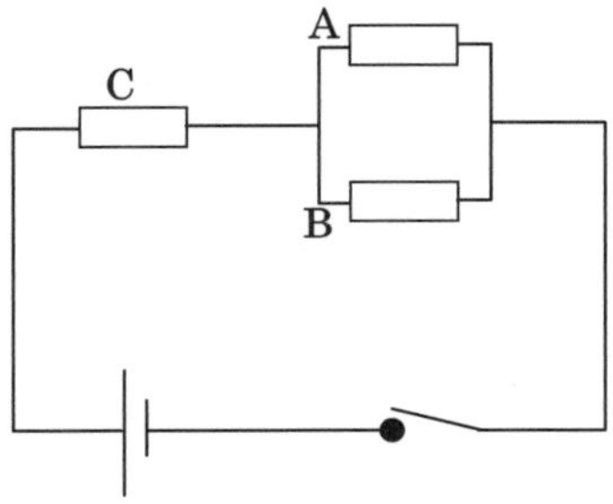

① 1.0A　② 1.2A　③ 1.5A　④ 2.0A　⑤ 3.0A

No.7

（解答▸P.7）

次の電気回路について，抵抗A～Cのうち最も消費電力が大きいものと，最も消費電力が小さいものの組合せとして正しいものはどれか。

ただし，抵抗A，B，Cの大きさは等しいものとし，Dの抵抗の大きさは抵抗Aの2倍であるとする。

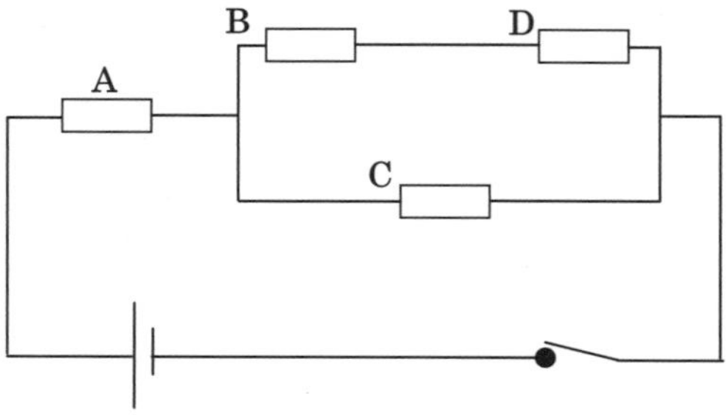

	大きいもの	小さいもの
①	A	B
②	A	C
③	B	A
④	B	C
⑤	C	B

No.8

（解答▶P.8）

磁界について述べた次の文章の空欄に当てはまる語句の組合せとして，正しいものはどれか。

磁石のまわりには砂鉄を引きつけたり，磁石どうしで作用しあったりする力がはたらく，磁場が存在していると考えられる。

磁場の向きを表す線を磁力線といい，磁力線は（　ア　）に入る。地球を一つの磁石とみなすと，北極は磁石の（　イ　）が現れていることになる。

十分に長い直線電流のまわりには，同心円状の磁力線が生じる。この磁力線の向きは，電流の流れている向きに（　ウ　）を回す向きと一致している。このことを（　ウ　）の法則という。

この法則は，導線を南北方向に水平に置き，その真下に方位磁石を置いて導線に北から南に向かって電流を流すと，方位磁石のN極は（　エ　）を指すことを表している。

	ア	イ	ウ	エ
①	N極から出てS極	N極	右ねじ	東
②	N極から出てS極	S極	右ねじ	東
③	N極から出てS極	N極	左ねじ	西
④	S極から出てN極	S極	左ねじ	東
⑤	S極から出てN極	N極	右ねじ	西

No.9

(解答▶P.8)

次の文章の空欄に当てはまる語句の組合せとして，正しいものはどれか。

電池から流れ出る電流は（　ア　），モーターや電磁石に用いられる。これに対して，家庭用電源から流れる電流の向きや電圧の極性は（　イ　）。このような電流を（　ウ　）という。電流の向きが周期的に変化するとき，１秒間に起こる変化の回数を振動数といい，単位は（　エ　）を用いる。

	ア	イ	ウ	エ
①	常に同じ向きで	交互に変化する	交流	ヘルツ(Hz)
②	常に同じ向きで	交互に変化する	直流	クーロン(C)
③	交互に変化し	常に同じ向きである	交流	ヘルツ(Hz)
④	交互に変化し	常に同じ向きである	交流	クーロン(C)
⑤	交互に変化し	常に同じ向きである	直流	ヘルツ(Hz)

No.10

(解答▶P.8)

次の記述のうち，間違っているものはどれか。

① コイルに磁石を出し入れしようとするときに流れる誘導電流は，その電流によって生じる磁界の変化を妨げるような向きに流れる。このことを「レンツの法則」という。

② 回路の分岐点に流れ込む電流の和は，その分岐点から流れ出る電流の和に等しく，また，任意の閉回路に向きを考えるとき，電圧上昇の和は電圧降下の和に等しくなることを，「キルヒホッフの法則」という。

③ ２つの帯電体の間にはたらく力は，その間の距離の二乗に反比例することを，「クーロンの法則」という。

④ 抵抗値 R が電流によって変化しないとき，電流 I は抵抗 R に加える電圧 V に反比例することを「オームの法則」という。

⑤ 一様な磁界の中に，磁界の向きと直角に置いた導体があるとき，導体に電流を流すと磁界から力を受ける。このとき，磁界の向き，電流の向きと，力の向きを表したのが「フレミングの左手の法則」である。

MEMO

第6章 原子と原子核

この章では，原子について取り上げる。原子というのはミクロの世界の学問分野であり，現代の科学でも完全に明らかになっていない現象もある分野なので，少し言葉が難しいかもしれないが，基本的なことを理解しておけば問題ない。原子の構造は，中心部に**原子核**があり，その周囲を**電子**がグルグル回っている。原子核は正の電気を帯びた**陽子**と正の電気でも負の電気でもない**中性子**から成り立っている(電気的に中性なので「中性子」という)。周囲をまわる電子の質量は大変軽いので，陽子の質量と中性子の質量をあわせたものが原子の質量であると考えてよい。

不安定な状態にある原子が放射線を出しながら徐々に崩壊し，全く別の原子に変わってしまうことを**放射性崩壊**という。また，放射性崩壊する原子のことを**放射性元素**とよぶことがある。放射性崩壊は不安定な状態にある原子にのみ生ずる現象なので，身の回りのすべての物質で放射性崩壊が起こっているわけではない。この放射性元素として有名なのが，原子番号 92 番の**ウラン**である。ウランは不安定な状態にある原子なので，自然に放射線を出しながら崩壊する。この際に発生するエネルギーを利用して原子力発電が行われている。

また，自然に放射線を出す性質のことを**放射能**という。このように放射線と放射能は異なるので言葉に注意してほしい。物質が放射性崩壊をしていくと，放射性元素はどんどん違う物質に変化していく。放射性元素が半分の量に減少するまでの時間を**半減期**といい，物質によってその長さは異なる。自然界には一定の割合で放射性崩壊する元素が含まれており，考古学の分野ではこの性質を利用して遺跡の年代を測定している。

解法のポイント

原子について

質量数＝陽子＋中性子数—→ 4
原子番号＝陽子数———→ 2

$^{4}_{2}\mathrm{He}$
ヘリウム

ボーアモデル

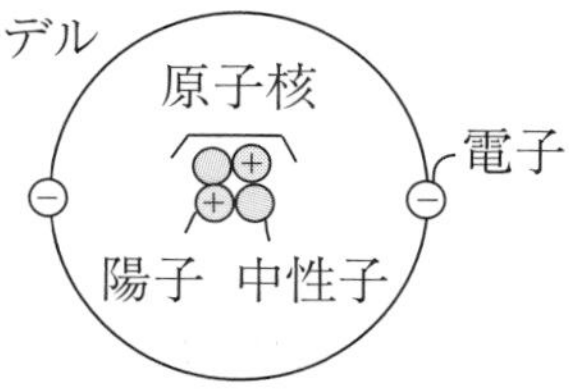

- 物質を構成する最小の粒子。
- 中心に正の電気をもった陽子と，電気的に中性な中性子からなる原子核があり，その周りを負の電気をもった電子が回っている。
- 元素記号（He など）の左上の数字を質量数という。質量数は，原子核を構成する陽子と中性子の個数の和に一致する。
- 元素記号の左下の数字を原子番号という。原子番号は，原子核を構成する陽子の個数と一致する。

■放射線とその性質

(1) 放射線の種類と特性

① α 線：電荷＋2，質量が陽子の約 4 倍の He 原子核の高速度の射流

② β 線：電荷－1 の電子の射流，速度は光速の 90％以上
諸作用は陰極線と同じ。中性子の構成電子

③ γ 線：X 線の波長より極めて小さな波長 0.1Å以下の電磁波

㊟ 1Å（オングストローム）＝ 10^{-10}m

	α 線	β 線	γ 線
本体	He の原子核	電子	短波長の電磁波
電荷	＋2	－1	0
透過性	小	中	大
蛍光・電離・写真作用	大	中	小
電界における偏り	負極のほうへ偏る	正極のほうへ偏る	無関係
磁界における偏り	電流と同じ	逆向きの電流と同じ	〃

(2) 放射性崩壊

ラザフォードとソディにより原子構造の模型を作成。その後放射性元素の原子は不安定で，自然に放射線を出して崩壊し全く異なる別の原子に変化していくことを発見。

∴　放射性崩壊（α 崩壊，β 崩壊）

1913 年，ソディとファヤンスにより元素の崩壊に関する法則発表

放射性元素の変位法則

(a)　α 崩壊：原子番号は -2，質量数は -4

(b)　β 崩壊：原子番号は $+1$，質量数は変化なし

例. $^{238}_{92}U \rightarrow {}^{234}_{90}Th$ の場合

質量数の減は，$238 - 234 = 4$　　よって $\dfrac{4}{4} = 1$〔回〕　α 崩壊が 1 回

原子番号は，α 崩壊 1 回で $1 \times 2 = 2$ 減る。　$92 - 90 = 2$

よって，β 崩壊はなし

例. $^{235}_{92}U \rightarrow {}^{207}_{82}Pb$ の場合

質量数の減は，$235 - 207 = 28$　　よって $\dfrac{28}{4} = 7$〔回〕　α 崩壊が 7 回

原子番号は α 崩壊 7 回で 14 減るはず。　よって　$92 - 14 = 78$ になるはず。

しかし 82 ある　　∴　$82 - 78 = 4$〔回〕　β 崩壊 4 回

(3) 放射性崩壊の法則と半減期

法則：放射性元素の崩壊の速さは，そのときに存在する元素の量（または原子核数）に比例する。

初めに存在した元素の量（原子核数）$= N_0$

時間（t）後の元素の量（原子核数）$= N$

半減期 T（秒，分，時，日……）　　∴　$N = N_0 \times \left(\dfrac{1}{2}\right)^{\frac{t}{T}}$

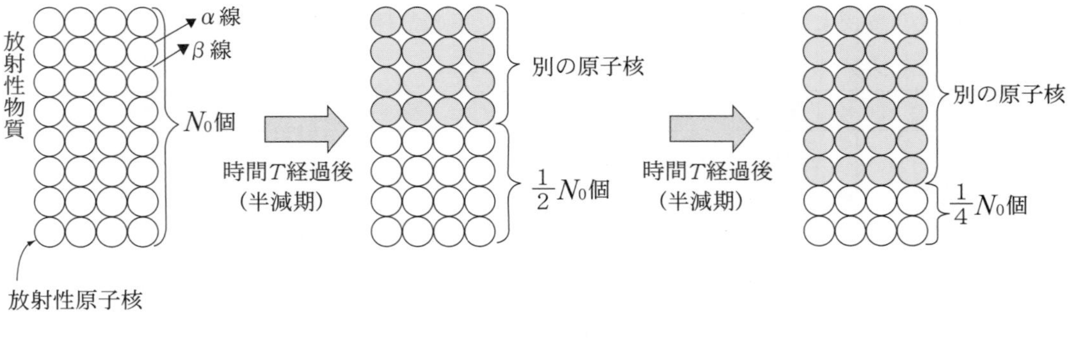

「半減期が T である」すなわち「時間 T 経過するごとに，原子核の数が半分になる」ということ。

放射線の性質

●電離作用

原子がもつ電子をイオンにするはたらき

α線 ＞ β線 ＞ γ線

電荷　+ 2e　− 1e　0

●電界，磁界の力による曲がり

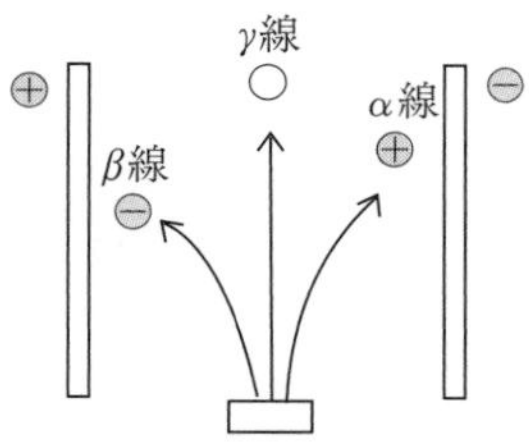

電界（電気の力による）

⊕，⊖の電気が引き合うので曲がる。正電荷のα線は⊖へ，負電荷のβ線は⊕へ引っ張られて曲がる。

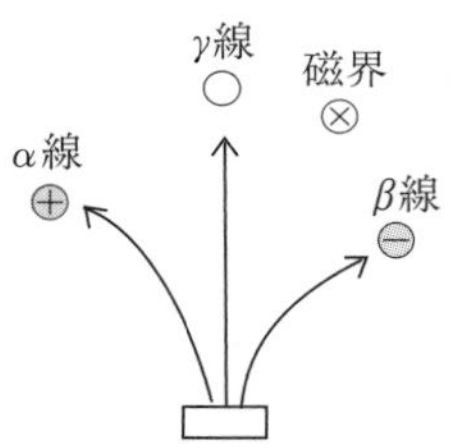

磁界（磁石の力による）

紙面垂直に表から裏へ磁界が向いているとき，フレミング左手の法則の向きに力が生じて曲がる。

●透過度

物質を通り抜ける能力

γ線 ＞ β線 ＞ α線

粒子の大きさ　小 ⟷ 大

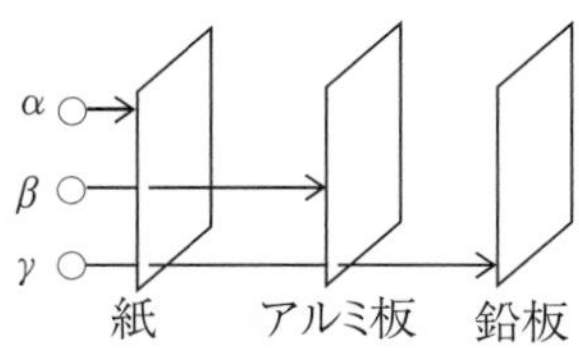

Q 例題

問題ア

Ra(原子番号:88　質量数:226)について次の文章の空欄を埋めよ。ただし②と③には数字が入る。

この原子は（①）個の中性子をもっており，α崩壊を起こす。α崩壊では質量数が（②）減少し，原子番号が（③）小さくなる。α崩壊ではα線を放出するが，α線，β線，γ線の物質に対する透過力の強さを考えると，（④）線が最も強く，（⑤）線が最も弱い。

問題イ

放射性原子であるウラン(質量数:238　原子番号:92)は何回かのα崩壊とβ崩壊を起こして鉛(質量数：206　原子番号：82）に変化した。この間にβ崩壊は何回生じたか。

ヒント

問題ア

質量数と原子番号，α線，β線，γ線についての知識問題である。性質を覚えておこう。

問題イ

まず，質量数に注目する。β崩壊では，質量数は変化しない。質量数が減少しているということは，α崩壊が原因なので，ここからα崩壊の回数が計算できる。

A 解答・解説

問題ア

質量数と原子番号が与えられていることから中性子数が導き出される。

質量数－原子番号＝中性子数となるからである。

α崩壊とβ崩壊では質量数，原子番号の変化が異なるので，覚えておこう。

解答① 138　② 4　③ 2　④ γ　⑤ α

問題イ

α崩壊では，１回で質量数が４つ減少するので，$32 \div 4 = 8$〔回〕のα崩壊が生じたことになる。α崩壊は１回で原子番号が２つ減るので，８回のα崩壊が生じたということは，原子番号が16減るはずである。ところが，原子番号の減少は10なので，６回のβ崩壊が生じているという計算になる。

解答：６回

演習問題

No.1

（解答▶P.8）

次の文章の空欄に当てはまる語句の組合せとして，正しいものはどれか。

放射線のうち，放射性元素から出てくるものはα線，β線，γ線の３種類である。放射性元素がα線やβ線を出して他の原子に変わる現象を放射性崩壊という。原子力発電は，ウランやプルトニウムが放射性崩壊をするときに放出するエネルギーを用いて蒸気を発生させ，タービンを回すことにより発電している。

放射線を最初に発見したのはレントゲンで，レントゲンは陰極線の実験中に放射線の１種である（　ア　）を偶然発見した。その後フランスのベクレルがウラン化合物から（　ア　）とは異なる放射線を発見，キュリー夫妻がラジウムなどの放射性元素を発見し，それぞれノーベル賞を受賞している。

放射性元素が崩壊するとき，α線，β線，γ線の３種類の放射線のいずれかが出てくる。α線は（　イ　）の原子核，β線は（　ウ　）の流れであり，γ線は電磁波であることがわかっている。このため，α線は（　エ　）電荷を帯び，β線は（　オ　）電荷を帯びている。γ線は電荷をもたない。

	ア	イ	ウ	エ	オ
①	γ線	ヘリウム	電子	正	負
②	γ線	水素	陽子	負	正
③	X線	ヘリウム	陽子	負	正
④	X線	ヘリウム	電子	正	負
⑤	X線	水素	電子	正	負

No.2

（解答 ▸ P.9）

次の記述のうち，間違っているものを全て選んだ組合せとして，正しいものはどれか。

ア　今，半減期が20年の放射性原子核が100個あったとすると，40年後には0個になっている。
イ　原子核がα崩壊してヘリウム原子核を放出すると，その質量数は4減少し，原子番号が2減少する。
ウ　原子核がβ崩壊して電子を放出すると，その質量数は変化せず，原子番号が1増える。

① ア
② ア，イ
③ イ
④ イ，ウ
⑤ ウ

No.3

（解答 ▸ P.9）

放射性原子核がα崩壊するときα線を放射する。このα線は陽子２個と中性子２個からなるヘリウム原子核であることがわかっている。
次の原子核がα崩壊を４回行うと，原子番号，質量数はいくつになるか。その組合せとして正しいものを選びなさい。

原子番号92，質量数234のウラン原子核

	原子番号	質量数
①	76	226
②	88	226
③	88	218
④	84	226
⑤	84	218

No.4

（解答 ▸ P.9）

原子番号 92，質量数 235 のウラン原子核が放射線を何回か放射して，原子番号 82，質量数 207 の鉛原子核になった。

このとき起きた α 崩壊，β 崩壊の回数の組合せとして，正しいものはどれか。

	α 崩壊	β 崩壊
①	10 回	7 回
②	10 回	14 回
③	8 回	10 回
④	7 回	4 回
⑤	7 回	7 回

第2編

化　学

元素の周期表

	1	2	3	4	5	6	7	8	9
1	1 **H** 水素 1.008								
2	3 **Li** ﾘﾁｳﾑ 6.941	4 **Be** ﾍﾞﾘﾘｳﾑ 9.012							
3	11 **Na** ﾅﾄﾘｳﾑ 22.99	12 **Mg** ﾏｸﾞﾈｼｳﾑ 24.31							
4	19 **K** ｶﾘｳﾑ 39.10	20 **Ca** ｶﾙｼｳﾑ 40.08	21 **Sc** ｽｶﾝｼﾞｳﾑ 44.96	22 **Ti** ﾁﾀﾝ 47.87	23 **V** ﾊﾞﾅｼﾞｳﾑ 50.94	24 **Cr** ｸﾛﾑ 52.00	25 **Mn** ﾏﾝｶﾞﾝ 54.94	26 **Fe** 鉄 55.85	27 **Co** ｺﾊﾞﾙﾄ 58.93
5	37 **Rb** ﾙﾋﾞｼﾞｳﾑ 85.47	38 **Sr** ｽﾄﾛﾝﾁｳﾑ 87.62	39 **Y** ｲｯﾄﾘｳﾑ 88.91	40 **Zr** ｼﾞﾙｺﾆｳﾑ 91.22	41 **Nb** ﾆｵﾌﾞ 92.91	42 **Mo** ﾓﾘﾌﾞﾃﾞﾝ 95.95	43 **Tc** ﾃｸﾈﾁｳﾑ (99)	44 **Ru** ﾙﾃﾆｳﾑ 101.1	45 **Rh** ﾛｼﾞｳﾑ 102.9
6	55 **Cs** ｾｼｳﾑ 132.9	56 **Ba** ﾊﾞﾘｳﾑ 137.3	57～71 ﾗﾝﾀﾉｲﾄﾞ	72 **Hf** ﾊﾌﾆｳﾑ 178.5	73 **Ta** ﾀﾝﾀﾙ 180.9	74 **W** ﾀﾝｸﾞｽﾃﾝ 183.8	75 **Re** ﾚﾆｳﾑ 186.2	76 **Os** ｵｽﾐｳﾑ 190.2	77 **Ir** ｲﾘｼﾞｳﾑ 192.2
7	87 **Fr** ﾌﾗﾝｼｳﾑ (223)	88 **Ra** ﾗｼﾞｳﾑ (226)	89～103 ｱｸﾁﾉｲﾄﾞ	104 **Rf** ﾗｻﾞﾎｰｼﾞｳﾑ (267)	105 **Db** ﾄﾞﾌﾞﾆｳﾑ (268)	106 **Sg** ｼｰﾎﾞｰｷﾞｳﾑ (271)	107 **Bh** ﾎﾞｰﾘｳﾑ (272)	108 **Hs** ﾊｯｼｳﾑ (277)	109 **Mt** ﾏｲﾄﾈﾘｳﾑ (276)

ﾗﾝﾀﾉｲﾄﾞ	57 **La** ﾗﾝﾀﾝ 138.9	58 **Ce** ｾﾘｳﾑ 140.1	59 **Pr** ﾌﾟﾗｾｵｼﾞﾑ 140.9	60 **Nd** ﾈｵｼﾞﾑ 144.2	61 **Pm** ﾌﾟﾛﾒﾁｳﾑ (145)	62 **Sm** ｻﾏﾘｳﾑ 150.4
ｱｸﾁﾉｲﾄﾞ	89 **Ac** ｱｸﾁﾆｳﾑ (227)	90 **Th** ﾄﾘｳﾑ 232.0	91 **Pa** ﾌﾟﾛﾄｱｸﾁﾆｳﾑ 231.0	92 **U** ｳﾗﾝ 238.0	93 **Np** ﾈﾌﾟﾂﾆｳﾑ (237)	94 **Pu** ﾌﾟﾙﾄﾆｳﾑ (239)

10	11	12	13	14	15	16	17	18
								2 **He** ﾍﾘｳﾑ 4.003
			5 **B** ホウ素 10.81	6 **C** 炭素 12.01	7 **N** 窒素 14.01	8 **O** 酸素 16.00	9 **F** フッ素 19.00	10 **Ne** ﾈｵﾝ 20.18
			13 **Al** ｱﾙﾐﾆｳﾑ 26.98	14 **Si** ケイ素 28.09	15 **P** リン 30.97	16 **S** 硫黄 32.07	17 **Cl** 塩素 35.45	18 **Ar** ｱﾙｺﾞﾝ 39.95
28 **Ni** ﾆｯｹﾙ 58.69	29 **Cu** 銅 63.55	30 **Zn** 亜鉛 65.38	31 **Ga** ｶﾞﾘｳﾑ 69.72	32 **Ge** ｹﾞﾙﾏﾆｳﾑ 72.63	33 **As** ヒ素 74.92	34 **Se** ｾﾚﾝ 78.97	35 **Br** 臭素 79.90	36 **Kr** ｸﾘﾌﾟﾄﾝ 83.80
46 **Pd** ﾊﾟﾗｼﾞｳﾑ 106.4	47 **Ag** 銀 107.9	48 **Cd** ｶﾄﾞﾐｳﾑ 112.4	49 **In** ｲﾝｼﾞｳﾑ 114.8	50 **Sn** スズ 118.7	51 **Sb** ｱﾝﾁﾓﾝ 121.8	52 **Te** ﾃﾙﾙ 127.6	53 **I** ヨウ素 126.9	54 **Xe** ｷｾﾉﾝ 131.3
78 **Pt** 白金 195.1	79 **Au** 金 197.0	80 **Hg** 水銀 200.6	81 **Tl** ﾀﾘｳﾑ 204.4	82 **Pb** 鉛 207.2	83 **Bi** ﾋﾞｽﾏｽ 209.0	84 **Po** ﾎﾟﾛﾆｳﾑ (210)	85 **At** ｱｽﾀﾁﾝ (210)	86 **Rn** ﾗﾄﾞﾝ (222)
110 **Ds** ﾀﾞｰﾑｽﾀﾁｳﾑ (281)	111 **Rg** ﾚﾝﾄｹﾞﾆｳﾑ (280)	112 **Cn** ｺﾍﾟﾙﾆｼｳﾑ (285)	113 **Nh** ﾆﾎﾆｳﾑ (278)	114 **Fl** ﾌﾚﾛﾋﾞｳﾑ (289)	115 **Mc** ﾓｽｺﾋﾞｳﾑ (289)	116 **Lv** ﾘﾊﾞﾓﾘｳﾑ (293)	117 **Ts** ﾃﾈｼﾝ (293)	118 **Og** ｵｶﾞﾈｿﾝ (294)

63 **Eu** ﾕｳﾛﾋﾟｳﾑ 152.0	64 **Gd** ｶﾞﾄﾞﾘﾆｳﾑ 157.3	65 **Tb** ﾃﾙﾋﾞｳﾑ 158.9	66 **Dy** ｼﾞｽﾌﾟﾛｼｳﾑ 162.5	67 **Ho** ﾎﾙﾐｳﾑ 164.9	68 **Er** ｴﾙﾋﾞｳﾑ 167.3	69 **Tm** ﾂﾘｳﾑ 168.9	70 **Yb** ｲｯﾃﾙﾋﾞｳﾑ 173.0	71 **Lu** ﾙﾃﾁｳﾑ 175.0
95 **Am** ｱﾒﾘｼｳﾑ (243)	96 **Cm** ｷｭﾘｳﾑ (247)	97 **Bk** ﾊﾞｰｸﾘｳﾑ (247)	98 **Cf** ｶﾘﾎﾙﾆｳﾑ (252)	99 **Es** ｱｲﾝｽﾀｲﾆｳﾑ (252)	100 **Fm** ﾌｪﾙﾐｳﾑ (257)	101 **Md** ﾒﾝﾃﾞﾚﾋﾞｳﾑ (258)	102 **No** ﾉｰﾍﾞﾘｳﾑ (259)	103 **Lr** ﾛｰﾚﾝｼｳﾑ (262)

第2編

第1章 物質の構造

紙でも食べ物でもパソコンでも，地球上のすべての物質は，細かくしていくと最後は**原子**になる。つまり，すべての物質は原子の集合体であるといえる。原子の種類を元素といい，元素は酸素（O），水素（H）炭素（C）など，現在約120種類存在している。これらの元素を元素記号で表し，原子番号順に整理して並べたものが**周期表**である。原子番号はその原子の原子核に含まれる陽子の数を表しており，核外電子の数とも一致している。そして，原子がいくつか組み合わさったものが**分子**である。たとえば二酸化炭素（CO_2）は，炭素原子（＝C）が1つ，酸素原子（＝O）が2つ結合してできた分子である。

原子の中心部には**原子核**とよばれる部分があり，その周囲を**電子**が飛び回っている。この電子が飛び回っている場所を**電子の軌道**という。電子の軌道には，K殻，L殻，M殻などがあるが，それぞれの軌道に存在することのできる電子の数が決まっている。K殻，L殻，M殻には，それぞれ2個，8個，18個の電子が軌道上を飛び回ることができる。また，電子の総数は原子の種類によって異なっている。アルミニウム原子1つの中には電子が13個含まれており，カルシウム原子の中には電子が20個含まれている。

電子が存在する軌道で，一番外側にある軌道のことを**最外殻**という。最外殻に存在する電子のことを**最外殻電子**という。たとえば，カルシウム（Ca）の原子番号は20なので，電子が20個含まれているということで，K殻に電子が2個，L殻に電子が8個，M殻に電子が8個，N殻に電子が2個含まれているということになる。カルシウムの場合，最外殻はN殻である。したがって，Caの最外殻電子は2個ということになる。最外殻電子というのは不安定な存在なので，軌道から飛び出したり，外から電子をおびき寄せたりする性質がある。最終的には**貴ガス**（He，Ne，Arなど）の電子配置に近づこうとする性質があり，電子配置が貴ガスと同じになることで**イオン**となる。

このように原子や分子を考えてきたが，これらを1つ1つ数えることは，細かすぎて効率が悪い。そこでビール12本を1ダースとまとめて数えるのと同じように，化学の世界では，6.02×10^{23}個をまとめて**1 mol**という単位で表すことになっている。この**モル**を単位として表した物質の量のことを**物質量**という。

解法のポイント

1．物質の構成

(1) 混合物と純物質

混合物：２種類以上の物質がいろいろな割合で混じり合っているもの。

空気（N_2，O_2，He，Ar …）海水（H_2O，NaCl，$MgCl_2$ …）

純物質：他の物質が混ざっておらず１種類の物質からなるもの。

融点，沸点，密度など決まっており，純物質は固有の性質を示す。

(2) 混合物の精製法

① ろ　過：液体とその液体に溶けない固体を分離する操作。

② 蒸　留：液体混合物の成分を沸点の差を利用して分離する方法。混合物を加熱して蒸気として蒸発させ，それを冷却して再び液体として得る操作で，純度の高い成分を得ることができる。

③ 分　留：複数の液体の混合物を沸点の違いを利用して各成分に分離する操作。

④ 再結晶：不純物を含んだ結晶を液体（溶媒）に溶かし，温度による溶解度の差や溶液の濃縮等によって不純物を除いて，純粋な結晶を得る操作。

⑤ 抽　出：固体または液体の混合物に，その中に含まれている特定の成分だけをよく溶かす溶媒を加え振り混ぜて，特定の成分だけを溶かし出して分離する方法。

⑥ 昇　華：固体が液体にならずに直接気体になる現象。昇華しやすい物質とそうでない物質の混合物の場合，加熱によって固体→気体→固体の変化を利用して分離することができる。

⑦ ペーパークロマトグラフィー：ろ紙の一部（下端）に混合物の溶液をつけ乾燥させる。この乾燥した部分を展開液とよばれる溶媒に浸すと，展開液とともに混合物中の成分が上昇しながら分離されていく。

(3) 元素，単体と化合物

元　素：物質を構成する成分

現在約 120 種類の元素が存在（約 90 種類は天然に存在，他は人工的な元素）

世界共通の記号＝元素記号を用いて表す。

H, He, Li, Be, B, C, N, O, F, Ne ……

単　体：１種類の元素で構成されている物質

H_2, O_2, N_2 …

化合物：２種類以上の元素が結合してできている物質

H_2O, CO_2, NaCl ……

（単体・化合物）→ 純物質

㊟化学変化を利用し，２種類以上の物質に分解できるもの＝化合物

分解できないもの＝単体

(4) **同素体**：同一元素の単体で性質の異なる物質…「SCOP（スコップ）」と覚える。

(a) 黒鉛とダイヤモンド：成分元素 C

黒鉛：黒色不透明。軟らかく，電気を通す。

ダイヤモンド：無色透明。硬い。電気を通さない。

(b) 斜方硫黄，単斜硫黄，ゴム状硫黄：成分元素 S

(c) 黄リンと赤リン：成分元素 P

(d) 酸素 O_2 とオゾン O_3

(5) **原子の構造**

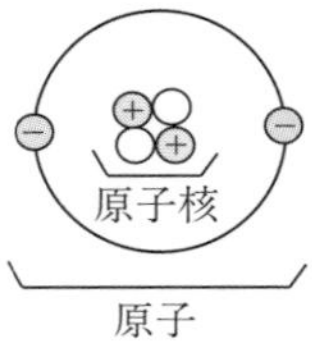

○：中性子…電荷をもたない

⊕：陽子…正電荷をもつ

⊖：電子…負電荷をもつ

中性子の質量≒陽子の質量

中性子と陽子の質量は，ほぼ等しく，この質量の$\frac{1}{1840}$が電子の質量

電子の軌道

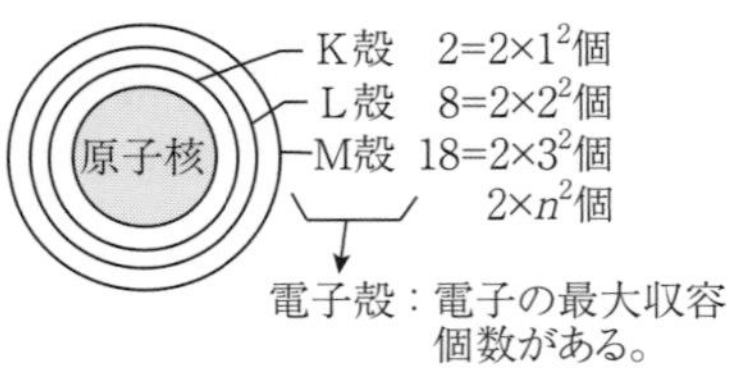

・最も外側の電子殻にある電子を最外殻電子といい，この電子を価電子という。

・周期表の縦列の族の価電子数は一致し，化学的性質が似ている。ただし，18 族の貴ガスの価電子数は０とする。また，貴ガスや最外殻に最大数の電子が入っている原子は，電子配置が安定しており，この状態を閉殻とよぶ。

元素記号　　A：質量数

$^{A}_{Z}X$　　　=陽子数+中性子数

Z：原子番号

=陽子数

=電子数（原子のとき）

(6) **同位体：同一元素の原子だが，質量数や原子核中の中性子の数が異なるもの**

例. $^{1}_{1}H$ と $^{2}_{1}H$（重水素）と $^{3}_{1}H$（三重水素）

$^{16}_{8}O$ と $^{17}_{8}O$ と $^{18}_{8}O$，$^{35}_{17}Cl$ と $^{37}_{17}Cl$

㊟中性子数が異なるため，質量数が異なる。

各同位体の化学的性質は変わらない。

2．元素の周期表

(1) 元素の分類

① 1族，2族および12族～18族までの元素：典型元素

(a) 周期表の左から右へ向かって価電子が1つずつ増加。

(b) 化学的性質も規則的に変化。

(c) 価電子数：18族は0。他の族は族番号下1桁の数と同じ。

② 第4周期以降の3族～11族までの元素：遷移元素

(a) 周期性は明確でない。

(b) 族としての類似性のほか，同一周期で隣り合う元素どうしもよく似た性質を示す。

(c) いろいろな価数をもつイオンが生成。

(d) 化合物やイオンには特有の色を示すものが多い。

Cr^{3+}緑，Mn^{2+}淡赤，Fe^{2+}淡緑，Fe^{3+}黄褐色，Ni^{2+}緑，Cu^{2+}青

(e) すべて金属元素。

(2) イオン化エネルギーと電子親和力

① イオン化エネルギー

原子を陽イオンにする場合，原子核からの引力に逆らって電子を無限遠まで引き離すためのエネルギーを外部から加える必要がある。

◎原子から電子1個を取り去って1価の陽イオンにするのに必要な最小のエネルギー：第一イオン化エネルギー

※　イオン化エネルギーの小さい原子＝1価の陽イオンになりやすい

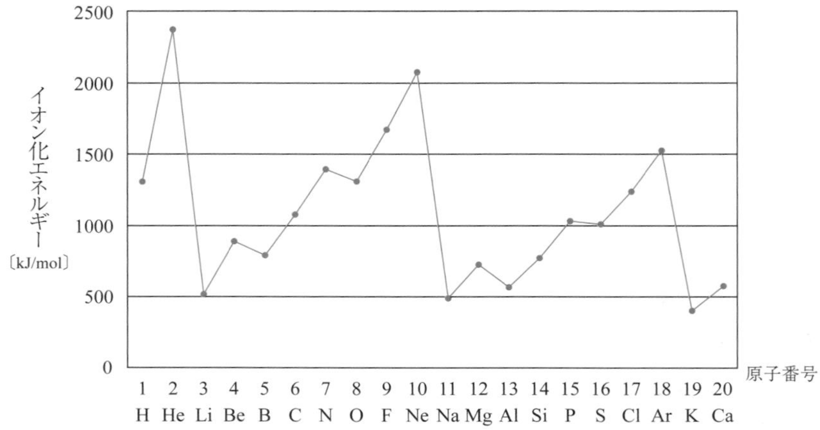

周期表との関係

(a) イオン化エネルギーが小さい＝陽イオンになりやすい。

●同じ周期では，原子番号が増える（右側にいく）ほどイオン化エネルギーは大きくなる。

●同じ族では原子番号が大きくなるにつれて，イオン化エネルギーは小さくなる。

(b) 第 17 族，第 18 族：イオン化エネルギーが大きい。

②　電子親和力

原子が電子を取り入れて陰イオンになるときに放出するエネルギー

◎原子の陰性の強さを比較

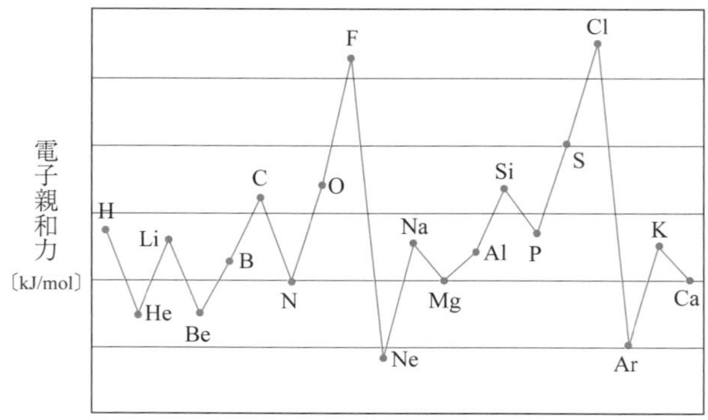

(a) 陰イオンになりやすい元素＝電子親和力大　⇨　第 17 族元素

(b) 陰イオンになりにくい元素＝電子親和力 0　⇨　第 1 族，第 2 族，第 18 族元素

(3) イオンの生成

イオン

原子は電気的に中性（陽子数＝電子数）であるが，電子を放出したり電子を受け取ったりして，電荷をもつ。

陽イオン：原子が電子を放出する

陰イオン：原子が電子を受け取る

原子の特性　貴ガス原子は，最外殻電子 8 個（He は 2 個）で電子配置が安定している。
最外殻電子を外へ放出したり，外から電子を受け取るなどの，電子の出入りで貴ガスの電子配置になろうとする。

例. Na の場合

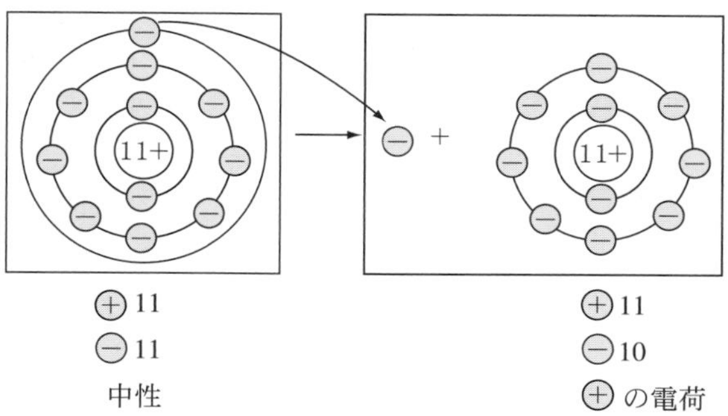

$$Na \longrightarrow e^- + Na^+$$ （Neの電子配置）

例. F の場合

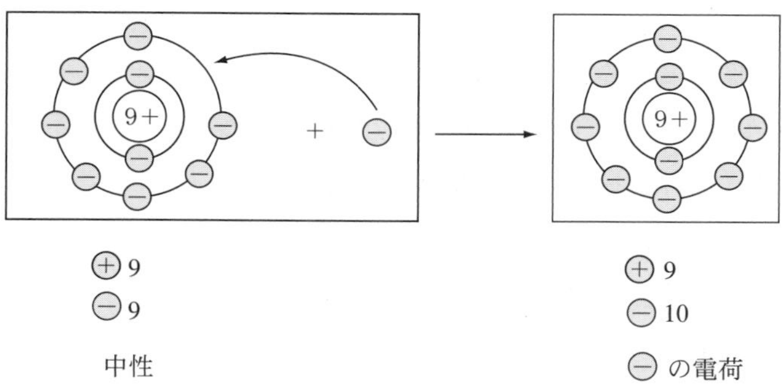

$$F + e^- \longrightarrow F^-$$ （Neの電子配置）

(4) 結晶の種類と特徴

		イオン結晶	共有結合の結晶	分子結晶	金属結晶
結合する粒子		陽イオンと陰イオン（金属元素と非金属元素）	原子と原子（非金属元素と非金属元素）	共有結合の分子	金属元素の陽イオン（ただし同一元素）
結合の種類・力		イオン結合 静電気的な引力（クローン力）	共有結合 不対電子を出し合って，共有電子対を作る	分子間力（ファンデルワールス力） ※分子内は共有結合	金属結合 自由電子が陽イオンの周りを自由に動く
物質の例		塩化ナトリウム 酸化銅（Ⅱ） 硫酸アンモニウム など多数	ダイヤモンド（構成元素はC） 黒鉛（構成元素はC） 水晶や石英（二酸化ケイ素）	ドライアイス（CO_2） ヨウ素（I_2），ナフタレン（$C_{10}H_8$），氷（H_2O），水素（H_2）など	金属の単体 銅，銀，鉄，ナトリウム　など
結晶の特徴	融点・沸点	かなり高い	非常に高い（黒鉛は例外）	低い。昇華するものが多い	物質によって差があり多様
	硬さ	硬いが，もろい	きわめて硬い	軟らかくて，もろい	硬いが，展性・延性がある（水銀Hgは例外）
	電気伝導性	固体では導かないが，溶液や融解液では電気を導く	電気伝導性なし ただし，黒鉛は電気を導く	電気伝導性なし	よく導く

3．物質量と化学変化

(1) 原子量，分子量，式量

① 原子量

原子1個の質量は 10^{-23}g 程度，非常に小さい値

このような小さな質量をg単位で取り扱うことは不便

◎ある特定の原子の質量を基準にして，他の原子の質量が基準の原子の質量の何倍にあたるかという比を使って求めた＝相対質量

現在 ${}^{12}_{6}C$ の相対質量を12とし各原子の相対質量を決めている。

※　多くの原子には相対質量の違う同位体がある。

原子量＝各相対質量×存在比で求めた値を用いる

例. Clの場合（相対質量が，質量数と等しいとする）

${}^{35}_{17}Cl = 75.8\%$　${}^{37}_{17}Cl = 24.2\%$

$$\therefore \quad 原子量 = \frac{35 \times 75.8 + 37 \times 24.2}{100} \fallingdotseq 35.48$$

$$= 35.5$$

② **分子量**…分子を構成する原子の原子量の総和

◎^{12}C = 12 を基準にしたときの分子 1 個の相対質量＝分子量

③ **式量**…組成式やイオン式中に含まれる原子の原子量の総和

◎NaCl のようなイオンからなる物質や銀のような金属などの物質では，分子に相当する単位粒子が存在しないので，組成式が用いられる。

(2) 物質量

一般では物質を量的に扱うときは，体積や質量で表すことが多い。

しかし物質が化学変化する場合は，原子や分子がある一定の割合（個数）で反応する。

∴　粒子の個数をもとにした量を表す＝物質量

※物質量〔mol〕

1mol 当たりの粒子の数をアボガドロ定数といい，N_A で表す。N_A は次のように定義されている。

$N_A = 6.02 \times 10^{23}$/mol

① **物質 1mol の質量**

同一種類の粒子 1mol あたりの質量＝モル質量

∴　1mol の質量＝原子量 g，分子量 g，式量 g

例. H_2SO_4　1mol の質量

分子量＝ 1 × 2 ＋ 32 ＋ 16 × 4 ＝ 98〔g/mol〕

物質量〔mol〕，物質の質量〔g〕，モル質量〔g/mol〕の関係

$$物質量〔mol〕= \frac{物質〔g〕}{モル質量〔g/mol〕}$$

例. H_2SO_4　19.6g は何 mol か

$$物質量 = \frac{19.6〔g〕}{98〔g/mol〕} = 0.2〔mol〕$$

② **気体 1mol の体積**

アボガドロの法則

同温・同圧の下で同体積の気体は，その気体の種類に関係なくすべて同数の分子を含む。

∴　気体 1mol（6.02×10^{23} 個の分子を含む）の占める体積は，種類に関係なく標準状態（0℃，1atm）でほぼ 22.4L である。　∴　気体のモル体積〔L/mol〕

$$物質量〔mol〕= \frac{気体の体積〔L〕}{22.4〔L/mol〕}（0℃，1atm）$$

例. 0℃，1atm で 5.6L の NH_3 の物質量を求める

$$物質量 = \frac{5.6〔L〕}{22.4〔L/mol〕} = 0.25〔mol〕$$

気体の圧力
1 気圧 = 1atm = 1.013 × 10^5Pa

③ **気体の密度**

0℃，1atm におけるモル質量とモル体積の割合で求める

$$\therefore\ 気体の密度〔g/L〕 = \frac{分子量〔g/mol〕}{22.4〔L/mol〕}$$

(3) **化学反応の量的関係**

① **化学反応式**

物質がもとの物質と異なる別の物質に変化すること：化学変化（化学反応）

∴ 原子間の結びつきが変化するだけで，原子が消滅したり，新たに原子が生成することはない。

② **化学反応式の意味**

係数：各物質の物質量の比を表している

例. $CH_4 + 2O_2 \longrightarrow CO_2 + 2H_2O$

	CH_4	$2O_2$	CO_2	$2H_2O$
分子数の関係	1 分子	2 分子	1 分子	2 分子
物質量の関係	1mol	2mol	1mol	2mol
質量の関係	16g	2 × 32g	44g	2 × 18g
	80g		80g	
体積の関係（0℃，1atm）	22.4L	2 × 22.4L	22.4L	

㊟ H_2O は 0℃，1atm では液体。

(4) **化学の基礎法則**

① **質量保存の法則**（ラボアジエ）

(3) の②の質量の関係。化学反応の前後において，物質の総質量は変化しない。

② **定比例の法則**（プルースト）

ある化合物を構成している成分元素の質量比は常に一定である。

③ **倍数比例の法則**（ドルトン）

2種の元素 A と B が化合して，いくつかの異なる化合物を作るとき，一定質量の A と化合する B の質量との間には簡単な整数比が成り立つ。

例. CO の質量比 = 12：16 = 3：4

CO_2 の質量比 = 12：32 = 3：8

∴ C に対し O は 4：8 = 1：2 の関係

④ 気体反応の法則（ゲイリュサック）

(3) の②の体積の関係

気体どうしの反応では反応に関係する気体の体積の間には同温・同圧のもとでは 簡単な整数比が成り立つ。

‖

化学反応式の係数

⑤ アボガドロの法則（アボガドロ）

(2) の②前述

Q 例題①

次の文の空欄に当てはまる語句を入れよ。

「カルシウムは（①）価の（②）イオンとなる。」

ヒント

貴ガスの原子配置が最も安定するので，周期表で一番近い貴ガスの電子配置に近づくように最外殻電子が変化する。カルシウムに一番近い貴ガスは Ar（アルゴン：原子番号 18）である。

A 解答・解説

周期表を書いて，カルシウムに一番近い貴ガスを探すと Ar である。Ar の電子数は 18 なので，最外殻電子は M 殻に 8 個存在することになる。Ca は Ar の電子配置に近づくように，最外殻電子が 2 個減少することになる（2 個の電子が外に飛び出す）。電子はマイナスの電気をもっているので，電子が外に飛び出すと全体としてプラスとなるので陽イオンとなる。

解答　①2　②陽

Q 例題②

以下の化学反応式のように，炭素が酸素と化合して二酸化炭素が生成した。

$C + O_2 \rightarrow CO_2$

このとき，生成した二酸化炭素が 11g だった場合，炭素と化合した酸素は何 g か。

原子量は C ＝ 12.0，O ＝ 16.0 とする。

ヒント

質量 g と物質量 mol は全く違う単位である。したがって，単位を統一していく必要がある。慣れないうちは，次のような表を書いていった方がよい。

A 解答・解説

問題文からわかることは以下のとおりである。

	C ＋	O_2 →	CO_2
分子数（原子数）の関係	1	1	1
質量の関係			11g
物質量〔mol〕の関係			0.25mol

ここで，化学反応式の係数はモル数に比例するという定比例の法則を用いると，

分子数（原子数）の関係	1	1	1
質量の関係			11g
物質量〔mol〕の関係	0.25mol	0.25mol	0.25mol

となる。

さらに，原子量（分子量）＝ 1mol であるので，比例計算より，

分子数の関係	1	1	1
質量の関係	0.25 × 12g	0.25 × 32g	11g
物質量〔mol〕の関係	0.25mol	0.25mol	0.25mol

となる。

解答：0.25 × 32 ＝ 8〔g〕

演習問題

No.1

（解答 ▸ P.10）

次の物質の中で，混合物を全て選んだ組合せとして，最も妥当なものはどれか。

ア　オゾン　　イ　アルミニウム　　ウ　氷　　エ　ステンレス　　オ　空気

①　ア，ウ　　②　ア，ウ，エ　　③　イ，ウ　　④　ウ，エ，オ　　⑤　エ，オ

No.2

（解答 ▸ P.10）

次の物質ア～キより同素体の関係にあるものを選んだ組合せとして正しいものはどれか。

ア　酸素　　イ　一酸化炭素　　ウ　ダイヤモンド　　エ　二酸化炭素
オ　黄リン　　カ　リン酸　　キ　オゾン

①　ア，キ　　②　イ，エ　　③　イ，ウ，エ　　④　オ，カ　　⑤　ウ，キ

No.3

（解答 ▸ P.10）

次の文章の下線部の語句のうち，間違っているものの組合せとして，最も妥当なものはどれか。

すべての物質は原子から構成されている。原子は$_{ア}$<u>電子</u>と原子核にわけられ，原子核は$_{イ}$<u>陽子</u>と$_{ウ}$<u>中性子</u>によって構成されている。陽子は元素の種類によって固有の値であり，これを$_{エ}$<u>元素記号</u>とする。陽子と中性子の数を足したものを$_{オ}$<u>質量数</u>という。同じ種類の元素で質量数の異なるものを$_{カ}$<u>同素体</u>といい，これは$_{キ}$<u>中性子</u>の数が異なるためである。

①　イ，エ　　②　イ，オ　　③　ウ，エ　　④　エ，カ　　⑤　オ，キ

No.4

（解答 ▸ P.10）

次の元素記号で表される 2 つの原子の違いの組合せとして，正しいものはどれか。

$^{35}_{17}Cl$　$^{37}_{17}Cl$

ア　陽子数　　イ　中性子数　　ウ　電子数　　エ　質量数　　オ　原子番号

①　ア，イ　　②　ア，ウ　　③　イ，ウ　　④　イ，エ　　⑤　エ，オ

No.5

（解答 ▸ P.10）

次の原子・イオンがもっている陽子の数の組合せとして，正しいものはどれか。

	Li^{+}	F	CO_3^{2-}
①	2	7	30
②	3	8	28
③	3	9	30
④	4	10	28
⑤	4	11	30

No.6

（解答 ▸ P.10）

下の表は，原子番号 11 番から 18 番までの原子の，第一イオン化エネルギーと電子親和力の値をまとめたものである。この表を参考に，次の文章の空欄に当てはまる語句の組合せとして正しいものを選びなさい。

原子番号	11	12	13	14	15	16	17	18
イオン化エネルギー	496	738	578	787	1,012	1,000	1,251	1,521
電子親和力	52.9	0	39.7	133.6	72.0	200.4	349.0	0

（単位は kJ/mol）

原子から 1 個の電子を取り去るのに必要なエネルギーを『第一イオン化エネルギー』という。第一イオン化エネルギーが小さい原子ほど，（ア）になりやすい。一般に，周期表で（イ）にある元素ほどイオン化エネルギーが小さく（ア）になりやすい。また，原子が 1 個の電子を受け取って（ウ）になるときに放出するエネルギーを『電子親和力』という。一般に，電子親和力が大きい原子ほど（ウ）になりやすく，同周期の元素では（エ）が最も大きくなる。

18 族元素は，第一イオン化エネルギーが大きく，電子親和力が 0 であるためイオンになりにくい。この 18 族元素のことを（オ）とよぶ。

	（ア）	（イ）	（ウ）	（エ）	（オ）
①	陽イオン	右上	陰イオン	ハロゲン	貴ガス
②	陰イオン	右上	陽イオン	ハロゲン	貴ガス
③	陽イオン	左下	陰イオン	ハロゲン	貴ガス
④	陰イオン	左下	陽イオン	貴ガス	ハロゲン
⑤	陽イオン	左下	陰イオン	貴ガス	ハロゲン

No.7

（解答▶P.10）

次の文章のうち，正しいものを選びなさい。

① リチウムは水素と同じ1族に属し，1個の陽子を放出して1価の陽イオンになりやすい。
② ケイ素は炭素と同じ14族に属する金属元素であり，単体は金属結晶で存在する。
③ 硫黄は酸素と同じ16族に属する元素で，2個の電子を受け取って，2価の陰イオンになりやすい。
④ 塩素はホウ素と同じ17族に属するハロゲン元素の1つである。1個の電子を受け取って，1価の陰イオンになりやすい。
⑤ ネオンは最外殻電子数がヘリウムと同じで，18族に属する貴ガス元素の1つである。他の元素と結合せず，単原子分子で存在する。

No.8

（解答▶P.10）

次の記述ア～ウはどの法則について述べられたものか。最も妥当な組合せを選べ。

ア 炭素12gと酸素32gが反応すると，二酸化炭素44gが生成する。
イ 炭素12gが完全燃焼するとき酸素32gが必要ならば，炭素6gが完全燃焼するとき酸素16gが必要である。
ウ 炭素12gを燃焼させて一酸化炭素を作るとき，酸素16gが反応する。二酸化炭素を作るとき酸素32gが反応する。

	ア	イ	ウ
①	定比例の法則	質量保存の法則	倍数比例の法則
②	定比例の法則	倍数比例の法則	質量保存の法則
③	質量保存の法則	倍数比例の法則	気体反応の法則
④	質量保存の法則	定比例の法則	気体反応の法則
⑤	質量保存の法則	定比例の法則	倍数比例の法則

No.9

（解答▶P.11）

次の結晶構造に関する記述のうち，正しいものの組合せとして最も妥当なものはどれか。

A　銀や銅などの金属の単体は，金属結晶と呼ばれる。このとき，結合に使われた電子のことを不対電子という。

B　ドライアイスやナフタレンなど，昇華しやすい物質は分子と分子の間にはたらくクーロン力によって結びついた分子結晶である。

C　塩化アンモニウムの結晶には，イオン結合・配位結合・共有結合が含まれている。

D　ダイヤモンドや石英は，原子と原子が共有結合しており，それが立体的に続いた共有結合の結晶である。

① A，B
② A，D
③ B，C
④ B，D
⑤ C，D

No.10

（解答▶P.11）

次の化学反応式において，

$$C_3H_8 + 5O_2 \rightarrow 3CO_2 + 4H_2O$$

二酸化炭素CO_2が 13.2g 生じたとき，プロパンC_3H_8と反応した酸素O_2は何mol か。原子量は，H＝1.0，C＝12，O＝16 とする。

① 0.30mol
② 0.50mol
③ 1.5mol
④ 3.0mol
⑤ 5.0mol

No.11

（解答 ▸ P.11）

0.1 mol のエタンC_2H_6を完全燃焼させたときに生じる生成物の全重量として正しいものはどれか。原子量はH =**1.0**, C =**12.0**, O =**16.0** とする。

① 6. 2g

② 12. 4g

③ 14. 2g

④ 20. 4g

⑤ 26. 6g

第2章 物質の三態変化

世の中の物質は3つの状態に変化する。たとえば水は通常の温度では**液体**であり，熱を加えると沸騰して水蒸気という**気体**になる。また，冷やしていくと氷という**固体**になる。これを**物質の三態変化**という。水の場合は常温では液体であり，冷やすと**固体**になるが，鉄や銅のように常温でも固体で存在するものもある。固体から液体になることを**融解**，液体から気体になることを**蒸発**といい，気体から液体になることを**凝縮**，液体から固体になることを**凝固**という。また，固体から気体になることを**昇華**(しょうか)，気体から固体になることを凝華という（凝華も含めて昇華ということもある）。昇華は液体を経ずに固体から気体，または気体から固体へと変化するというのがポイントである。

物質の状態が変わるときには必ずエネルギーの出入りが発生する。固体から液体に変化する際には**融解熱**，液体から気体に変化する際には**蒸発熱**とよばれている。

気体は温度 T〔K〕や圧力 p の変化によって体積 V が大きく変化する。これらの関係をみると，温度と気体の物質量が一定のとき，気体の体積は圧力に反比例するという関係がある。これを**ボイルの法則**という。また，圧力と気体の物質量が一定のとき，気体の体積は絶対温度に比例するという関係がある。これを**シャルルの法則**という。これらの法則を合わせると，気体の物質量が一定であるとき，気体の体積は圧力に反比例し，絶対温度に比例するという関係を導き出すことができる。これを**ボイル・シャルルの法則**という。

また，窒素と酸素が混ざった空気のように，数種類の気体が混ざった混合気体において，ある一種類の気体のみの圧力のことを**分圧**という。気体の体積と絶対温度が一定であれば，分圧は気体の物質量に比例する。よって，混合気体の全体の圧力は，それぞれの気体の分圧の和と等しくなる。これを**ドルトンの分圧**の法則という。

解法のポイント

1. 三態変化

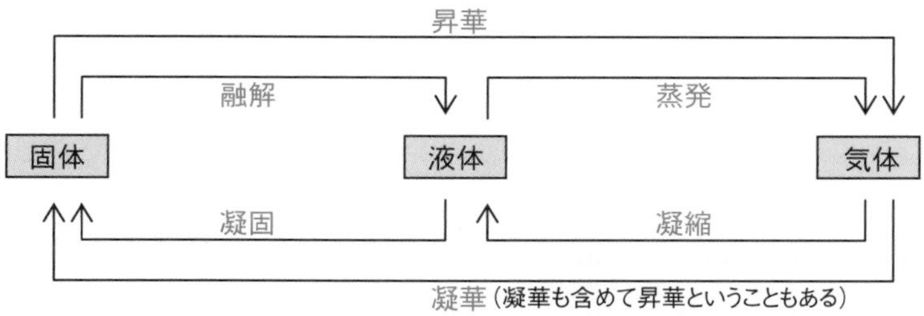

◎それぞれの状態における分子の動き

	固体	液体	気体
分子がもつ運動エネルギー	少ない	多い	非常に多い
運動の様子	その場で振動。まわりの分子と分子間力で結合している。	移動できる。まわりの分子との間に，分子間力がはたらく。	激しく飛び回っている。分子間力を振りきるくらい激しく運動。
教室にたとえると…	授業中 席から移動できないが，手足を動かしたり振り向いたりすることはできる。	実験中 席を離れて動けるが，教室の外には出られない。	休み時間 自分の好きなところに行くことができる。

◎物質の状態が変わるとき，必ず何らかのエネルギーが出入りする。

例：氷↔水

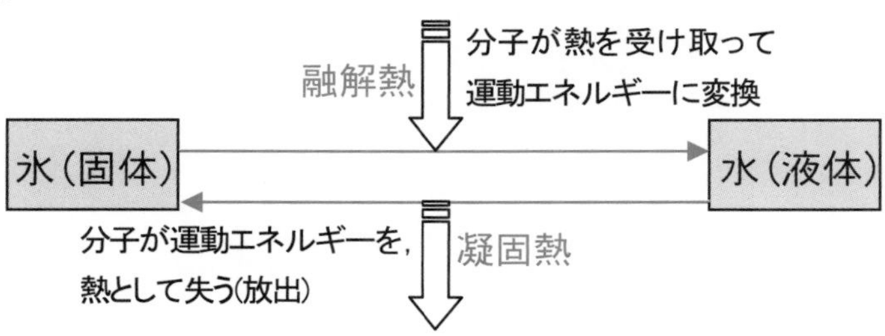

☆液体→気体…蒸発熱，気体→液体…凝縮熱

☆固体→気体，気体→固体…昇華熱

2．気体の性質

(1) ボイルの法則

一定温度において，一定量の気体の体積 V は圧力 p に反比例する

$$\therefore\ pV = k\ (\text{一定})$$

例.　現在 ⟶ 変化

	現在	変化	
圧力	p_1	p_2	
体積	V_1	V_2	$\therefore\ p_1 \times V_1 = p_2 \times V_2 = k$

㊟圧力の単位：atm（気圧），mmHg，hPa（ヘクトパスカル）の３種ある

$$1\text{atm} = 760\text{mmHg} = 1013\text{hPa} = 1.013 \times 10^5\text{Pa}$$

(2) シャルルの法則

圧力が一定のとき，一定量の気体の体積 V は絶対温度 T に比例する

温度，セルシウス（セ氏）温度　t℃

絶対（ケルビン）温度　$T = (t℃ + 273)$〔K〕

$t = -273$℃ $= 0$〔K〕とした温度（絶対零度）

㊟ $T = 0$〔K〕のとき気体の体積は 0 となる

気体分子の熱運動が完全に静止した状態

例.　現在 ⟶ 変化

	現在	変化	
絶対温度	T_1	T_2	
体積	V_1	V_2	$\therefore\ \dfrac{V_1}{T_1} = \dfrac{V_2}{T_2} = k$

(3) ボイル・シャルルの法則

(1) と (2) をまとめる

$$\therefore\ \frac{p_1 \times V_1}{T_1} = \frac{p_2 \times V_2}{T_2} = k$$

(4) 気体の状態方程式

ボイル・シャルルの法則より　$\dfrac{pV}{T} = k$（一定）

これに標準状態(0℃, 1atm)で気体 1mol の占める体積 22.4L/mol を代入

$$\frac{pV}{T} = \frac{1〔\text{atm}〕\times 22.4〔\text{L/mol}〕}{273〔\text{K}〕} \fallingdotseq 0.082[\text{atm}\cdot\text{L/K}\cdot\text{mol}]$$

となりこの定数を気体定数 R とする。

$R = 0.082$〔atm･L/K･mol〕

これより　$pV = RT$

ここで1mol でなく $n$mol とすると体積が n 倍になるので右辺も n 倍して

$pV = nRT$

これを気体の状態方程式という

また，p，V，T の単位を変えて

p〔N/m^2〕　V〔m^3/mol〕　T〔K〕

$$\frac{pV}{T} = \frac{1.013 \times 10^5〔\mathrm{N/m^2}〕\times 22.4 \times 10^{-3}〔\mathrm{m^3/mol}〕}{273〔\mathrm{K}〕} = 8.31〔\mathrm{J/mol \cdot K}〕$$

となり，気体定数 $R = 8.31$〔J/mol･K〕の場合もある

さらに物質量 $n$mol をモル質量を用いて表すと

モル質量 M〔g/mol〕（M は気体の分子量）の気体が w〔g〕あるとき

物質量 n〔mol〕$= \dfrac{w}{M}$ mol となり気体の状態方程式に代入

$$\therefore \quad \boxed{pV = \frac{w}{M}RT}$$

(5)　ドルトンの分圧の法則

混合気体の全圧 p は，各成分気体の分圧 p_A，p_B，……の和に等しい。

$$\therefore \quad p = p_A + p_B + p_C + \quad \cdots\cdots$$

互いに反応しない２種の気体Ａ，Ｂを混合したとき，生じた混合気体の示す圧力を全圧 p，各成分気体Ａ，Ｂが単独で混合気体と同じ体積を占めたとする。そのときの示す圧力が各成分気体の分圧という。

演習問題

No.1

（解答 ▶ P.11）

図はある物質を固体の状態から一定の割合で加熱したときの，時間と温度の関係を示したグラフである。これについて述べた下の文中の空欄A，Bに当てはまる語句の組合せとして妥当なものはどれか。

T_1℃に達したときに温度の上昇が止まり，しばらくの間温度が一定に保たれる。これは，加えられた熱が物質の（　A　）に用いられるためである。T_2 に達したとき，再び温度の上昇が止まる。このときの温度 T_2 を，この物質の（　B　）という。

	A	B
①	蒸発	融点
②	蒸発	沸点
③	融解	凝固点
④	融解	沸点
⑤	融解	融点

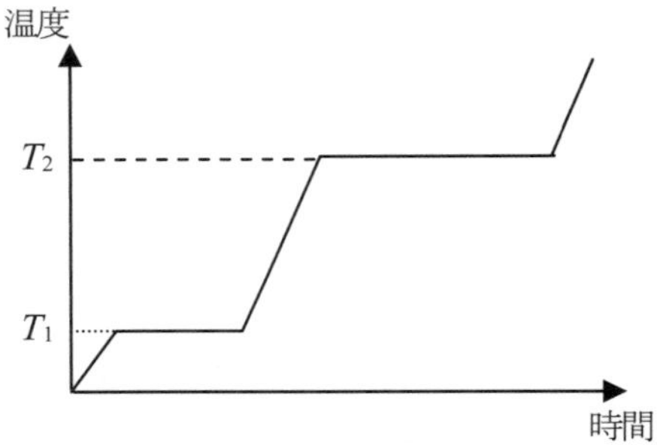

No.2

（解答 ▸ P.11）

次の記述ア～エより，正しいものをすべて選んだ組合せとして最も妥当なものはどれか。

ア　固体中の粒子は，全く熱運動していない。

イ　液体中の粒子は，粒子間に引力がはたらくが，位置を移動することができる。

ウ　気体中の粒子は，温度に応じた熱運動をしており，同じ温度では，すべての粒子が同じ運動エネルギーをもつ。

エ　気体分子の熱運動の運動エネルギーは，温度が高くなるほど大きくなる。

①　ア，エ
②　ア，イ，エ
③　イ，エ
④　ウ，エ
⑤　イ，ウ，エ

No.3

（解答 ▸ P.11）

次の文章のうち，間違っているものはどれか。

①　水の沸点は，外圧の変化に関係なく常に100℃である。
②　液体の温度が沸点に達していなくても，液体の表面では蒸発が起こっている。
③　冷凍庫に入れていた氷が小さくなるのは，氷が凝華するためである。
④　水の蒸気圧は，混合気体の体積に関係なく，温度によって変化する。
⑤　ある一定量の気体に含むことができる水蒸気量は，温度が高くなるほど大きくなる。

No.4

（解答 ▸ P.11）

次の記述のうち，間違っているものはどれか。

① 室温付近において，水に一定量の熱量を与えた場合の温度上昇の度合いは，同じ質量のアルコール，鉄，木材の場合より小さい。

② 寒暖の度合いを数値で表した温度には，基準や単位の決め方により華氏温度，セ氏温度，ケルビン温度がある。ケルビン温度は現在絶対温度として一般的に使われており，セ氏温度の－273℃をケルビン温度０度とする。単位は〔K〕の記号が使用され，絶対零度，０〔K〕に近づくにつれて気体も液化する。

③ 温度の高低は物質を構成する原子や分子などの粒子の運動エネルギーの大きさによって決まる。水を例にとると，液体の状態では，分子間の距離が大きいので分子が自由に動いているが，０℃で固体の状態になったときは，分子間の距離が小さいため変化せず振動している。

④ 物質の三態は温度と圧力によって決まる。たとえば１気圧のもとで水が沸騰し始める温度は100℃で，さらにその水を加熱し続けると，水の温度は100℃以上になる。また，高山の頂上のように１気圧より低い場所では水の沸点は上昇する。

⑤ 物体の温度を１K変化させるときに出入りする熱量を熱容量といい，熱容量と温度変化の積は物体に出入りする熱量である。したがって，熱量が等しければ，熱容量が大きい物体ほど温度変化は小さくなる。海風および陸風は海と陸の熱容量の違いから起こるものである。

No.5 （解答 ▸ P.11）

一定量の気体をピストンに入れ，圧力，体積，温度の条件を変えて実験を行った。このときの変化を，縦軸に圧力 p，横軸に体積 V をとると，次のようなグラフになった。気体に与えた変化として，最も妥当なものを次の中から選びなさい。

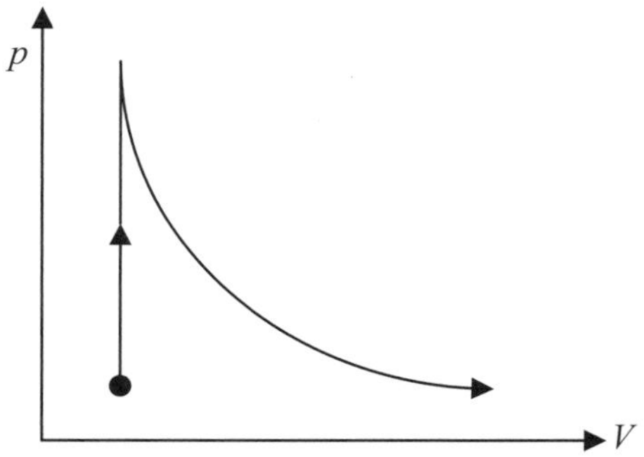

① 体積 V 一定で温度 T を上げた後，温度 T 一定で体積 V を大きくする。

② 温度 T 一定で圧力 p を上げた後，圧力 p 一定で体積 V を大きくする。

③ 圧力 p 一定で温度 T を上げた後，温度 T 一定で体積 V を大きくする。

④ 体積 V 一定で温度 T を上げた後，温度 T 一定で体積 V を小さくする。

⑤ 体積 V 一定で温度 T を上げた後，圧力 p 一定で体積 V を小さくする。

第3章 溶　液

ある物質が液体の中に溶けている状態のものを**溶液**といい，溶けている物質を**溶質**，溶かしている液体を**溶媒**という。食塩水は食塩が水に溶けた溶液であるが，このとき，食塩が溶質で，水が溶媒ということになる。溶媒が水である溶液を**水溶液**という。

溶液の濃度については，いくつかの種類がある。まず，溶液に溶けている溶質の質量をパーセントで表したものを**質量パーセント濃度**という。また，溶液 1 L に溶けている溶質の物質量（mol）で表したものを**モル濃度**といい，溶媒 1 kg に溶けている溶質の量を物質量で表したものを**質量モル濃度**という。

ある温度で，溶質が一定量の溶媒に溶ける限界の量を**溶解度**といい，限界まで溶けた溶液を飽和溶液という。固体の溶解度は，通常は温度が高いほど溶解度も大きくなり，気体の溶解度は，圧力の影響を受けやすく，温度が低いほど溶解度は大きくなる。

直径がおよそ 10^{-9} ～ 10^{-7}m の粒子を**コロイド粒子**といい，この粒子が水溶液中に分散しているものを**コロイド溶液**（ゾル）という。例をあげると，セッケン水はコロイド溶液である。セッケンの粒子が溶媒の中に漂っているので，わたしたちの目にはセッケン水が濁って見えるのである。また，一般にコロイド粒子が物質中に均一に分散したものをコロイドという。

コロイド粒子は比較的大きいため，コロイド溶液に強い光を当てると粒子に当たった光が散乱して光の筋が光って見える。この現象のことを**チンダル現象**という。また，熱運動によって動く溶媒の分子が不規則にコロイド粒子に衝突することによって，コロイド粒子が不規則な運動をしているように見えることがある。このような運動のことを**ブラウン運動**という。

解法のポイント

(1) **溶液の濃度**

溶液中に存在する溶質の割合。表し方は各種あるが目的によって使い分けをする。

① **質量パーセント濃度**：溶液中に溶けている溶質の質量の割合を百分率で表した濃度。

溶液：溶媒＋溶質

溶媒：溶質を溶かすもの　　∴　質量パーセント濃度＝ $\dfrac{溶質〔g〕}{溶液〔g〕} \times 100〔\%〕$

溶質：溶媒に溶けるもの

② **モル濃度**：溶液 1L 中に溶けている溶質の物質量〔mol〕で表した濃度〔mol/L〕

③ **質量モル濃度**：溶媒 1kg に溶けている溶質の物質量〔mol〕で表した濃度〔mol/kg〕

(2) **固体の溶解度：水 100 g に溶けうる溶質の質量数**

● 溶質の種類，温度によって溶解度は変化する。

● 一般に温度が高いほど溶解度は大きくなる。

右図は溶解度の温度変化をグラフ化したもの

＝溶解度曲線

見方　**例.** 硝酸カリウム KNO_3 の場合

60℃での溶解度＝ 107

40℃での　〃　＝ 60

∴　ある温度で溶質が溶解度まで溶けた溶液を飽和溶液といい，これ以上溶質が溶けない状態を飽和状態という。

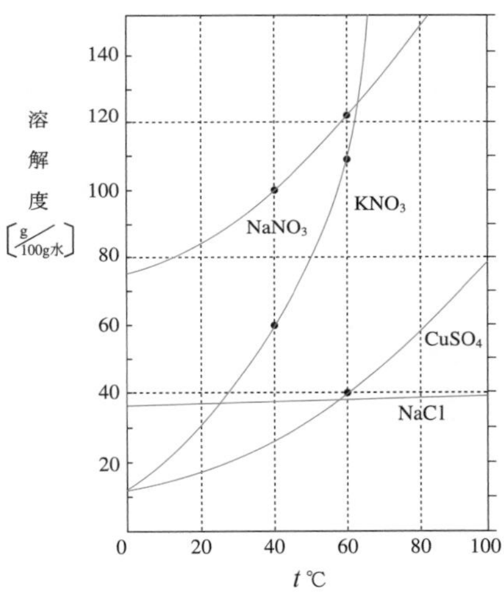

(3) **再結晶**

KNO_3 のように，温度によって溶解度が大きく変化する物質では高温の飽和溶液を作り温度を下げると，高温時の溶解度と低温時の溶解度の差が結晶として析出する。

∴　再結晶

例. (2) の KNO_3 の場合

60℃での溶解度…107

40℃　　〃　　…60

60℃で水 100g に KNO_3 を溶かし飽和溶液としたものを 40℃まで冷却

∴　再結晶＝ 107 － 60 ＝ 47〔g〕

(4) 気体の溶解度

- 一般的に溶媒に接している気体の圧力が 1atm のとき，溶媒 1mL に溶解する気体の体積 mL を 0℃，1atm に換算する。
- ヘンリーの法則
  溶解度が小さい気体の場合，一定温度で一定量の溶媒に溶ける気体の物質量（質量）は，その気体の圧力（分圧）に比例する。
- 温度が低いほど，圧力が高いほど，気体の溶解度は大きくなる。

(5) コロイド

物質の種類には関係なく，直径 10^{-9}m ～ 10^{-7}m ほどの大きさをもつ粒子

∴ コロイド粒子

コロイド溶液：コロイド粒子が液体中に均一に分散したもの

① コロイド粒子の分類

大きさによる分類	(a) 分子コロイド：高分子化合物では分子 1 個でコロイド粒子の大きさをもつ **例.** デンプン，タンパク質 (b) 会合コロイド：親水基と疎水基をもつ分子が複数個集合したもの **例.** セッケン分子 (c) 分散コロイド：粘土などが小さい粒子の状態になったもの
性質による分類	(d) 親水コロイド：水との親和力の強いコロイド **例.** 分子コロイド・会合コロイド (e) 疎水コロイド：水との親和力の弱いコロイド **例.** 金属（Au，Ag など）の粉末

② ゾルとゲル

(a) ゾル：流動性をもつコロイド溶液

例. デンプン水溶液

(b) ゲル：流動性を失った半固体状のコロイド

例. ゆで卵，豆腐，寒天など

③ コロイドの特性

(a) 透析：半透膜を利用してコロイド溶液中の不純物を取り去る操作。

(b) チンダル現象：コロイド溶液に横から強い光を当てると光の進路が見える現象。
コロイド粒子が光を散乱するため。

(c) ブラウン運動：限外顕微鏡で見るとコロイド粒子が不規則運動している状態。
溶媒（分散媒）分子の熱運動により溶媒分子がコロイド粒子に不規則に衝突するために生じる現象。

(d) 電気泳動：100V くらいの直流電圧をかけるとコロイド粒子が一方の極に向かって移動する現象。
正コロイド＝ $Fe(OH)_3$, $Al(OH)_3$
負コロイド＝粘土, S, Ag, CuS, セルロース

(e) 凝析：疎水コロイドが少量の電解質によって沈殿する現象。

(f) 塩析：親水コロイドが多量の電解質によって沈殿する現象。

Q 例題

問題ア

硝酸カリウムの水 100g に対する溶解度は 30℃で 44.5，60℃で 124 である。

(1) 60℃における硝酸カリウムの飽和水溶液 250g 中には，硝酸カリウムが何 g 溶けているか。

(2) 60℃の硝酸カリウムの飽和水溶液 250g を 30℃まで冷却すると，硝酸カリウムは何 g 析出するか。

問題イ

コロイドに関する次の説明文の中で正しいものはどれか。(正しいものが複数ある場合もある)

ア　セッケン水に多量の塩化ナトリウムを加えるとセッケンが析出する。これは凝析である。

イ　ブラウン運動とは，溶媒分子の衝突によって起こるコロイドの不規則な運動である。

ウ　塩析とは，疎水コロイドが少量の電解質で沈殿を生じる現象をいう。

エ　チンダル現象とは，コロイド溶液に電極を入れて電圧をかけるとコロイド粒子が移動する現象である。

オ　コロイド溶液が流動性を失って固化する変化をゲル化という。

カ　コロイド溶液に横から光を当てた際に，光の通路が光って見える現象のことをチンダル現象という。

ヒント

問題ア

(1) 飽和水溶液ということは，既に硝酸カリウムが溶けている状態である。したがって 250g という質量は，硝酸カリウムが含まれている質量であることに注意する。

(2) 飽和水溶液を 30℃まで冷やした，ということは，30℃の状態でも飽和水溶液である（溶けきれない硝酸カリウムは結晶になって析出している)。この性質を利用して解く。

問題イ

コロイドに関する問題は知識問題である。得点源となるのでしっかりと勉強しておくこと。

A 解答・解説

問題ア

(1) 水100gに対して,硝酸カリウムは124g溶ける。この比率は水の量が増えても変化しないので,比例式を作ることができる。

$$\frac{124}{100+124}=\frac{x}{250}$$

$$x \fallingdotseq 138.4\,[\mathrm{g}]$$

したがって飽和水溶液250g中には硝酸カリウムは138.4g溶けている。

解答：138.4g

(2) 飽和水溶液250gから硝酸カリウムが析出する。

したがって，析出する分をyとして，138.4gから引いて比例式を作る。

硝酸カリウムは30℃では，44.5gまで溶けるので,

$$\frac{138.4-y}{250-y}=\frac{44.5}{100+44.5}$$

$$y \fallingdotseq 88.74\,[\mathrm{g}]$$

したがって硝酸カリウムは88.74g析出する。

解答：88.74g

問題イ

ア　誤り。セッケンは親水コロイドであるので，多量の電解質（本問では塩化ナトリウム）で沈殿が生ずる。ここまでは正しい。しかし，親水コロイドが沈殿する現象は塩析である。

イ　正しい。チンダル現象と混乱しないこと。

ウ　誤り。塩析とは親水コロイドが多量の電解質で沈殿を生ずる現象をいう。

エ　誤り。この説明は電気泳動のことである。コロイド粒子は帯電しているので，電圧をかけることによって電極にコロイド粒子が移動する。

オ　正しい。コロイド溶液はゾルともよばれる。これに加熱などの操作を加えて固化させたものをゲルといい，変化をゲル化とよぶ。

カ　正しい。空気の中のほこりやタバコの煙でもチンダル現象が起こる（映画館のスクリーンを写す光の通路がはっきりと見えるのはチンダル現象のせい)。チンダル氏によって発見されたためこの名がある。

解答：イ，オ，カ

演習問題

No.1

（解答▸P.12）

物質の溶解について述べた次の記述のうち，誤りを含むものを選びなさい。

① 一般に温度が高くなると，気体の溶解度も固体の溶解度も大きくなるものが多い。
② 液体中に他の物質が拡散して均一な液体となる現象を溶解といい，できた溶液は混合物である。
③ それ以上結晶が溶けなくなったときも，残った結晶の表面では溶解が起きている。
④ 高山病や潜水病は，高地や水中では身体にかかる圧力が地上にいるときと変わるため，血液中に含まれる気体の量が変化することが原因である。
⑤ 物質の溶解度の差を利用して，純粋な結晶を得る操作を再結晶という。

No.2

（解答▸P.12）

次のA～Eの分子のうち，水に溶けにくいものを選んだ組合せとして妥当なものはどれか。

A アンモニア　B 塩化水素　C デンプン　D 硫黄
E スクロース（ショ糖）

① A，E　② B，C　③ C，D
④ C，E　⑤ D，E

No.3

（解答▸P.12）

水 100g に対する硝酸ナトリウムの溶解度は 20℃で 88，60℃で 124 である。水 250g に 60℃で硝酸ナトリウムを飽和させ，これを 20℃まで冷却すると何 g の結晶が析出するか。

① 36g　② 45g　③ 72g　④ 90g　⑤ 135g

No.4

（解答 ▸ P.12）

次の文章は希薄溶液の性質について述べたものである。空欄に当てはまる語句の組合せとして，最も妥当なものを選びなさい。

A　セロハン膜などの半透膜の両側に溶液と純溶媒が接しているとき，純溶媒から溶液へと（　ア　）分子の浸透が起こる。

B　冬期に道路が凍結したとき，氷を溶かす融雪剤として塩化カルシウムが利用される。これは，溶液の凝固点が純溶媒の凝固点よりも（　イ　）なる性質を利用したものである。

	ア	イ
①	溶媒	低く
②	溶媒	高く
③	溶液	低く
④	溶質	高く
⑤	溶質	低く

No.5

（解答 ▸ P.12）

コロイドに関する次の記述のうち，正しいものはどれか。

①　沸騰している蒸留水に塩化鉄(Ⅲ)水溶液を２～３滴加えると，水酸化鉄(Ⅲ)のコロイドが生じる。この化学反応式は，$FeCl_2 + 2H_2O \rightarrow Fe(OH)_2 + 2HCl$ で表される。

②　少量の電解質を加えるだけで沈殿するコロイドを親水コロイドという。

③　セッケンの水溶液に濃い食塩水を加えるとセッケンは水溶液の上へ分離してくる。この現象を凝析という。

④　コロイド溶液に横から光を当てると光の通路が見える。これはコロイド粒子が光を強く吸収するからである。

⑤　コロイドのもつ電荷の正負を調べるには，電気泳動を用いればよい。

第2編

第4章 酸・塩基

酸性とアルカリ性という区別は，リトマス試験紙の実験でなじみがあるだろう。この酸性とアルカリ性の区別を詳しく取り上げるのが本章である。科学の世界ではアルカリのことを**塩基**と表現することが一般的なので，アルカリのことを**塩基**と呼ぶ。**酸**と**塩基**には２種類の定義がある。「酸は水に溶けると H^+ を生じる物質であり，塩基は水に溶けると OH^- を生じる物質である」という定義を**アレニウスの定義**といい，「酸は H^+ を与える物質であり，塩基は H^+ を受け取る物質である」という定義を**ブレンステッド・ローリーの定義**という。

物質が水に溶けてイオンに分かれることを**電離**というが，この電離の際に H^+ を出す物質を**酸**という。酸は金属と反応して水素を発生させたりする性質がある。一方，電離の際に H^+ を受け取る物質を**塩基**という。塩基はタンパク質を溶かし，酸を中和する性質をもつ。また，電離の度合いのことを**電離度**といい，水溶液中でほぼすべてが電離している酸や塩基を**強酸**または**強塩基**，ごく一部しか電離していない酸や塩基を**弱酸**または**弱塩基**と呼ぶ。

酸のもつ H^+ と，塩基のもつ OH^- が反応して水（H_2O）ができることを**中和反応**という。多くの中和反応では，水のほかに，酸の陰イオンと塩基の陽イオンが結合して副生成物として**塩**（えん）が生じる。たとえば，塩酸（HCl）と水酸化ナトリウム（NaOH）を反応させると，H^+ と OH^- が反応して H_2O が生成され，Cl^- と Na^+ が反応して塩化ナトリウム（NaCl）という塩が生成される。

この中和反応を利用することによって，濃度のわからない酸や塩基の水溶液の濃度を測定することができる。この測定方法を**中和滴定**という。中和滴定には**フェノールフタレイン**や**メチルオレンジ**といった指示薬を用いて判定する。

解法のポイント

(1) **酸・塩基の定義**

① **アレニウスの定義**

水溶液中で

H^+を生じる物質…酸

OH^-を生じる物質…塩基

② **ブレンステッド・ローリーの定義**

H^+を他に与える物質…酸

H^+を他から受け取る物質…塩基

(2) **酸・塩基の分類**

① **酸・塩基の強弱による分類**

	酸	塩基
強い（完全に電離）	塩酸 HCl 硫酸 H_2SO_4 硝酸 HNO_3	水酸化ナトリウム $NaOH$ 水酸化カルシウム $Ca(OH)_2$ 水酸化バリウム $Ba(OH)_2$ 水酸化カリウム KOH
弱い（一部だけ電離）	酢酸 CH_3COOH 亜硫酸 H_2SO_3 リン酸 H_3PO_4 炭酸 $H_2CO_3(H_2O + CO_2)$	アンモニア NH_3 水酸化マグネシウム $Mg(OH)_2$

② **酸・塩基の価数**

	酸	塩基
1価	HCl, HNO_3, CH_3COOH　等	NH_3, $NaOH$, KOH　等
2価	H_2SO_4, $H_2CO_3(CO_2 + H_2O)$　等	$Ca(OH)_2$, $Ba(OH)_2$　等
3価	H_3PO_4　等	$Al(OH)_3$　等

(3) **中和反応…酸と塩基が反応して，塩と水が生じる。**

酸 ＋ 塩基 → 塩 ＋ 水

例：塩酸と水酸化ナトリウムの反応

塩酸(酸) ＋ 水酸化ナトリウム(塩基) → 塩化ナトリウム ＋ 水

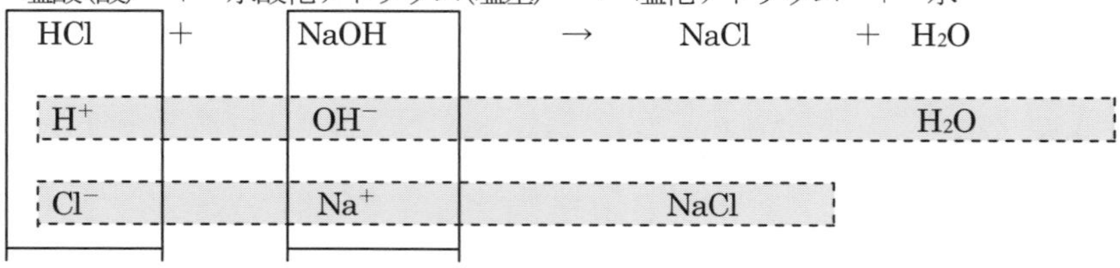

酸から生じたH^+と塩基から生じたOH^-が結合して，水ができる。
酸から生じた陰イオンと，塩基から生じた陽イオンが結合して塩ができる。

(4) **塩**

酸と塩基との反応によってできた化合物。

① **塩の分類**

(a) 正　　塩：化学式の中に酸のH，塩基のOHが残っていない塩

$MgCl_2$，CH_3COONa，Na_2CO_3 ……

(b) 酸 性 塩：化学式の中に酸のHが残っている塩

$NaHCO_3$，$NaHSO_4$ ……

(c) 塩基性塩：化学式の中に塩基のOHが残っている塩

$MgCl(OH)$

② **塩の性質**

(a) 水溶液が中性を示す塩

$NaCl$，Na_2SO_4，KNO_3，$CaCl_2$

(b) 水溶液が酸性を示す塩

$CuSO_4$，NH_4Cl，$MgCl_2$，$NaHSO_4$

(c) 水溶液が塩基性を示す塩

Na_2CO_3，$NaHCO_3$，CH_3COONa，$NaHSO_3$

(5) **pH…水溶液の酸性・塩基性の強さを表す。**

◎ $pH = -\log_{10}[H^+]$　ただし，$[H^+]$ = 水素イオン濃度〔mol/L〕

$= -\log_{10}(1.0 \times 10^{-a})$

$= a$

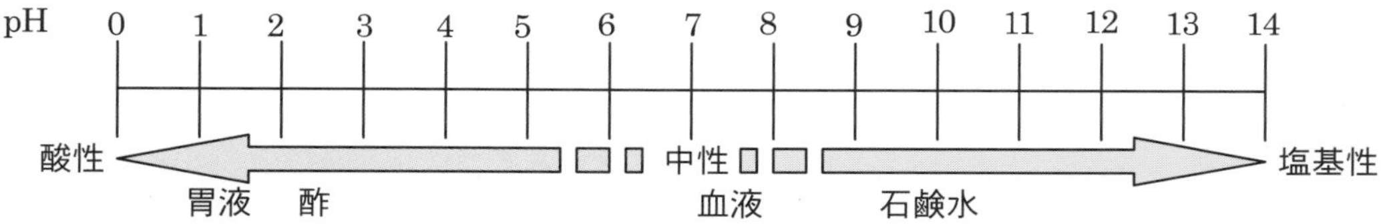

(6) **酸化物**

① **酸性酸化物**

水と反応して酸を生じたり，塩基と反応して塩を生じる酸化物（酸としてはたらく酸化物）。

非金属元素の酸化物の多くは，酸性酸化物。

② **塩基性酸化物**

水と反応して塩基を生じたり，酸と反応して塩を生じる酸化物（塩基としてはたらく酸化物）。

金属元素の酸化物の多くは，塩基性酸化物。

(7) **中和反応の量的関係（中和滴定）**

ちょうど中和するとき，酸の H^+ の数＝塩基の OH^- の数だから

酸の H^+ の物質量〔mol〕＝塩基の OH^- の物質量〔mol〕

このとき，「酸の価数×物質量＝塩基の価数×物質量」となる。

m 価で c〔mol/L〕の酸 VmL と，m' 価で c'〔mol/L〕の塩基 V' mL がちょうど中和するとき，

$$mcV = m'c'V'$$

Q 例題①

次の物質が電離すると，何価の酸または何価の塩基となるか。

(1) H_2SO_4

(2) NH_3

(3) $Ca(OH)_2$

ヒント

どのように電離するのか，ということはある程度覚える必要がある。この中では，NH_3 の電離式が特殊である。

A 解答・解説

(1) 硫酸は次のような電離式となる。$H_2SO_4 \rightarrow 2H^+ + SO_4^{2-}$

したがって１つの硫酸からは，２つの水素イオンが放出されるので，２価の酸である。SO_4^{2-} のことを硫酸イオンという。

(2) アンモニアは次のような電離式となる。$NH_3 + H_2O \rightarrow NH_4^+ + OH^-$

したがってアンモニアは１価の塩基である。

アンモニアの電離式を考える際には，NH_3 だけでは電離せず，必ず水の助けが必要だということを押さえておこう（電離は水溶液中で生じるのだから，水の助けが必要でも別におかしくはない）。

NH_3 に H_2O が加わることによって，OH^- が出てくるのである。この式はよく出題される。

(3) 水酸化カルシウムは，次のような電離式となる。$Ca(OH)_2 \rightarrow Ca^{2+} + 2OH^-$

１つの水酸化カルシウムから，２つの水酸化物イオンが放出されるので，水酸化カルシウムは２価の塩基である。さらに水酸化カルシウムは強塩基であるということも覚えておくこと。

水酸化カルシウムは空気中の二酸化炭素を吸収しやすいので，化学反応を起こして炭酸カルシウムになっている場合も多い。

解答：(1) ２価の酸　(2) １価の塩基　(3) ２価の塩基

Q 例題②

0.20mol/L の硫酸 15mL を中和するのに，0.30mol/L の水酸化ナトリウム水溶液が何 mL 必要か。

ヒント

完全に中和するためには，水素イオンと水酸化物イオンが同じ数存在すればよいのである。したがって，イオンの数が等しくなるように式を作ればよい。

A 解答・解説

① 0.20mol/L の硫酸 15mLに含まれている水素イオンの数を求める。

⇒ 0.20mol/L の意味は1リットルの中に硫酸が 0.20mol 含まれている，という意味である。

⇒とすると，水素イオンは1リットルの中に 0.20 × 2mol 含まれる。

（理由：硫酸は2価の酸である。したがって 0.20mol からは水素イオンが 0.40mol 出てくることになる）

⇒硫酸は 15m/L 存在するので，硫酸に含まれる水素イオンは，$0.20 \times 2\text{mol} \times \frac{15}{1000}$〔個〕である。

② 0.30mol/L の意味は1リットルの中に水酸化ナトリウムが 0.30mol 含まれている，という意味である。

⇒とすると，水酸化物イオンは1リットルの中に 0.30mol 含まれる。

したがって，中和させるためにはイオンの個数が等しくなればよいので，必要な水酸化ナトリウム水溶液の量を x とすると，

$0.20 \times 2\text{〔mol〕} \times \frac{15}{1000}\text{〔個〕} = 0.30 \times \frac{x}{1000}\text{〔個〕}$

$x = 20\text{〔mL〕}$

解答：20mL 必要である。

演習問題

No.1

(解答▶P.12)

次のア～オの化合物より 2 価の酸を選んだ組合せとして，正しいものを選びなさい。

ア　HCl　　イ　CH_3COOH　　ウ　H_3PO_4　　エ　H_2SO_4　　オ　$(COOH)_2$

① ア，イ
② ア，ウ
③ イ，ウ
④ ウ，エ
⑤ エ，オ

No.2

(解答▶P.12)

次のア～エの物質のうち，1 価の弱塩基と 2 価の強塩基を選んだ組合せとして最も妥当なものはどれか。

ア　水酸化ナトリウム NaOH　　イ　水酸化マグネシウム $Mg(OH)_2$
ウ　アンモニア NH_3　　エ　水酸化カルシウム $Ca(OH)_2$

	1価の弱塩基	2価の強塩基
①	ア	ウ
②	ア	エ
③	イ	ウ
④	ウ	ア
⑤	ウ	エ

No.3
（解答 ▸ P.12）

次の酸または塩基の価数の組合せとして，最も妥当なものはどれか。

	HCl	H_2SO_4	CH_3COOH	NH_3	$Ba(OH)_2$	$Fe(OH)_3$
①	1価	1価	1価	1価	2価	3価
②	1価	2価	4価	3価	2価	3価
③	1価	2価	1価	1価	2価	3価
④	2価	2価	3価	3価	1価	2価
⑤	2価	1価	1価	1価	1価	2価

No.4
（解答 ▸ P.12）

同じ濃度に調整した酸・塩基の水溶液がある。
同体積ずつ混合したとき，過不足なく中和する組合せはどれか。

① 塩酸と水酸化バリウム
② 酢酸と水酸化バリウム
③ 硫酸とアンモニア
④ 酢酸とアンモニア
⑤ 硫酸と水酸化ナトリウム

No.5
（解答 ▸ P.13）

次の組合せの酸・塩基を中和するまで混合したとき，その混合溶液がちょうど中性（pH＝7）を示すものはどれか。

① 水酸化ナトリウム水溶液と酢酸
② 水酸化マグネシウム水溶液と塩酸
③ 水酸化ナトリウム水溶液と硝酸
④ アンモニア水と硫酸
⑤ アンモニア水と酢酸

No.6

（解答▸P.13）

濃度不明の硫酸 **50mL** を中和するのに，**0.050mol/L** の水酸化ナトリウム水溶液 **20mL** が必要であった。この硫酸のモル濃度を求めなさい。

① 0. 01mol/L

② 0. 02mol/L

③ 0. 05mol/L

④ 0. 1mol/L

⑤ 0. 2mol/L

No.7

（解答▸P.13）

濃度不明の水酸化ナトリウム水溶液 **5mL** がある。この水溶液の濃度を調べるため **0.010mol/L** の塩酸を加えていたところ，誤って中和点を超えてしまった。このとき塩酸を **17mL** 加えたことがわかっている。そこで **0.010mol/L** の水酸化ナトリウム水溶液を加えていったところ，**5mL** 加えたところでちょうど中和した。この濃度不明の水酸化ナトリウム水溶液は何 **mol/L** か。

① 0. 012mol/L

② 0. 024mol/L

③ 0. 042mol/L

④ 0. 12mol/L

⑤ 0. 24mol/L

No.8

(解答▸P.13)

pH =8 の水素イオン濃度は，pH =10 の水素イオン濃度の何倍か。

① 0.5 倍

② 2 倍

③ 10 倍

④ 100 倍

⑤ 1,000 倍

No.9

(解答▸P.13)

次の記述のうち誤りを含むものを選びなさい。

① pH = 2 の硫酸と，pH = 2 の塩酸のモル濃度を比較すると，塩酸の方が大きい。

② pH = 13 の水酸化ナトリウム水溶液を 100 倍に希釈すると pH = 11 になる。

③ pH = 3 の塩酸を 100 倍に希釈すると pH = 5 になる。

④ pH = 6 の塩酸を 100 倍に希釈すると pH = 8 になる。

⑤ 水酸化ナトリウム水溶液のモル濃度を小さくすると，pH の値は小さくなる。

第5章 酸化・還元

銅を空気中で加熱すると黒色の酸化銅になる。このように酸素と結合して酸化物になる反応を**酸化**という。また，酸化銅を水素を通じながら加熱すると元の赤色の銅になる。このように酸化物が酸素を失う反応を**還元**という。酸化と還元は１つの化学反応において同時に発生する現象である。酸化と還元による化学反応を**酸化還元反応**という。酸化と還元にはいくつかの定義の方法があるので，水素の受け渡しや電子の受け渡しによっても酸化と還元を考えることができる。

酸化還元反応を考える場合に，どの物質が酸化されたのか，還元されたのかを判断することが重要である。酸化還元の判断を行なう場合に**酸化数**という数値を用いる。この数値を用いると，容易に酸化還元の程度を把握することができる。酸化数が増加すれば「その原子は酸化された」と考え，酸化数が減少すれば「その原子は還元された」と考えるのである。

化学反応の相手方を酸化し，自らは還元される物質を**酸化剤**という。酸化剤は電子を奪う力が強く，酸素を与える力が強いという性質がある。一方，化学反応の相手方を還元し，自らは酸化される物質を**還元剤**という。還元剤は電子を与える力が強く，酸素を奪う力が強いという性質がある。

酸化還元反応による電子の移動を用いることで電気エネルギーを発生させる装置が**電池**である。イオン化傾向が大きく，電子を放出するほうの金属を**負極**，イオン化傾向が小さく，電子を受け入れるほうの金属を**正極**という。有名な電池として，**ボルタ電池**と**ダニエル電池**がある。また，電気エネルギーの力によって，自然では発生しない酸化還元反応を起こすことを**電気分解**という。直流電源の正極につないだ**陽極**に陰イオンが引き寄せられ，陰イオンからの電子が陽極から負極につないだ陰極に移動する。陽極で生じる反応は電子を失う反応なので**酸化反応**である。**陰極**では陽極から移動してきた電子を受け取る**還元反応**が起こる。この電気分解の際に流れた電気量と，物質の変化の量は比例する。これを**ファラデーの法則**という。

解法のポイント

(1) 酸化・還元の定義

	酸素	水素	電子	酸化数
酸化	得る	失う	失う	増加する
還元	失う	得る	得る	減少する

(2) 酸化数

ある物質が酸化されたのか還元されたのかを判断するのに，**酸化数**を用いると便利である。物質を構成している１つの原子の酸化数が反応前から反応後にかけて増加していればその物質は酸化されているし，減少していれば還元されたと判断してよい。

酸化数は次のように決める。なお，酸化数の数字の前の「＋」「－」は省略できない。

① 単体物質の酸化数は０である。

例. H_2，O_2，N_2，Cl_2，C，S，P，金属すべての各原子の酸化数

② 化合物の場合

(a) 酸素の酸化数……－２

例. $H_2\underline{O}$　$C\underline{O}_2$　$H_2S\underline{O}_4$　　　㊟　過酸化物（例．H_2O_2）の酸素……－１

(b) 周期表第１族の酸化数……＋１

例. $\underline{H}Cl$　$\underline{Na}_2O$　$\underline{K}NO_3$

(c) 周期表第２族の酸化数……＋２

例. $\underline{Mg}O$　$\underline{Ca}CO_3$　$\underline{Ba}(OH)_2$

(d) 単原子イオンの酸化数……イオン価数

例. Cl^-：－１　Na^+：＋１　S^{2-}：－２　Cu^{2+}：＋２

(e) 電気的に中性の化合物の各原子の酸化数の総和……０

例. H_2SO_4 のS

Sの酸化数＝x とするH＝＋１　O＝－２

$\therefore\ 1\times 2 + x + (-2)\times 4 = 0$　　　$\therefore\ x = +6$

(f) 多原子イオンを構成する各原子の酸化数の総和……イオン価数

例. NO_3^- のN

Nの酸化数＝x とする　O＝－２

$x + (-2)\times 3 = -1$　　　$\therefore\ x = +5$

(3) 酸化剤・還元剤

① **酸化剤**—相手の物質を酸化，それ自身は還元される。

② **還元剤**—相手の物質を還元，それ自身は酸化される。

(4) 化学反応式より酸化剤・還元剤を知る

各原子の酸化数の増減を調べる。

1つの原子の酸化数 → 増加：その原子をもつ物質は還元剤
　　　　　　　　　→ 減少：　　　〃　　　　　　酸化剤

(5) 代表的な酸化剤・還元剤

① **酸化剤**

(a) 過マンガン酸カリウム　$KMnO_4$

硫酸酸性溶液中で強い酸化作用を示す。

(b) 二クロム酸カリウム　$K_2Cr_2O_7$

硫酸酸性溶液中で強い酸化作用を示す。

(c) ハロゲン単体　F_2，Cl_2，Br_2，I_2

酸化力の強さ　$F_2 > Cl_2 > Br_2 > I_2$

(d) 過酸化水素　H_2O_2

O の酸化数 − 1 で不安定。− 2 の安定な形になろうとする。

酸性，中性，塩基性条件で酸化力を示す。

(e) 硝酸　HNO_3

濃硝酸，希硝酸ともに酸化作用を示す。

(f) 熱濃硫酸　H_2SO_4

高温になると分解しやすくなり SO_2 を発生し，酸化作用を示す。

② **還元剤**

(a) 金属

イオン化エネルギーの小さい金属（陽イオンになりやすい金属）ほど還元力が強い。

(b) シュウ酸　$H_2C_2O_4$

二酸化炭素，水素に分解し還元性を示す。

(c) 二酸化硫黄　SO_2

SO_2 ＋ (O) → SO_3 のように相手から酸素を奪う。

強い還元力をもつ。

(d) 硫化水素　H_2S

$H_2S \rightarrow 2H^+ + S + 2e^-$　のように分解し，S を分離する。

還元性を示す。

(6) 電気分解

＋(陽)極では陰イオン，－(陰)極では陽イオンが反応する。しかし，SO_4^{2-}，NO_3^-及びイオン化傾向がZnより大きい金属は反応しない。その時は水の電離で生じるOH^-とH^+が反応する。

例1． 硫酸ナトリウム水溶液の電気分解

$Na_2SO_4 \rightarrow 2Na^+ + SO_4^{2-}$

陽極での変化：$2H_2O \rightarrow O_2 + 4H^+ + 4e^-$

陰極での変化：$2H_2O + 2e^- \rightarrow H_2 + 2OH^-$

例2． 水酸化ナトリウム水溶液の電気分解

$NaOH \rightarrow Na^+ + OH^-$

陽極での反応：$4OH^- \rightarrow 2H_2O + O_2 \uparrow + 4e^-$

陰極での反応：Na^+はイオン化傾向大　∴　金属 Na は析出せず $H_2 \uparrow$

$2H_2O + 2e^- \rightarrow 2OH^- + H_2 \uparrow$

例3． 希硫酸の電気分解

$H_2SO_4 \rightarrow 2H^+ + SO_4^{2-}$

陽極での変化（Pt 使用）：SO_4^{2-}は酸化されにくく H_2O が酸化

$2H_2O \rightarrow 4H^+ + O_2 \uparrow + 4e^-$

陰極での変化：$2H^+ + 2e^- \rightarrow H_2 \uparrow$

㊟　NaOH 水溶液，希 H_2SO_4 の電気分解は水 H_2O の電気分解である。

例4． 食塩水の電気分解

$NaCl \rightarrow Na^+ + Cl^-$

陽極での変化：$2Cl^- \rightarrow Cl_2 + 2e^-$

陰極での変化：例 2 と同様　$2H_2O + 2e^- \rightarrow 2OH^- + H_2 \uparrow$

(7) 金属のイオン化傾向

●酸化：空気との反応

K ～ Na：速やかに内部まで酸化

Mg ～ Cu：表面にのみ，徐々に酸化

Hg ～ Au：酸化されない

●水との反応

K ～ Na：冷水と激しく反応，水素発生

Mg：熱水と反応，水素発生

Al ～ Fe：高温水蒸気と反応，水素発生

Ni ～ Au：水と反応しない

●酸との反応（H は除く）

K ～ Pb：希酸と反応して，水素発生

Cu ～ Ag：酸化力の強い酸と反応

Pt，Au：王水とのみ反応

☆一般的にイオン化傾向の大きい物質は反応性が強い

(8) 電池

化学反応に伴って変化する化学エネルギーを，電気エネルギーとして取り出す装置を電池という。この化学変化は，酸化・還元反応である。酸化反応と還元反応を別々に行わせ，その間を導線で結ぶことにより一方方向に電子を移動させ直流電流を流す。

① ボルタ電池

図のように希硫酸の中に亜鉛板と銅板を入れ，導線でつなぐと電流が流れる。

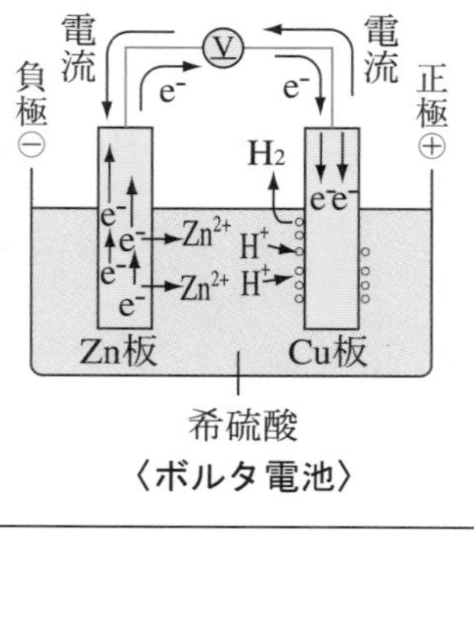

〈ボルタ電池〉

(a) 亜鉛板での変化

亜鉛は水素よりイオン化傾向が大きいため，亜鉛イオンとなって溶け出し，電子が放出される。

∴　$Zn \rightarrow Zn^{2+} + 2e^-$（亜鉛の酸化反応）

(b) 銅板での変化

(a) の反応で生じた電子は，導線を通って銅板に移り，その表面で溶液中の水素イオンと反応し，水素が反応する。

∴　$2H^+ + 2e^- \rightarrow H_2\uparrow$（水素イオンの還元反応）

(a)(b) の結果，電子の移動と反対向きに電流が流れる。

㊟　一般に，イオン化傾向の異なる２種の金属を電解質溶液に入れて電池を作ると，イオン化傾向の大きい金属が負極に，イオン化傾向が小さい金属が正極となる。

(c) ボルタ電池の起電力は約 1.1V で，この構成を化学式で示す。(電池式という)

$\ominus$ Zn ｜ H_2SO_4 aq ｜ Cu $\oplus$（aq ＝水溶液）

② ダニエル電池

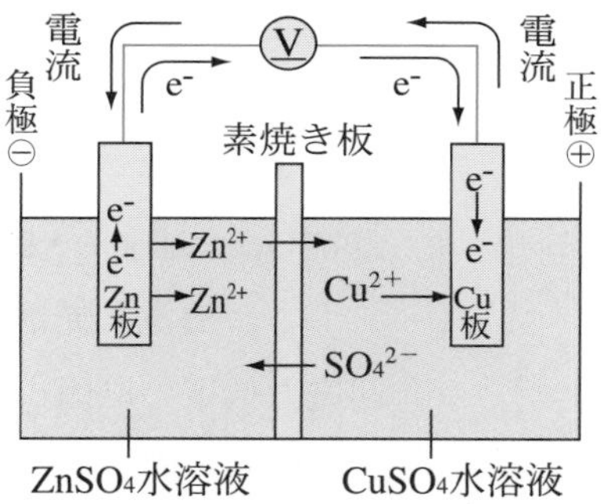

〈ダニエル電池〉

図のように濃度が薄い硫酸亜鉛水溶液に亜鉛板を浸し，素焼き板で仕切ったもう一方側に濃度の濃い硫酸銅(Ⅱ)水溶液を入れ，この溶液に銅板を浸した構造の電池を**ダニエル電池**という。

電池式 $\ominus$ Zn｜$ZnSO_4$ aq｜$CuSO_4$ aq｜Cu $\oplus$

亜鉛板での変化

$Zn \rightarrow Zn^{2+} + 2e^-$（酸化反応）

銅板での変化

$Cu^{2+} + 2e^- \rightarrow Cu$（還元反応）

㊟ボルタ電池とダニエル電池の相違点

両方とも起電力は約 1.1V

乾電池を含めて，放電を続けると電圧が下がり使用できなくなる。(使い捨て電池など)

このような電池を一次電池という。

特にボルタ電池の場合，銅板に付着した H_2 が，表面を被うと水素は電気を導きにくいため H^+ の還元反応を妨げる。また負極周囲の液の Zn^{2+} 濃度が大きくなり，亜鉛の酸化反応が妨げられ，起電力が低下する。この現象を電池の分極という。

ダニエル電池の分極は小さい。

分極現象を防ぐには酸化剤を加えて H_2 を酸化し，H_2O にする。

⇨　減極剤

③　鉛蓄電池

電池式　⊖ Pb ｜ H_2SO_4 aq ｜ PbO_2 ⊕

(a) 鉛 Pb での変化

$Pb + SO_4^{2-} \rightarrow PbSO_4 + 2e^-$（酸化反応）

(b) 酸化鉛（Ⅳ）での変化

$PbO_2 + 4H^+ + SO_4^{2-} + 2e^- \rightarrow PbSO_4 + 2H_2O$（還元反応）

∴　放電による化学変化　(a) ＋ (b)

$Pb + PbO_2 + 2H_2SO_4 \rightarrow 2PbSO_4 + 2H_2O$

●特徴●

(a) 起電力は約 2. 1V

(b) 充電ができる

放電して起電力が低下したら，放電のときと逆に電流を通すと元に戻る現象を充電という。　　∴　二次電池

放電による化学変化

$2PbSO_4 + 2H_2O \rightarrow Pb + PbO_2 + 2H_2SO_4$

∴　放電と充電の反応は可逆反応

(c) 起電力低下の原因

両極の表面が $PbSO_4$ で覆われ，電解質の H_2SO_4 の濃度が低下するため。

④　燃料電池

水素と酸素を化学反応させて，電気エネルギーを発生させる装置。

(a) 電池式　⊖ H_2 (Pt) ｜ H_3PO_4 aq ｜ O_2 (Pt) ⊕

(b) 負極　H_2 での変化　$H_2 \rightarrow 2H^+ + 2e^-$（酸化反応）

正極　O_2 での変化　$O_2 + 4H^+ + 4e^- \rightarrow 2H_2O$（還元反応）

(c) 最終的に有害な排気ガスを生じない。

(d) H_2 と O_2 を供給し続ければ連続して電気が取り出される。

(e) 発生したエネルギーの利用効率は火力発電の２倍以上で約 80％。

(9) 金属の製錬

金属をその鉱石から取り出すことを金属の製錬という。金属化合物を還元して金属の単体を取り出す方法にはいくつかある。

① 鉄の製錬

(a) 鉄鉱石（赤鉄鉱 Fe_2O_3, 磁鉄鉱 Fe_3O_4）＋コークス＋石灰石を溶鉱炉に層状に重ねて入れ，熱風を下部から送る。

(b) $C + O_2 \rightarrow CO_2$, $CO_2 + C \rightarrow 2CO$ の反応を生じ一酸化炭素が鉄鉱石を還元する。

$\therefore \quad Fe_2O_3 + 3CO \rightarrow 2Fe + 3CO_2 \uparrow$

(c) できた鉄は銑鉄という。硬くてもろいが融けやすい。鋳物に使用。

(d) 銑鉄（炭素含有量約 4%）を転炉に入れ酸素を吹き込み，銑鉄の炭素を燃焼させて取り除き，炭素量を 2%以下にした鉄を鋼という。

② 銅の製錬（銅の電解精錬）

(a) 黄銅鉱 $CuFeS_2$ にコークス C，石灰石 $CaCO_3$，ケイ砂を混ぜて，溶鉱炉に入れ，熱風を送ると硫化銅（Ⅰ）Cu_2S が生成する。

$4CuFeS_2 + 9O_2 \rightarrow 2Cu_2S + 2Fe_2O_3 + 6SO_2$

(b) 硫化銅（Ⅰ）Cu_2S を転炉に入れ，空気を送ると銅の単体が得られる。

$Cu_2S + O_2 \rightarrow 2Cu + SO_2 \uparrow$

ここで得られた銅は不純物を含む粗銅という。

(c) この粗銅を陽極に，純銅を陰極に用いて，希硫酸を加えた硫酸銅（Ⅱ）水溶液中で電気分解する。

陽極での変化　Cu（粗銅）$\rightarrow Cu^{2+} + 2e^-$

陰極での変化　$Cu^{2+} + 2e^- \rightarrow Cu$（純銅）

となり，陰極の薄い純銅板の表面に粗銅から生じた純銅が析出する。

③ アルミニウムの製錬（アルミニウムの融解塩電解）

イオン化傾向の大きい金属（K，Ca，Na，Mg，Al）は，炭素で還元することができず，また，そのイオンを含む水溶液を電気分解しても，水素が発生するだけで金属の単体は析出しない。これらのイオンを含む無水塩を高温で融解させ，電気分解し，金属の単体を得る方法を融解塩電解という。

(a) 原料鉱石のボーキサイト $Al_2O_3 \cdot nH_2O$ から純粋な酸化アルミニウム Al_2O_3（アルミナ）を取り出す。

(b) アルミナに氷晶石 Na_3AlF_6 を加え，加熱すると約 960℃で融解する。

(c) 炭素を両極として，電気分解すると，アルミナが電気分解され，陰極で融解状態のまま析出する。

$Al_2O_3 \rightarrow 2Al^{3+} + 3O^{2-}$

陰極での変化　$Al^{3+} + 3e^{-} \rightarrow Al$

Q 例題①

以下の２つの化学反応の中で，酸化された物質と還元された物質を示しなさい。

① $CuO + H_2 \rightarrow Cu + H_2O$

② $Na_2O + 2HCl \rightarrow 2NaCl + H_2O$

ヒント

酸化されたのか，還元されたのか，ということは酸化数を考えることが一番簡単である。酸素が含まれている反応式の場合は，酸素と結合したかどうかという視点で考えてもよいが，酸化数を考えた方が様々な問題に対応できる。

A 解答・解説

① $CuO + H_2 \rightarrow Cu + H_2O$

＜酸化数＞

Cu：＋２から０に変化した⇒よって，酸化数が減少しているので，Cu は還元された。

（別解：Cu は O 原子を失ったので，Cu は還元された）

O：－２から－２であり，変化していない⇒酸化も還元もされていない。

H：０から＋２に変化した⇒酸化数が増加しているので，H は酸化された。

（別解：H は O 原子と結合したので，H は酸化された）

解答：酸化された物質は H　還元された物質は Cu

② $Na_2O + 2HCl \rightarrow 2NaCl + H_2O$

＜酸化数＞

Na：＋１から＋１であり，変化していない⇒酸化も還元もされていない。

（注：Na は O を失っているので，還元されたと思うかもしれないが，酸化数を考えると酸化も還元もされていないことになる。）

O：－２から－２であり，変化していない⇒酸化も還元もされていない。

H：＋１から＋１であり，変化していない⇒酸化も還元もされていない。

解答：物質は酸化も還元もされていない

Q 例題②

以下の文章は金属のイオン化傾向について述べたものである。正しいものを選びなさい。

ア　金属のイオン化傾向を利用して電池が作られている。

イ　イオン化傾向が大きい金属は，陽イオンになりやすく，還元されやすい。

ウ　銅と亜鉛ではイオン化傾向は，銅の方が大きい。

エ　ボルタ電池は使用開始後にすぐに電池としての機能が低下する。この現象のことを分極という。

オ　ダニエル電池は，希硫酸を用いる。

ヒント

金属のイオン化傾向は，頻出である。電池の原理と合わせて理解しておこう。

＜金属のイオン化傾向＞

K ＞ Ca ＞ Na ＞ Mg ＞ Al ＞ Zn ＞ Fe ＞ Ni ＞ Sn ＞ Pb ＞ (H) ＞ Cu ＞ Hg ＞ Ag ＞ Pt ＞ Au

イオン化傾向とは，金属をイオンになりやすい順番に並べたものである。つまり，K は Mg よりもイオンになりやすい，ということである。

（注）水素は金属ではないが，問題を解く際にいろいろな基準になるので金属のイオン化傾向の列に含めるのが一般的。

A 解答・解説

ア　正しい：たとえば亜鉛と銅では，亜鉛の方が陽イオンになりやすい。ということは，亜鉛が電子を銅に与えることになる（これが電流になる）ということである。電池はこの原理を利用している（テキストのボルタ電池の図を参照してほしい）。要するに，電池とは酸化還元反応に伴う電子の流れを取り出す装置なのである。

イ　誤り：イオン化傾向が大きいということは，陽イオンになりやすいということである。ここまでは正しい。陽イオンになりやすいということは電子を失いやすい，ということである。電子を失いやすいということは，電子を他の物質に与えるということである。したがって，酸化されやすいということになる。

ウ　誤り：金属のイオン化傾向の順番を見ればよい。誤り。

エ　正しい：ボルタ電池は亜鉛と銅を硫酸に入れて電子の流れを取り出す装置である。ボルタ電池の欠点は，銅に水素イオンが引き寄せられることによって気体として水素が発生することで，電池としての機能が低下することである。この現象のことを分極という。ボルタ電池は使用開始後にすぐに分極が生じ，電池としての機能が低下する。

オ　誤り：ダニエル電池は硫酸亜鉛水溶液と硫酸銅水溶液の２種類の水溶液を用いるのが特徴である。ダニエル電池はボルタ電池と比較して分極が起こりにくい。

解答：アとエ

演習問題

No.1

（解答 ▸ P.13）

次の文中の空欄A～Cに当てはまる語句の組合せとして，最も妥当なものはどれか。

物質が酸素と化合したとき，その物質は（　A　）されたという。また，酸化や還元は電子の授受でも定義され，物質が電子を受け取ったとき，（　B　）されたという。このとき，電子を与えた物質は（　C　）剤としてはたらいたことになる。

	A	B	C
①	酸化	酸化	還元
②	酸化	還元	還元
③	酸化	酸化	酸化
④	還元	還元	酸化
⑤	還元	酸化	酸化

No.2

（解答 ▸ P.13）

下線を引いた原子の酸化数の組合せとして，最も妥当なものはどれか。

	$\underline{Cu}O$	$H_2\underline{S}O_4$	$H_2\underline{S}$
①	＋２	＋２	＋２
②	＋２	＋６	＋６
③	＋２	＋６	－２
④	－２	－２	－６
⑤	－２	－６	－２

No.3

(解答 ▸ P.14)

次の反応式のうち，酸化還元反応であるものを選びなさい。

① $Na_2O + 2HCl \rightarrow 2NaCl + H_2O$

② $2KMnO_4 + 5(COOH)_2 + 3H_2SO_4 \rightarrow K_2SO_4 + 2MnSO_4 + 10CO_2 + 8H_2O$

③ $(COOH)_2 + 2NaOH \rightarrow (COONa)_2 + 2H_2O$

④ $CaCO_3 + H_2O + CO_2 \rightarrow Ca(HCO_3)_2$

⑤ $2NaHCO_3 \rightarrow Na_2CO_3 + H_2O + CO_2$

No.4

(解答 ▸ P.14)

次の組合せのうち，液体の中に金属板を入れたとき水素が発生しないものを選びなさい。

① 水とナトリウム

② 希塩酸と鉄

③ 熱水にマグネシウム

④ 希硝酸に鉛

⑤ 熱濃硫酸に銀

No.5

(解答▸P.14)

次の実験結果から，金属A～Dのイオン化傾向の大小を正しく述べたものを選びなさい。

ア　A～Dを水に入れたところ，Aだけが反応して溶けた。
イ　金属C，DをそれぞれBの塩の水溶液に入れたところ，Cは変化がみられなかったが，Dは溶けてBの単体が析出した。

①　A＞B＞D＞C
②　A＞D＞B＞C
③　B＞D＞C＞A
④　C＞D＞B＞A
⑤　D＞B＞C＞A

No.6

(解答▸P.14)

次の実験結果より，金属A～Eのうち3番目にイオン化傾向が大きいものを選びなさい。

(1) 水溶液中のAのイオンは，金属Bによって還元された。
(2) Cのイオンを含む水溶液に金属Dを入れると，Cが析出した。
(3) Eは常温で水と激しく反応して水素を発生したが，他は反応しなかった。
(4) Eを除く，A～Dをそれぞれ希塩酸に入れると，CとDの他は水素を発生して溶けた。

①　A　　②　B　　③　C　　④　D　　⑤　E

No.7

（解答 ▸ P.14）

次の記述のうち，誤りを含むものを選びなさい。

① 希硫酸中に亜鉛板と銅板とを離して浸したものをボルタ電池という。両極を導線でつなぐと電流が流れる。このとき，亜鉛板から外部回路へ電子が放出され，外部回路から銅板へ電子が流れ込む。よって，銅板が負極，亜鉛板が正極となる。

② 亜鉛板を浸した硫酸亜鉛水溶液と銅板を浸した硫酸銅（Ⅱ）水溶液を，素焼き板で仕切った電池をダニエル電池という。亜鉛板が溶解し外部回路へ電子が放出され，外部回路から銅板へ電子が流れ込み，溶液中の銅(Ⅱ)イオンが銅板上に析出してくる。このように，ボルタ電池と異なり気体の発生が起こらない。

③ 鉛蓄電池は代表的な二次電池で，充電が可能である。放電時の反応式は，
$Pb + PbO_2 + 2H_2SO_4 \rightarrow 2PbSO_4 + 2H_2O$ で表される。

④ 燃焼反応による燃焼エネルギーを電気エネルギーとして取り出す装置を燃料電池という。この電池の発電効率は火力発電よりも高く，しかも発電の際に生じる排熱を冷暖房や給湯に利用することもできる。また，有害な排気ガスを生じないなどの点からクリーンなエネルギーとして実用化が始まっている。

⑤ 電池の電解液をペースト状にして，携帯できるようにしたものを乾電池という。反応する活物質の種類を変えることで長時間の使用や，電池の小型化に成功した。

No.8

（解答 ▸ P.14）

次の文章の空欄ア～エに当てはまる語句の組合せとして最も妥当なものを選びなさい。

水酸化ナトリウム水溶液中には，NaOH の電離で生じた Na^+ と OH^-，溶媒の水 H_2O が存在している。白金電極を用いて電気分解すると，陰極では，イオン化傾向の大きい（　ア　）は変化せず，代わりに水分子が電子を受け取って（　イ　）を発生する。一方, 陽極では電離で生じた OH^- が（　ウ　）されて（　エ　）が発生する。結局，水酸化ナトリウム水溶液を電気分解すると，水が電気分解されたことになる。

	ア	イ	ウ	エ
①	Na^+	水素	還元	酸素
②	H^+	水素	還元	酸素
③	Na^+	水素	酸化	酸素
④	H^+	酸素	酸化	水素
⑤	Na^+	酸素	酸化	水素

No.9 (解答 ▸ P.14)

次のア～エの記述のうち，誤りを含むものをすべて選んだ組合せはどれか。

ア　濃い水酸化ナトリウム水溶液を電気分解すると，陰極側で塩化ナトリウム水溶液が生じる。陰極液と陽極液が混合するのを防ぐために多孔質の膜で仕切って電解する方法を隔膜法という。隔膜法では水酸化ナトリウムが不純物として混入してしまうので得られる塩化ナトリウムの純度は 98 ～ 99％程度である。

イ　銅の電解精錬では，希硫酸を加えた硫酸銅(Ⅱ)水溶液に粗銅板を陽極，純銅板を陰極にして電解する。陽極では粗銅板から銅(Ⅱ)イオン Cu^{2+} が生じる。一方，陰極では溶液中の銅(Ⅱ)イオン Cu^{2+} が Cu となって析出する。陽極で粗銅板が溶解するとき，含まれる不純物が溶液中に出てくる。

ウ　アルミニウムの場合，天然に得られるボーキサイトから不純物を取り除き酸化アルミニウム（アルミナ）を得る。これを氷晶石と一緒に融解して電気分解を行うと単体のアルミニウムが得られる。このとき，氷晶石はアルミナの融点を上げる役割がある。

エ　物体の表面に，他の金属や合金を薄膜として付着させる操作をめっきという。鉄の表面を亜鉛でめっきしたものはトタンと呼ばれ，鉄の表面をスズでめっきしたものをブリキという。亜鉛とスズではスズのほうがイオン化傾向が小さいので，ブリキの方が錆びにくい。しかし，傷がついてしまうとトタンよりも錆びやすくなってしまう。

① ア，イ
② ア，ウ
③ イ，ウ
④ イ，エ
⑤ ウ，エ

第6章 無機化合物

２種類以上の元素から成る物質のことを**化合物**という。炭素を含まない化合物や炭素を含む化合物でも比較的簡単なもののことを**無機化合物**という。少数の簡単なものを除いた炭素を含む化合物のことを**有機化合物**というが，これは次章で扱う。二酸化炭素（CO_2）や一酸化炭素（CO）は炭素を含んでいるが，歴史的な経緯があり，慣例として無機化合物に分類される。

元素を原子番号順に並べていくと，似た性質をもつ元素が周期的に現れる。この規則性は元素の**周期律**とよばれる。周期律を利用して，元素を原子番号の順に並べ，性質の類似した元素が縦に並ぶように配列したものが**周期表**である。周期表のタテの列を**族**といい，原子番号の小さいグループから順に１族，２族，３族とよぶ。同じ族に分類される元素は，互いによく似た性質を有しており，**同族元素**とよばれる。一方，周期表のヨコの列を**周期**とよび，原子番号の小さいグループから順に第１周期，第２周期，第３周期とよぶ。

周期表の左端の１，２族と右端の 12 〜 18 族に属する元素のことを**典型元素**という。典型元素は，周期律が強く現れる。典型元素を周期表で眺めると，右上に位置する元素ほど非金属性が強くなり，左下に行けばいくほど金属性が強くなる。一方，周期表の中央付近にあたる３〜 11 族にある元素のことを**遷移元素**という。遷移元素の価電子の数は１つか２つであり，すべて金属元素となっている点に特徴がある。

周期表の右上に多く存在する単体で金属ではない元素を**非金属元素**といい，陰イオンになりやすいという性質をもっている。非金属元素のうち 18 族の元素を**貴ガス**，17 族の元素を**ハロゲン**という。貴ガスは不活性ガスともよばれ非常に安定した性質をもっている。一方，**金属元素**は陽イオンになりやすいという性質をもっている。金属元素のうち，水素Hを除く１族の元素を**アルカリ金属**，２族の元素をアルカリ土類金属という。アルカリ金属とアルカリ土類金属は共に炎色反応を示すことで知られており，花火の発色に使われている。

解法のポイント

◆元素の分類

- 典型元素：１，２，12 ～ 18 族
- 遷移元素：３～ 11 族

◆金属と非金属

- 周期表の左下ほど金属性が強く，右上ほど非金属性が強い。
- 金属，非金属の境目の物質は，酸，塩基の両方と反応するので両性元素とよばれる。
  両性元素は Al，Zn，Sn，Pb

(1) **非金属元素**

主な気体の性質と製法

気体	性　質	製　法
水素 H_2	無色，無臭，**最も軽い気体。可燃性がある。**水に溶けにくく，貴ガスを除くほとんどの元素と化合。	①　アルカリ金属＋水 or アルカリ土類金属＋水 $2Na + 2H_2O \rightarrow 2NaOH + H_2$ ②　イオン化傾向の大きい金属＋希酸 $Fe + 2HCl \rightarrow FeCl_2 + H_2$ ③　両性元素＋酸 or 強塩基 $Zn + 2NaOH + 2H_2O \rightarrow Na_2[Zn(OH)_4] + H_2$ ④　水の電気分解
酸素 O_2	無色，無臭，**助燃性**がある。他の多くの元素と**酸化物**を作る。	①　過酸化水素水＋二酸化マンガン（触媒） $2H_2O_2 \rightarrow O_2 + 2H_2O$ ②　塩素酸カリウム＋二酸化マンガン（触媒） $2KClO_3 \rightarrow 2KCl + 3O_2$ ③　液体空気の分留（工業的）
オゾン O_3	**淡青色，特異臭**の気体。**酸化・漂白・殺菌作用**がある。成層圏にオゾン層がある。	①　酸素の無声放電 $3O_2 \rightarrow 2O_3$
一酸化炭素 CO	無色，無臭，**有毒な気体。**水に溶けにくく，還元剤としてはたらく。	①　ギ酸の脱水 $HCOOH \rightarrow H_2O + CO$
二酸化炭素 CO_2	無色，無臭。**石灰水を白濁**する。比較的水に溶けやすく，**弱い酸性**を示す。温室効果ガス。	①　炭酸塩＋強酸（弱酸の遊離） $Na_2CO_3 + 2HCl \rightarrow 2NaCl + H_2O + CO_2$ ②　炭酸水素ナトリウムの熱分解 $2NaHCO_3 \rightarrow Na_2CO_3 + H_2O + CO_2$
窒素 N_2	無色，無臭，水に溶けにくい。**大気の約 78％を占める。**	①　亜硝酸アンモニウムの熱分解 $NH_4NO_2 \rightarrow N_2 + 2H_2O$ ②　液体空気の分留（工業的）
アンモニア NH_3	無色，**刺激臭**をもつ，空気より軽い気体。水に溶けやすく**弱い塩基性**を示す。	①　アンモニウム塩＋強塩基（加熱）（弱塩基の遊離） $2NH_4Cl + Ca(OH)_2 \rightarrow CaCl_2 + 2H_2O + 2NH_3$ ②　ハーバー・ボッシュ法（工業的）
一酸化窒素 NO	**無色，**無臭，水に溶けにくい。空気中で酸化されて **NO_2** になる。	①　銅（銀）＋希硝酸（加熱） $3Cu + 8HNO_3 \rightarrow 3Cu(NO_3)_2 + 4H_2O + 2NO$

二酸化窒素 NO_2	**赤褐色**，特異臭をもつ**有毒な気体**。水に溶けて**酸性を示す**（硝酸を作る）。**酸性雨の原因**。	①　銅（銀）＋濃硝酸（加熱） $Cu + 4HNO_3 \rightarrow Cu(NO_3)_2 + 2H_2O + 2NO_2$
二酸化硫黄 SO_2	無色，**刺激臭**。水に溶けて**弱い酸性**を示す。**有毒**。**酸性雨の原因**。	①　銅（銀）＋濃硫酸（加熱） $Cu + 2H_2SO_4 \rightarrow CuSO_4 + 2H_2O + SO_2$ ②　硫黄の酸化 $S + O_2 \rightarrow SO_2$
硫化水素 H_2S	無色，腐卵臭をもつ。水に溶けて**弱い酸性**。**有毒**。	①　硫化鉄＋希塩酸（or 希硫酸） $FeS + 2HCl \rightarrow FeCl_2 + 2H_2S$

【貴ガス】…18 族の元素。He，Ne，Ar，Kr，Xe，Rn

①　安定な電子配置をもつため，不活性。単原子分子で存在する。

②　**ヘリウムHe**：水素の次に軽い気体。

ネオンNe：ネオンサインなどに利用。

アルゴンAr：窒素，酸素に次いで空気中に多く含まれる。

【ハロゲン】…17 族。

①　**フッ素 F_2**：淡黄色，刺激臭の気体。

②　**塩素 Cl_2**：黄緑色，刺激臭の気体。水溶液は，酸化・漂白・殺菌作用をもつ。

さらし粉＋希塩酸：$CaCl(ClO) \cdot H_2O + 2HCl \rightarrow CaCl_2 + 2H_2O + Cl_2$

酸化マンガン(Ⅳ)＋濃塩酸(加熱)：$MnO_2 + 4HCl \rightarrow MnCl_2 + 2H_2O + Cl_2$

③　**臭素 Br_2**：赤褐色，刺激臭の液体。

④　**ヨウ素 I_2**：黒紫色の結晶。昇華性がある。でんぷんと反応して，青紫色を呈する。

⑤　**ハロゲン化銀（AgF：無色，AgCl：白色，AgBr：淡黄色，AgI：黄色）**

光で分解して，Ag を析出する。（感光性がある）⇒写真の原理

⑥　**ハロゲン化水素（HF，HCl，HBr，HI）**

全て無色で刺激臭気体。

HF：弱酸性で，ガラスを溶かす。

HCl，HBr，HI：強酸性水溶液。

【16 族】…酸素と硫黄

①　**同素体**…同じ元素でできているが，性質の異なる単体。

酸素⇒酸素，オゾン

硫黄⇒斜方硫黄，単斜硫黄，ゴム状硫黄

② **硫酸：H_2SO_4**

- 無色で粘性の大きい液体。不揮発性の酸。加熱した『熱濃硫酸』は酸化力がある。
- 吸湿性が強い，脱水性が強い。
- 水に溶かすと高熱を発生するため，多量の水に硫酸を少しずつ溶かす。

工業的製法：**接触法**

(1) 硫黄または黄鉄鉱を燃焼させて，二酸化硫黄を作る。

(2) 二酸化硫黄を，五酸化二バナジウムを触媒として酸化し，三酸化硫黄にする。

(3) 三酸化硫黄を濃硫酸に吸収させて発煙硫酸とし，これを希硫酸で薄めると濃硫酸になる。

【15族】…窒素とリン

① **リンの同素体**

黄リン…淡黄色の固体。**有毒**。空気中で自然発火するため，水中に保存。

赤リン…赤褐色の固体。**無毒**。マッチの側薬として用いられている。

② **リンの化合物**：**P_4O_{10}（十酸化四リン）**

リンを空気中で燃焼させると，十酸化四リンの白煙をあげる。$4P + 5O_2 \rightarrow P_4O_{10}$

・吸湿性，脱水性が極めて強い。強力な乾燥剤となる。

・水を加えて加熱すると，リン酸が生成する。$P_4O_{10} + 6H_2O \rightarrow 4H_3PO_4$

リン酸は無色の結晶で，潮解性があり，水によく溶ける。

③ **硝酸：HNO_3**

- 無色，揮発性のある液体。濃硝酸も希硝酸も酸化力がある。
- 日光が当たると分解し，NO_2 発生
- 希硝酸は強酸

工業的製法：**オストワルト法**

(a) アンモニアを白金触媒のもと，酸化して一酸化窒素を生成。

$4NH_3 + 5O_2 \rightarrow 4NO + 6H_2O$

(b) 生じた NO を酸化して，二酸化窒素を生成。$2NO + O_2 \rightarrow 2NO_2$

(c) 生じた NO_2 を温水に吸収させて硝酸が作られる。$3NO_2 + H_2O \rightarrow 2HNO_3 + NO$

④ **アンモニア：NH_3**

●無色，刺激臭の空気より軽い気体。

●水に非常によく溶けて，弱塩基性を示す。

工業的製法：**ハーバー・ボッシュ法（ハーバー法）**

窒素と水素の体積比 1：3 の混合気体を，Fe_3O_4 を触媒にして直接反応させる。

$N_2 + 3H_2 \rightarrow 2NH_3$

比較的，低温（450℃～500℃）高圧（200 ～ 350 × 10^5Pa）で反応させる。

【14 族】…炭素とケイ素

① 炭素の同素体

ダイヤモンド

黒鉛…電気伝導性がある。

② ケイ素…地殻中に，酸素に次いで多く存在する元素。→石英，水晶など

高純度のケイ素の結晶は，半導体としての性質をもつ。

ケイ素の化合物：シリカゲル$SiO_2 \cdot nH_2O$…無色半透明の無定形固体。乾燥剤や吸着剤として利用。

(a) ケイ砂（二酸化ケイ素）を水酸化ナトリウムとともに融解。

$SiO_2 + 2NaOH \rightarrow \underline{Na_2SiO_3} + H_2O$
ケイ酸ナトリウム

(b) ケイ酸ナトリウムに水を加えて，**水ガラス**にする。

(c) 水ガラスの水溶液に塩酸を加えて，**ケイ酸**を遊離させる。

$Na_2SiO_3 + 2HCl \rightarrow 2NaCl + \underline{H_2SiO_3}$
ケイ酸

(d) 生じたケイ酸を乾燥させると，シリカゲルが得られる。

③ **セラミックス**…ケイ砂，ケイ酸塩を含む粘土，陶土，石灰石などの無機物の原料を高温処理して作られる固体。陶磁器，ガラス，セメントなど

(2) **金属元素**

試薬		反応するイオン［沈殿］
塩酸		Ag^{+}［AgCl（**白色**）］　Pb^{2+}［$PbCl_2$（**白色**）］
硫化水素	酸性	Cu^{2+}［CuS（**黒色**）］　Ag^{+}［Ag_2S（**黒色**）］ Pb^{2+}［PbS（**黒色**）］　Cd^{2+}［CdS（**黄色**）］ Sn^{2+}［SnS（**褐色**）］　Hg^{2+}［HgS（**朱色**）］
	中性 アルカリ性	Fe^{2+}［FeS（**黒色**）］　Ni^{2+}［NiS（**黒色**）］ Zn^{2+}［ZnS（**白色**）］　Mn^{2+}［MnS（**淡赤**）］
NaOH		Fe^{2+}［$Fe(OH)_2$（**緑白色**）］　Cu^{2+}［$Cu(OH)_2$（**青白色**）］ Al^{3+}［$Al(OH)_3$（**白色**）］　Ag^{+}［Ag_2O（**褐色**）］
過剰の NaOH		Al^{3+}，Zn^{2+}，Sn^{2+}，Pb^{2+}**は溶ける。**
NH_3		Fe^{2+}［$Fe(OH)_2$（**緑白色**）］　Cu^{2+}［$Cu(OH)_2$（**青白色**）］ Al^{3+}［$Al(OH)_3$（**白色**）］　Ag^{+}［Ag_2O（**褐色**）］
過剰の NH_3		Cu^{2+}，Zn^{2+}，Ag^{+}**は溶ける。**
硫酸		Ba^{2+}［$BaSO_4$（**白色**）］　Ca^{2+}［$CaSO_4$（**白色**）］ Pb^{2+}［$PbSO_4$（**白色**）］

【炎色反応】

金属イオンに炎を当てて加熱すると，特定の色の炎になる現象。

Li	Na	K	Ca	Cu	Ba	Sr
赤	黄	紫	橙	緑	黄緑	紅

【金属イオンの色】

Cr^{3+}	Mn^{2+}	Fe^{2+}	Fe^{3+}	Co^{2+}	Ni^{2+}	Cu^{2+}	Ag^{+}
緑色	淡赤色	淡緑色	黄褐色	赤色	緑色	青色	無色

【金属元素】

【金属元素の化合物】

単体	単体の性質	化合物	化合物の性質
Na ナトリウム	**軽金属** 比較的軟らかい。 石油中に保存。 原子炉の冷却材として利用。 アルカリ金属元素に分類。 冷水と反応。	NaOH 水酸化ナトリウム	無色半透明の固体。水に溶けて**強塩基性**を示す。 **潮解性**がある。 工業的製法：NaCl 水溶液の電気分解
		Na_2CO_3 炭酸ナトリウム	白色粉末の結晶。水に溶けて塩基性を示す。 ガラスの製造や，洗剤などに利用される。 工業的製法：アンモニアソーダ法
		$NaHCO_3$ 炭酸水素ナトリウム	白色粉末。別名，**重曹**。水に溶けて弱塩基性を示す。熱分解して，二酸化炭素発生。医薬品，ベーキングパウダーなどに用いられる。
Ca カルシウム	**軽金属** 炎色反応を示す。 アルカリ土類金属元素に分類。 冷水と反応。	$CaCO_3$ 炭酸カルシウム	**石灰石**の主成分。卵殻，貝殻の成分。 二酸化炭素を含む水にゆっくりと溶ける。 $CaCO_3 + H_2O + CO_2 \rightleftarrows Ca(HCO_3)_2$…鍾乳洞
		CaO 酸化カルシウム（**生石灰**）	水と反応して**多量の熱**を発しながら $Ca(OH)_2$ になる。水分を吸収しやすいので，乾燥剤として用いられる。
		$Ca(OH)_2$ 水酸化カルシウム（**消石灰**）	$Ca(OH)_2$ の飽和水溶液を**石灰水**という。 水に溶けて**強塩基性**を示す。工業用の中和剤。
		$CaCl_2$ 塩化カルシウム	吸湿性がある。**乾燥剤**として用いられる。（湿気取り）
		$CaSO_4$ 硫酸カルシウム	セッコウ $CaSO_4 \cdot 2H_2O$ 医療用ギプスなどに利用。
Ba バリウム	**軽金属** 炎色反応を示す。 アルカリ土類金属に分類。 冷水と反応。	$Ba(OH)_2$ 水酸化バリウム	水に溶けて**強塩基性**を示す。
		$BaSO_4$ 硫酸バリウム	水に**不溶**な白色固体。**X線造影剤**。
Mg マグネシウム	**軽金属** 炎色反応を示さない。 熱水と反応。	$Mg(OH)_2$ 水酸化マグネシウム	**弱塩基性**。水に溶けにくい。
		$MgSO_4$ 硫酸マグネシウム	水に可溶。
Al アルミニウム	**軽金属** **両性元素**。銀白色で，軟らかい。**ジュラルミン**の主成分。酸化被膜を生じて内部を保護してしまう。（**不動態**）**→アルマイト**	Al_2O_3 酸化アルミニウム（**アルミナ**）	原料鉱石は**ボーキサイト**。ボーキサイトから取り出した Al_2O_3 に**氷晶石**を加えて**融解塩電解**し Al の単体を得る。
		$AlK(SO_4)_2 \cdot 12H_2O$ ミョウバン （硫酸カリウムアルミニウム十二水和物）	$Al_2(SO_4)_3$ と K_2SO_4 の**複塩**。水溶液は弱酸性。 ミョウバンや $Al_2(SO_4)_3$ は，上水道の清澄剤（→コロイド溶液），染料の媒染剤などに利用される。

単体	単体の性質	イオン	化合物	性質
Fe 鉄	**遷移元素** 鉄鉱石を，溶鉱炉でコークスや石灰石と混合して還元して単体を得る。 **→製鉄**	Fe^{2+} 黄緑色	$Fe(OH)_2$ 水酸化鉄（Ⅱ）：緑白色	過剰の NaOH 水溶液，NH_3 水に溶けない。 次第に酸化されて，$Fe(OH)_3$ になる。
			$K_4[Fe(CN)_6]\cdot 3H_2O$ 黄血塩	正式名称：ﾍｷｻｼｱﾉ鉄（Ⅱ）酸カリウム Fe^{3+} と反応して，濃青色沈殿（**紺青**）。
		Fe^{3+} 黄褐色	$Fe(OH)_3$ 水酸化鉄（Ⅲ）：赤褐色	ゲル状沈殿（→コロイド溶液） 過剰の NaOH 水溶液，NH_3 水に溶けない。
			$K_3[Fe(CN)_6]$ 赤血塩	正式名称：ﾍｷｻｼｱﾉ鉄（Ⅲ）酸カリウム Fe^{2+} と反応して，濃青色沈殿（**ターンブル青**）
Cu 銅	**遷移元素** 黄銅鉱を溶鉱炉で**粗銅**にしたのち，**電解精錬**して単体を得る。 黄銅，青銅などの**合金**を作る。	Cu^{2+} 青色	$Cu(OH)_2$ 水酸化銅（Ⅱ）：青白色	Cu^{2+} を含む水溶液に，NaOH 水溶液または NH_3 水を加えると生じる。**過剰の NH_3 水に可溶**。→錯イオン
			$CuSO_4$ 硫酸銅（Ⅱ）	硫酸銅（Ⅱ）五水和物 $CuSO_4\cdot 5H_2O$：**青色**結晶 無水硫酸銅（Ⅱ）$CuSO_4$：**白色**粉末 水分の検出に利用。
Ag 銀	**遷移元素** 天然には硫化物で産出。電気，熱を最もよく導く。 **鏡，魔法瓶，写真材料**。	Ag^+ 無色	$AgNO_3$ 硝酸銀	無色の結晶。水によく溶ける。**感光性**があるため，褐色瓶で保存。
			ハロゲン化銀 AgF，AgCl AgBr，AgI	AgCl（白色）：**水に不溶→** Ag^+，Cl^- の検出 AgBr（淡黄）：写真の**感光剤** AgF 以外は水に不溶。

単体	単体の性質	化合物
Cr ｸﾛﾑ	**遷移元素** 空気中でも水中でも酸化されない。めっきや合金に用いられる。→ステンレス鋼	K_2CrO_4 ｸﾛﾑ酸ｶﾘｳﾑ（黄色） イオンは CrO_4^{2-}（黄色） $K_2Cr_2O_7$ 二ｸﾛﾑ酸ｶﾘｳﾑ：(赤橙色) イオンは $Cr_2O_7^{2-}$（赤橙色）
Mn ﾏﾝｶﾞﾝ	**遷移元素** 酸化ﾏﾝｶﾞﾝ（Ⅳ）は化学反応の触媒，**乾電池**に利用。 過ﾏﾝｶﾞﾝ酸ｶﾘｳﾑの硫酸酸性溶液は代表的な**酸化剤**。	MnO_2：酸化ﾏﾝｶﾞﾝ（Ⅳ）（黒褐色） 別名，二酸化ﾏﾝｶﾞﾝ $KMnO_4$：過ﾏﾝｶﾞﾝ酸ｶﾘｳﾑ（黒紫色） イオンは MnO_4^-（赤紫色）

Q 例題

以下の文章の中で内容が誤っているものをすべて選びなさい。

ア　アンモニアの工業的製法はオストワルト法とよばれる。

イ　フッ化水素（HF）は強酸性であり，ガラスを溶かす性質がある。

ウ　元素の周期律があることを発見したのはメンデレーフである。周期表は右上に行けば行くほど非金属元素の性質が強く出てくる。

エ　貴ガスは 17 族の元素であるが，非常に安定している気体として知られている。

オ　同素体とは同じ元素から成り立っているが，性質が異なる物質のことをいう。

ヒント

この分野では知識問題が多く出題されるので，しっかりと知識を身につけておこう。

A 解答・解説

ア　誤り。アンモニアの工業的製法はハーバー・ボッシュ法である。オストワルト法は硝酸の工業的製法のことである。

イ　誤り。フッ化水素は水に溶けて「弱酸性」を示す。ガラスを溶かすという記述は正しい。

ウ　正しい。周期律を発見して周期表を作成したのはメンデレーフ（ロシアの化学者）である。問題文によっては，「メンデレーエフ」と書かれている場合もあるが，どちらでもよい。

エ　誤り。貴ガスは 18 族の元素である。

オ　正しい。同素体とは構成する元素が同じなのにもかかわらず，性質が全く違う物質のことをいう。具体例として，酸素（O_2）とオゾン（O_3），黄リンと赤リンがある。リンの同素体については，非常に有名で試験にもよく出題される。黄リンは猛毒であり，空気中で自然発火するので水中で保管することになっている。赤リンは無毒であり，マッチの側面に発火剤として塗られている。

解答：ア，イ，エ

演習問題

No.1

（解答▸P.14）

次に示す，物質の合成法について述べた記述のうち，間違っているものはどれか。

① 硫酸の工業的製法は「接触法」とよばれ，二酸化硫黄から三酸化硫黄を得るときに触媒として五酸化二バナジウムが用いられる。

② 硝酸の工業的製法は「オストワルト法」とよばれ，アンモニアを酸化して一酸化窒素を合成する際，白金触媒が用いられる。

③ アンモニアの工業的製法は「ハーバー・ボッシュ法」とよばれ，四酸化三鉄 Fe_3O_4 を触媒として窒素と水素を直接反応させてアンモニアを合成する。

④ 酸化マンガン(Ⅳ)に過酸化水素水を加えると，酸素が発生する。これは代表的な実験室での酸素の発生法で，酸化マンガン(Ⅳ)は触媒としてはたらいている。

⑤ 酸化マンガン(Ⅳ)に希塩酸を加えると，塩素が発生する。このとき，酸化マンガン(Ⅳ)は触媒としてはたらいている。

No.2

（解答▸P.14）

濃硫酸の性質について述べた記述のうち，間違っているものはどれか。

① 無色で不揮発性の，粘性の大きい液体である。

② 紙や砂糖に滴下すると黒い炭が残るのは，濃硫酸の吸湿作用によるものである。

③ 加熱すると強い酸化力をもち，銅や銀と反応して二酸化硫黄を発生する。

④ 濃硫酸を希釈して希硫酸にする場合，硫酸の溶解熱が大きいので水に濃硫酸を少しずつ加えていく。濃硫酸に水を加えると，溶解熱で水が沸騰し，その勢いで濃硫酸が飛散して危険である。

⑤ 強い吸湿性をもつため，乾燥剤として用いられる。

No.3

（解答▸P.15）

次の記述のうち，誤りを含むものを選びなさい。

① CO は無色・無臭の気体で有毒である。
② P_4O_{10} は白色の固体で，水に溶けると酸性を示す。
③ SiO_2 は無色の結晶で，濃塩酸にも濃硫酸にも溶けない。
④ 黒鉛は炭素の同素体の 1 つで，黒色の結晶で電気を導きにくい。
⑤ ハロゲン化水素の水溶液のうち，フッ化水素は他と比べると酸性が弱い。

No.4

（解答▸P.15）

次の物質のうち，毒性がほとんどなく生活の中で利用されているものはどれか。

① 赤リン　② 黄リン　③ 一酸化炭素　④ 硫化水素　⑤ オゾン

No.5

（解答▸P.15）

次の物質のうち，水に溶けて強い塩基性を示すものはどれか。

① CaO　② MgO　③ FeO　④ SO_2　⑤ NO_2

No.6

（解答▸P.15）

次の物質のうち，吸湿剤，乾燥剤として用いられるものを全て選んだ組合せとして最も妥当なものはどれか。

ア　塩化カルシウム　イ　濃硫酸　ウ　水酸化カルシウム
エ　シリカゲル　オ　石灰石

① ア，イ　② ア，イ，エ　③ ア，エ　④ ウ，エ　⑤ ウ，エ，オ

No.7

（解答 ▸ P.15）

アルミニウムについて述べた次の文章の空欄に当てはまる語句の組合せとして最も妥当なものはどれか。

アルミニウムは地殻中に化合物として約８％含まれ，原料鉱石は（　ア　）とよばれる。この（　ア　）から純粋な酸化アルミニウムを取り出し，これを融解塩電解するとアルミニウムの単体が得られる。アルミニウムは空気中に放置したり，濃硝酸や濃硫酸と反応させても，その表面に緻密な酸化被膜を生じて内部を保護するため，錆びたりそれ以上反応したりしない。このような状態を（　イ　）という。人工的に酸化被膜を厚くつけた製品はアルマイトとよばれる。

アルミニウムは（　ウ　）とよばれ，酸および強塩基の水溶液の両方と反応する。アルミニウムの単体と水酸化ナトリウム水溶液を反応させると（　エ　）が発生する。アルミニウムを含む化合物として（　オ　）が挙げられる。（　オ　）は上水道の清澄剤，染色の媒染剤として利用されている。

	ア	イ	ウ	エ	オ
①	ボーキサイト	不動態	遷移元素	水素	重曹
②	アルミナ	不動態	両性元素	水素	ミョウバン
③	ボーキサイト	複塩	両性元素	酸素	ミョウバン
④	アルミナ	複塩	遷移元素	酸素	重曹
⑤	ボーキサイト	不動態	両性元素	水素	ミョウバン

No.8

（解答 ▸ P.15）

次の（ア）～（ウ）の記述は，それぞれある金属元素について述べたものである。それぞれどの金属元素に関するものか。最も妥当な組合せを選びなさい。

（ア）この金属の単体は，原料鉱石をコークス，石灰石を用いて還元して得られる。機械部品や建築材料に多量に使われておりステンレス鋼の主成分である。この金属は水素よりもイオン化傾向が大きく，希硫酸に水素を発生しながら溶解し，２価の金属イオンを含む淡緑色の水溶液が得られる。

（イ）この金属は赤みを帯びた金属光沢をもち，展性･延性に富み，電気伝導性，熱伝導性は（ウ）に次いで大きい。工業的には，原料鉱石を溶鉱炉，転炉にかけたのち，電解精錬を行って純度 99.99％程度の単体を得る。

（ウ）この金属の単体は電気や熱を最もよく導き，空気中に放置しても酸化されない。高価なので電気材料にはあまり用いられないが，この金属のハロゲン化物には感光性があるので写真材料として最も多く利用されている。酸化力のある酸と反応して，酸化数＋１の化合物を作る。

	（ア）	（イ）	（ウ）
①	アルミニウム	銅	鉄
②	アルミニウム	鉛	鉄
③	アルミニウム	銅	銀
④	鉄	鉛	銀
⑤	鉄	銅	銀

No.9

（解答 ▸ P.15）

金属化合物の組合せA，Bがある。A，Bにはそれぞれ，異なる色の結晶が含まれているがそれはどれか。最も妥当な組合せを選びなさい。

A	AgCl	$Al(OH)_3$	$Fe(OH)_3$
B	CuS	FeS	ZnS

	A	B
①	AgCl	CuS
②	$Al(OH)_3$	CuS
③	$Fe(OH)_3$	ZnS
④	$Fe(OH)_3$	FeS
⑤	$Al(OH)_3$	ZnS

第2編

第7章 有機化学

化合物のうち，骨格がCのもの（Cが中心にできている物質）を**有機化合物**という。有機化合物は主として生物の体内で生成され，炭素だけでなく，H，O，N，Cl，Sなどの物質が組み合わさって構成されている。わたしたちの身の回りにあるアルコールやせっけん，でんぷん，砂糖（スクロース）などは，すべて有機化合物である。有機化合物は，極めて多様であり，炭素が共有結合によって結びついているものが多い。さらに水には溶けにくく，燃えやすいものが多く，融点が比較的低いといった性質がある。

有機化合物のうち，炭素原子どうしが鎖のようにつながっている構造のものを**鎖式化合物**という。鎖式化合物のことを**脂肪族化合物**とよぶこともある。一方，炭素原子どうしが環のようにつながっている構造のものを**環式化合物**といい，環式化合物の中で**ベンゼン環**をもつ化合物を**芳香族化合物**という。また，炭素原子どうしが単結合しているものを**飽和結合**，二重結合や三重結合しているものを**不飽和結合**という。鎖式炭化水素の例として，メタン，エタン，プロパン，エチレン，プロピレン，アセチレン等が，環式炭化水素の例としては，ベンゼン，トルエン，ナフタレン等を挙げることができる。

有機化合物のうち，炭素と水素のみで構成されている分子を**炭化水素**という。この炭化水素の中にある水素原子が原子団に置き換わることで，多くの特徴的な有機化合物が合成される。この原子団のことを**官能基**といい，－OH基（ヒドロキシ基）や－CHO基（アルデヒド基），－COOH基（カルボキシ基）などが有名である。基は，それぞれに特徴的な性質をもっており，有機化合物の性質はこの基によって決定される。これは官能基の種類によって有機化合物の性質が把握できることを意味する。人工的に新たな化合物を合成する場合（たとえば新薬を作るような場合）には，官能基をうまく組み入れて都合のよい性質の物質を合成するということが行われている。有機化合物を学習するにあたっては，基の性質と名称をしっかり理解する必要がある。

解法のポイント

(1) 有機化合物の特徴（無機化合物との違い）

	有機化合物	無機化合物
化学結合	共有結合による分子が多い	イオン結合による
融　　点	融点は低いものが多い(300℃以下) 高温では分解しやすい	融点が高い物質が多い
水 溶 性	水に溶けにくく，有機溶媒に溶けやすい	水に溶けやすく，有機溶媒には溶けにくい
電　　離	非電解質が多い	電解質が多い
燃　　焼	可燃性物質が多い	不燃性物質が多い
反 応 性	反応性は遅い	反応は速く，完全反応する物質が多い
成分元素	構成元素の種類は少ない C，H，O，N，P，S，ハロゲンなど	構成元素の種類は多い
種　　類	非常に多く，膨大 100 万種以上	

(2) 有機化合物の分子式

元素分析（C，H，O からなる化合物）

① 有機化合物を完全燃焼させたとき生じる二酸化炭素，水の質量より炭素，水素の質量を求める。

② 有機化合物中の炭素，水素の質量から酸素の質量を求める。

有機化合物の質量 －（C ＋ H)の質量＝ O の質量

(3) 炭化水素の分類

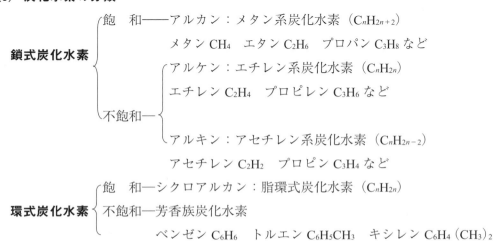

鎖式炭化水素
- 飽　和——アルカン：メタン系炭化水素（C_nH_{2n+2}）
  メタン CH_4　エタン C_2H_6　プロパン C_3H_8 など
- 不飽和—
  - アルケン：エチレン系炭化水素（C_nH_{2n}）
    エチレン C_2H_4　プロピレン C_3H_6 など
  - アルキン：アセチレン系炭化水素（C_nH_{2n-2}）
    アセチレン C_2H_2　プロピン C_3H_4 など

環式炭化水素
- 飽　和—シクロアルカン：脂環式炭化水素（C_nH_{2n}）
- 不飽和—芳香族炭化水素
  ベンゼン C_6H_6　トルエン $C_6H_5CH_3$　キシレン $C_6H_4(CH_3)_2$

(4) 官能基による分類

ヒドロキシ基（－ OH） …………… アルコール（エタノール C_2H_5OH），フェノール類

アルデヒド基（－ CHO）…………… アルデヒド（アセトアルデヒド CH_3CHO）

カルボキシ基（－ COOH）………… カルボン酸（酢酸 CH_3COOH）

カルボニル基（ケトン基）(＞ CO)　ケトン（アセトン CH_3COCH_3）

ニトロ基（－ NO_2）………………… ニトロ化合物（ニトロベンゼン $C_6H_5NO_2$）

アミノ基（－ NH_2）………………… アミン（アニリン $C_6H_5NH_2$）

スルホ基（－ SO_3H） ……………… スルホン酸（ベンゼンスルホン酸 $C_6H_5SO_3H$）

炭化水素基

アルキル基（C_nH_{2n+1} －）

　メチル基（CH_3 －）（メタノール CH_3OH）

　エチル基（CH_3CH_2 －）（エタノール C_2H_5OH）

フェニル基（C_6H_5 －）……………… 芳香族化合物（ベンゼン環をもつ化合物）

ビニル基（CH_2 ＝ CH －） ………… ビニル化合物（塩化ビニル CH_2 ＝ CHCl）

(5) 有機化合物の反応

① **付加反応**――炭素原子間の二重(三重)結合の一部が切れて，その部分に新たに原子や原子団が結合する反応。

② **置換反応**――原子や原子団が他の原子や原子団に置き換わる反応。

③ **縮合反応**――２つの分子が結合し，水のような簡単な分子を排出する反応。

④ **重合反応**――多数の分子が結合する反応。

(6) 高分子化合物

糖類

① **単糖類**　$C_6H_{12}O_6$

●デンプンを加水分解してできたグルコースはこれ以上加水分解できない。
　このようにそれ以上加水分解できない糖。

●グルコース（ブドウ糖），フルクトース（果糖）

●水溶液は還元性を示す。

② **二糖類**　$C_{12}H_{22}O_{11}$

●単糖類２つを脱水縮合させた糖。

●マルトース（麦芽糖），スクロース（ショ糖），ラクトース（乳糖）

●スクロース以外，水溶液は還元性を示す。

③ 多糖類

●多数の単糖類が脱水縮合した糖。

●デンプン，セルロース，グリコーゲン

(a) デンプン

●α－グルコースからなる。

●冷水に溶けないが熱水に溶けコロイド溶液になる。

●ヨウ素液（ヨウ化カリウム水溶液）と反応して青紫色になる。
ヨウ素デンプン反応を示す。

●酵素アミラーゼで麦芽糖に分解。

(b) セルロース

●β－グルコースからなる。

●細胞壁の主成分（植物繊維）

(c) グリコーゲン

●動物の血液中にある。

演習問題

No.1

（解答 ▸ P.15）

次の文章の空欄に当てはまる語句の組合せとして，最も妥当なものはどれか。

炭素の酸化物やシアン化合物をのぞく炭素化合物を有機化合物という。有機化合物は（　A　）結合で構成されるため，融点が（　B　）ものが多く，反応を促進させるため（　C　）を用いる場合が多い。

構成元素の種類は少ないが，同じ分子式で表されるが異なる構造をもつ（　D　）を作るため化合物の数は多い。生物体の構成成分や代謝産物など，生命現象に関わるものが多い。

	A	B	C	D
①	イオン	高い	酵素	異性体
②	イオン	低い	触媒	異質体
③	共有	低い	触媒	異性体
④	共有	低い	触媒	同位体
⑤	共有	高い	酵素	同位体

No.2

（解答 ▸ P.16）

次の記述のうち，正しいものはどれか。

① エタノールに濃硫酸を加えて160～170℃に加熱すると，分子内で脱水反応しエチレンを生じる。エチレンは鎖式炭化水素に分類され，メタンなどと同じように付加反応よりも置換反応の方が起こりやすい。エチレンは二重結合をもつので，重合反応を行いポリエチレンを生じる。

② 酢酸は食酢の成分で，カルボン酸の一種である。エタノールを酸化するとアセトアルデヒドを経て酢酸が得られる。酢酸のように，炭素数の少ないカルボン酸は水に溶けて酸としてはたらく性質がある。

③ 除光液などに含まれるアセトンはケトンの一種で，水に溶けにくい性質をもつ。2－プロパノールを酸化すると得られ，ヨードホルム反応を示す。

④ メタノールは消毒薬に用いられるように無毒の液体で，酸化するとギ酸を生じる。ギ酸は最も簡単なカルボン酸で，還元性はない。メタノールとギ酸が脱水縮合するとギ酸メチルが生じる。

⑤ ホルムアルデヒドはメタノールを穏やかに酸化して得られるアルデヒドの一種で，常温で液体で存在する。ホルムアルデヒドを水に溶かしたものはホルマリンと呼ばれ，消毒剤などに用いられる。

No.3

（解答 ▸ P.16）

次の物質がもつ官能基の組合せとして，最も妥当なものはどれか。

	メタノール	アセトン	酢酸メチル
①	ヒドロキシ基	カルボキシ基	エステル結合
②	ヒドロキシ基	カルボニル基	エステル結合
③	ヒドロキシ基	カルボニル基	エーテル結合
④	エーテル結合	カルボキシ基	エステル結合
⑤	エーテル結合	カルボニル基	カルボキシ基

No.4

（解答▸P.16）

有機化合物の還元性について述べた次の記述のうち，正しいものはどれか。

① 一般にアルデヒド基を有する化合物は，還元性を示す。還元性を示すとき，反応相手を酸化し，自身は還元されている。

② 還元性を示す物質は，すべてアルデヒドに分類される。

③ 還元性を利用した物質の検出法に，ヨードホルム反応が挙げられる。

④ メタノールを穏やかに酸化するとアルデヒド基を有する物質Ａが得られ，これをさらに酸化すると別のカルボニル化合物Ｂが得られるが，化合物Ｂも還元性を示す。

⑤ ２－プロパノールを酸化して得られる化合物は，アルデヒドと似たような構造をもつため，還元性を示す。

No.5

（解答 ▸ P.16）

セッケンと合成洗剤について述べた次の文章の空欄に当てはまる語句の組合せとして，最も妥当なものはどれか。

グリセリンと高級脂肪酸のエステルを油脂という。この油脂を水酸化ナトリウムでけん化して得られる，高級脂肪酸のナトリウム塩を（　ア　）という。このように，（　ア　）は弱酸と強塩基の塩なので，水に溶かすと（　イ　）性を示す。（　ア　）を溶かした水は，純水に比べて繊維に浸透しやすくなる。これは（　ア　）の（　ウ　）という性質によるものである。

（　ア　）の水溶液は（　イ　）性を示すため絹や羊毛を傷めたり，硬水中で使用すると，洗浄力を失うなどの欠点をもっていた。そこで（　ア　）とは異なる構造をもち，洗浄力の大きな（　エ　）が開発された。（　エ　）は強酸と強塩基からなる塩なので，水溶液は（　オ　）性を示す。初期に作られた（　エ　）は微生物による分解を受けにくく，河川の自然浄化を低下させるなどの問題を引き起こした。

	ア	イ	ウ	エ	オ
①	セッケン	塩基	界面活性作用	合成洗剤	中
②	セッケン	酸	界面活性作用	合成洗剤	弱酸
③	合成洗剤	塩基	乳化作用	セッケン	弱酸
④	合成洗剤	酸	界面活性作用	セッケン	中
⑤	セッケン	塩基	乳化作用	合成洗剤	弱酸

No.6

（解答 ▸ P.16）

次の記述のうち，正しいものはどれか。

① 構造内にベンゼン環を含む有機化合物を芳香族化合物という。ベンゼンなどは不飽和性が強いにも関わらず，同じ不飽和炭化水素であるアルケンなどと異なり，付加反応を起こしやすい。

② トルエンはベンゼン環の２個の水素原子をメチル基に置き換えたもので，ベンゼンに比べて毒性が低いのでシンナーの主成分として利用されている。

③ ナフタレンはベンゼン環の２個の炭素原子がつながった構造をもち，常温で固体で存在する。昇華性があるため，防虫剤などの原料として用いられる。

④ ベンゼンに濃硝酸と濃硫酸を加えて加熱すると，ベンゼン環にスルホ基が導入された，ベンゼンスルホン酸が得られる。

⑤ ベンゼンに紫外線を照射しながら塩素を作用させると，クロロベンゼンが生じる。

No.7

（解答 ▸ P.16）

次の化合物に含まれる官能基の組合せとして，最も妥当なものはどれか。

	フェノール	安息香酸	アニリン
①	メチル基	カルボキシ基	ヒドロキシ基
②	ヒドロキシ基	アルデヒド基	アミノ基
③	アミノ基	カルボキシ基	アルデヒド基
④	ヒドロキシ基	カルボキシ基	アミノ基
⑤	アルデヒド基	ヒドロキシ基	ニトロ基

No.8

（解答 ▸ P.17）

有機化合物に関する次の記述の空欄に当てはまる語句の組合せとして，最も妥当なものはどれか。

○ トルエンに濃硝酸と濃硫酸を加えて（　ア　）化すると，２，４，６－トリニトロトルエン（TNT）が生成する。TNT は黄褐色の結晶で爆薬に用いられる。

○ サリチル酸にメタノールと少量の濃硫酸を加えて加熱すると，（　イ　）化されてサリチル酸メチルが生成する。サリチル酸メチルは（　ウ　）剤として外用塗布薬に用いられる。

○ サリチル酸に無水酢酸を加えアセチル化するとアセチルサリチル酸が生成する。アセチルサリチル酸は（　エ　）剤として用いられる。

	ア	イ	ウ	エ
①	スルホン	メチル	消炎	解熱
②	スルホン	エステル	消炎	解熱
③	ニトロ	メチル	解熱	消炎
④	ニトロ	エステル	解熱	消炎
⑤	ニトロ	エステル	消炎	解熱

No.9

(解答 ▸ P.17)

有機化合物に関する次の文章の空欄に当てはまる語句の組合せとして，最も妥当なものはどれか。

ベンゼン環に1個のアミノ基が結合した化合物を，アニリンという。アニリンに希塩酸を加えると（　ア　）反応が起きて，アニリン塩酸塩が生成する。このように，アニリンは有機化合物の中では代表的な（　イ　）に分類される。

生じたアニリン塩酸塩を氷冷したものに，亜硝酸ナトリウム水溶液を加えると塩化ベンゼンジアゾニウムが得られる。この反応を（　ウ　）という。得られた塩化ベンゼンジアゾニウムの水溶液にナトリウムフェノキシドを加えると，（　エ　）が起きて橙赤色のp－ヒドロキシアゾベンゼンが生成する。得られた化合物はアゾ化合物と呼ばれ，一般に赤～黄色の結晶として得られ（　オ　）として用いられる。

	ア	イ	ウ	エ	オ
①	中和	塩基性物質	カップリング	ジアゾ化	色素
②	中和	塩基性物質	ジアゾ化	カップリング	色素
③	中和	酸	ジアゾ化	カップリング	農薬
④	還元	酸化剤	ジアゾ化	カップリング	色素
⑤	還元	還元剤	カップリング	ジアゾ化	農薬

No.10

（解答 ▸ P.17）

アミノ酸に関する次の記述のうち，正しいものはどれか。

① アミノ酸は，アミノ基とカルボキシ基の両方をもつので，水溶液は中性である。
② すべてのアミノ酸は不斉炭素原子をもつので，光学異性体が必ず存在する。
③ アミノ酸のアミノ基と，別のアミノ酸のカルボキシ基が脱水縮合してできたアミド結合を，ペプチド結合という。ペプチド結合を繰り返して多数のアミノ酸が縮合したものをポリペプチドという。
④ アミノ酸やタンパク質の検出法として，ニンヒドリン反応やビウレット反応が挙げられる。
⑤ 天然のタンパク質を加水分解して得られるアミノ酸は約 20 種類存在し，その中には分子内に硫黄原子やベンゼン環，塩素原子を含むアミノ酸が存在する。

No.11

（解答 ▸ P.17）

糖に関する次の文章の空欄に当てはまる語句の組合せとして，最も妥当なものはどれか。

デンプンは炭水化物の 1 つであり，加水分解するとグルコースが得られる。グルコースのようにそれ以上加水分解されない糖を（　ア　）といい，デンプンのように加水分解によって多数の（　ア　）を生じる糖を（　イ　）という。グルコースの結晶を水に溶かすと，一部の分子の環構造が開いて鎖状構造になる。このとき，アルデヒド基が存在するのでグルコースの水溶液には（　ウ　）がある。デンプンは（　ウ　）を示さないが，ヨウ素デンプン反応を示し（　エ　）色に呈色する。

	ア	イ	ウ	エ
①	単糖類	多糖類	還元性	青紫
②	二糖類	多糖類	弱酸性	赤褐
③	単糖類	二糖類	還元性	青紫
④	二糖類	単糖類	還元性	赤褐
⑤	多糖類	二糖類	弱酸性	青紫

第３編

生　物

第3編

第1章 細胞構造

すべての生命体は細胞で成り立っており，細胞は生命活動の最小単位ともいえる。人体は数十兆個もの細胞で形成されており，これを含む哺乳類や魚類，昆虫などといった多くの細胞からできた多細胞の生物は**多細胞生物**とよばれ，ただ１つの細胞から構成される**単細胞生物**と区別される。

細胞自身もまた多くの微細な細胞器官から成り立っている。光学顕微鏡＊では，核のほか，**ミトコンドリア**，**葉緑体**，**中心体**，**ゴルジ体**などが観察される一方で，さらに電子顕微鏡＊＊を用いると**小胞体**や**リボソーム**までも確認することができる。細胞の約70％は水であり，細胞器官は水で満たされた袋の中に浮く小顆粒である。

細胞には，細菌のように核が見られない原核細胞と，動物や植物の細胞のように核が見られる真核細胞がある。真核細胞の内部には核をはじめ，ミトコンドリアや**葉緑体**などの膜で包まれた構造体が見られる。これらの構造体を細胞小器官（オルガネラ）という。また，細胞は，**動物細胞**と**植物細胞**とに区分することもできる。葉緑体や**色素体**，細胞壁は植物細胞にのみ含まれている。

＊ **光学顕微鏡**の分解能は0.2μmまで。人体の赤血球や大腸菌の観察が可能

＊＊ **電子顕微鏡**の分解能は0.1～0.2nmまで。日本脳炎ウィルスなどが観察可能

解法のポイント

(1) 細胞小器官の名称と主なはたらき

核	**核膜**	タンパク質と脂肪で形成される二重膜 核内外の物質の出入りを調整する
	核小体（仁）	タンパク質とRNA（**リボ核酸**）を合成する場
	染色体	遺伝子の本体であるDNAとタンパク質で構成 ヒトの場合，１細胞に**46本**の染色体が存在する
細胞質	**細胞膜**	原形質を包む外側の二重層 細胞内外の物質透過をつかさどる
	細胞質基質	水を溶媒とし，様々な化学反応を助ける酵素が含まれる。微細な繊維状の構造（＝細胞骨格）が張り巡らされており，各種の細胞小器官の連結，細胞質流動（原形質流動）などに重要な役割を果たしている
	葉緑体	レンズ状の二重膜。**クロロフィル**を含み，光合成の場となる
	ミトコンドリア	酸素呼吸によって生まれるエネルギー伝達物質ATP（アデノシン３リン酸）を形成する場となる

細胞質	**ゴルジ体**	網状粒子であり，細胞内で合成された物質を濃縮・貯蔵する
	中心体	核の近くに通常１つ存在する小粒子 細胞分裂時に酵素顆粒の形成に関与する **動物細胞で発達している**
	小胞体	扁平な膜構造を有し，膜の外側にリボソームが付着している 物質の移動・運搬の通路となる
	リボソーム	全ての生物に存在し，タンパク質合成の場となる
	リソソーム	動植物に存在 加水分解酵素（消化酵素）を含み，細胞内消化を行う
細胞壁		セルロースとペクチン質を主成分とする全透性の膜で，細胞の保護・形態の保持を行う。**植物細胞にのみ存在する**
液胞		糖・有機物・無機物アントシアニンなどの水溶性色素を含み，浸透圧の調整に関与。**植物細胞で発達している**
細胞含有物		固体状・結晶状の細胞内貯蔵物 動植物ともに存在する油滴のほか，植物に限りデンプン粒やシュウ酸カルシウムが含まれる

(2) **動物細胞と植物細胞の模式図**

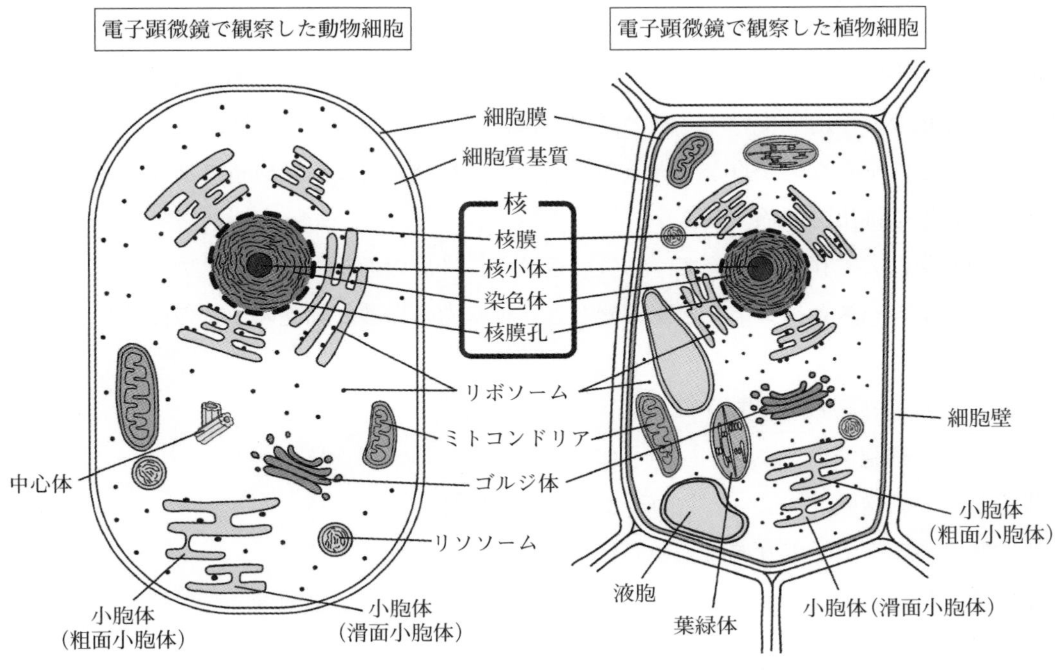

演習問題

No.1

（解答 ▸ P.18）

下図は，植物細胞の構造を示したものである。㋐〜㋔の名称で間違っているものを選べ。

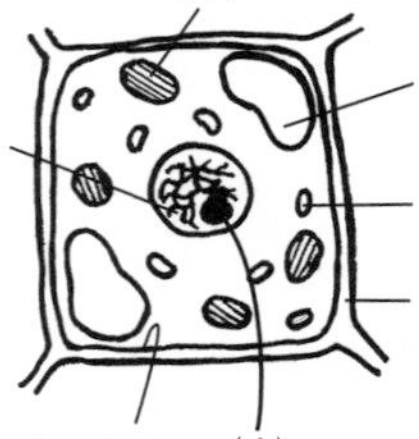

① ㋐＝ミトコンドリア
② ㋑＝葉緑体
③ ㋒＝液胞
④ ㋓＝細胞壁
⑤ ㋔＝染色体

No.2

（解答 ▸ P.18）

次のＡ〜Ｅの文は，細胞の構成要素のはたらきについて述べたものである。それぞれの構成要素についての組合せとして，正しいものはどれか。

A　溶液に対して不完全な半透性を示し，細胞内外の物質の出入りを選択的に調節する。
B　糖・無機塩類などが溶けていて，その浸透圧によって，細胞の吸水に関与する。
C　薄い膜でできた平らな袋が重なり，その周囲に小さな袋が集まった構造であり，細胞内外への物質の分泌や排出に関係する。
D　動・植物細胞に広く存在していて，物質の運搬や，排出の通路となる。
E　多糖類のセルロースとペクチンを主成分とし，細胞内の保護と細胞の形状の保持をする。

	A	B	C	D	E
①	細胞膜	細胞液	中心体	ゴルジ体	核
②	細胞液	細胞膜	ゴルジ体	小胞体	核
③	細胞膜	ミトコンドリア	中心体	リボソーム	核
④	細胞液	細胞膜	ゴルジ体	リボソーム	細胞壁
⑤	細胞膜	細胞液	ゴルジ体	小胞体	細胞壁

No.3

（解答 ▸ P.18）

一部の植物細胞（コケ類，シダ類）にも存在するが，多くの動物細胞にあり細胞分裂時に紡錘糸に変化する小器官はどれか。

① 小胞体
② 中心体
③ リボソーム
④ 核小体
⑤ ゴルジ体

No.4

（解答 ▸ P.18）

細胞の各部に関する記述で妥当なものは，次のうちどれか。

① ゴルジ体は光合成を行い，水と二酸化炭素から糖を合成して酸素を放出するもので，植物細胞にのみ見られる。
② ミトコンドリアは，酸素を用いないで有機物を分解しエネルギーを得る無機呼吸やタンパク質の合成を行うもので，動物細胞にのみ見られる。
③ 中心体は遺伝子をもち，細胞の構造とはたらきを決める重要な役割を果たしており，これを除去された細胞は生き続けられない。
④ 液胞は内部に細胞液が満たされており，細胞の吸水や不要物質の分解を行う部分で，植物細胞に多く見られる。
⑤ 細胞膜は不要物質を排出させる性質をもち，動物細胞では細胞壁とよばれる。

第2章 植物の調節作用

植物は，外界の環境に合わせて成長を調整し，その恒常性を維持している。植物の運動は，光や温度や重力などにより，植物体の一部に屈性や傾性などが起こる**成長運動**，水の増減によって伸縮する**乾湿運動**，光の強さ・温度によって気孔開閉の調整等を行う**膨圧運動**などがある。

成長運動は，植物が**光合成**によってエネルギーを補給するとき，成長を円滑に行うために植物体が一定の方向へ屈曲していく運動で，このうち日差しの角度など**刺激源の方向**に対して一定の方向をとって曲がる性質が**屈性**，温度や光の変化など**刺激の大きさ（増減）**によって一定の屈曲が生ずるものを**傾性**とよぶ。

植物体内で作られた後，他の部位に移動して成長や形態変化に影響を与える有機化合物を**植物ホルモン**という。代表的な天然物質に**インドール酢酸**があり，同様の成長促進作用のある物質は**オーキシン**と総称される。

多くの植物は，発芽・開花・結実などの時期が一定している。これには，日照時間が大きく影響している（**光周性**）。夜が長くなる夏から秋に開花する植物は**短日植物**，日が長くなる春から夏に開花する植物は**長日植物**とよばれる。開花時期が定まらないものは**中性植物**とよばれ，栽培植物に多い。

光周性を示す植物は，明期ではなく暗期の長さを感知しており，短日植物は一定以上の暗期が連続的に与えられると花芽形成（開花）し，長日植物は一定以上の暗期が連続的に与えられると花芽形成しないという性質がある。こうした花芽形成に最低限必要な連続的暗期は**限界暗期**とよばれる。暗期の途中で光を照射すると（**光中断**）植物の花芽形成に影響が出る。この特徴を利用し，人為的に限界暗期を長くすることを**短日処理**，短くすることを**長日処理**という。また，温度も花芽形成に影響を与える。種子や植物体に低温を与えることで発芽形成を促すことを**春化処理**という。

解法のポイント

(1) 屈性の種類

光屈性	光による刺激。茎や葉は＋の屈性（向日性），根は－の屈性（背日性）
重力屈性	重力による刺激。茎や葉は－の屈性（背地性），根は＋の屈性（向地性）
水分屈性	根が水のある方向に伸びる＋の屈性
化学屈性	根の肥料に対する屈性。花粉管の胚珠の分泌物に対する屈性
接触屈性	接触による刺激。つるや巻きひげの接触した方向に曲がる性質

(2) 植物ホルモンの種類と特徴

オーキシン	濃度の高低により細胞に対して成長の促進・抑制の作用を与え，器官によって濃度の感受性は異なる。オーキシンは，芽の先端や葉の中で形成され，重力や光の影響によって各部位に移動する。また，茎の先端の頂芽の成長が盛んである場合に側芽の成長が抑制されるような現象は，**頂芽優勢**とよばれる。高濃度のオーキシンを茎の切り口に与えると，当該部位の細胞分裂が促進され，**不定根（側根）**が形成される。
ジベレリン	一般の半分以下で発育停止となった植物（**わい性植物**）の成長促進作用がある。種子や発芽の休眠状態を打破する（アブシジン酸と拮抗的） 受粉なしに子房を発達させる**単為結果作用**を有する（種なしブドウ）
サイトカイニン	酢酸と類似構造を有する細胞分裂促進物質**カイネチン**と同様の作用のある物質の総称。器官の分化に作用する細胞分裂の促進のほか，細胞老化の抑制効果に優れる。また気孔の開度を増大させる（アブシジン酸と拮抗的）。
エチレン	植物ホルモンのうち，ただひとつ**気体**の物質である。 成熟した果実から放出され，周りの未熟な果実の成熟を早めるなどの成熟促進効果があるが，リンゴ箱の腐ったリンゴのように，傷んだ果実が周りの果実の老化を早めるのもこの物質である。離層の形成や落葉・落果の促進作用もある。
アブシジン酸	落葉や芽の休眠打破を遅らせ，種子の発芽を抑制させる**休眠促進効果**（ジベレリンと拮抗的）。落葉樹は冬や乾季を越すために葉を落とし，茎や発芽の成長点を休眠芽とするが，この休眠芽の休眠打破を抑制する効果を指す。 離層の形成と器官脱落を促進させる。 気孔の開度を減少させる（サイトカイニンと拮抗的）。
花成ホルモン（フロリゲン）	葉で感じた光の刺激を花のできる芽の先端まで伝えるホルモンであり，花芽形成を促進させる効果をもつ。花芽を作る物質を総称して**フロリゲン**とよぶ。

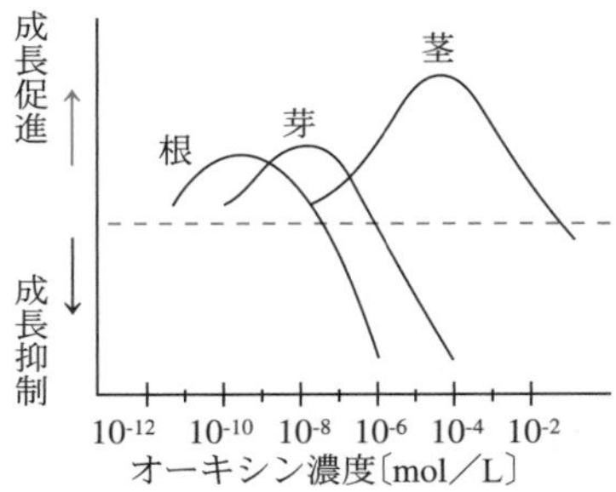

(3) 植物ホルモンの特徴比較

	発芽	分化	成長	開花	結実	落葉・落果	休眠
オーキシン		○	○		○	×	
ジベレリン	○		○		○		×
サイトカイニン		○	☆			○	○
エチレン			×		○		
アブシジン酸	×		×				
フロリゲン				○			

表中の○は促進的に作用，×は抑制的に作用，空欄は作用せず，☆は細胞分裂を促進する作用

(4) 短日植物と長日植物

	植物名	限界日長時間 (h)	説明
短日植物	オナモミ ダイズ コスモス キク	15.0 ～ 15.5 14 ～ 16 12 ～ 13 14 ～ 14.4	短日植物は，日長が左記の値を下回ると花芽形成を行う。
長日植物	ダイコン ヒヨス ホウレンソウ ムクゲ	10 ～ 11 10 ～ 11 13 ～ 14 12 ～ 13	長日植物は，日長時間が左記の値を上回ると花芽形成を行う。

(5) 光中断と限界暗期

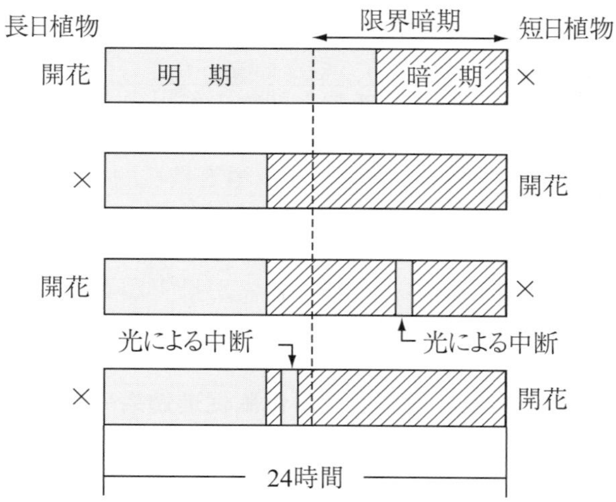

演習問題

No.1

（解答▸P.18）

植物の成長を促進するオーキシンについては，次のようなことが知られている。

ア　子葉鞘（しょう）などの成長点を含む茎の先端や若い葉で形成されて下降し，下部組織の成長を促進する。
イ　光によって分解されやすく，結果的に光の当たらない側に多く分布する。
ウ　水溶性で寒天のようなものは透過するが，雲母（うんも）片のように水を通さないものでは，その移行が妨げられる。

以上を前提とした場合，(A)～(D)の実験をすると子葉鞘はどのようになるか。

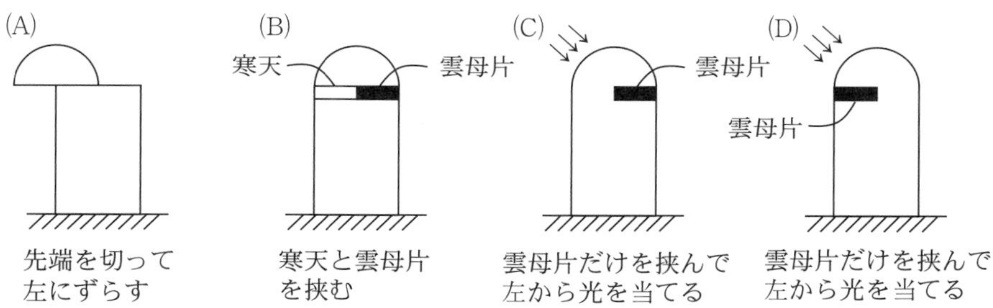

	(A)	(B)	(C)	(D)
①	左へ曲がって伸びる	左へ曲がって伸びる	左へ曲がって伸びる	右へ曲がって伸びる
②	右へ曲がって伸びる	右へ曲がって伸びる	右へ曲がって伸びる	ほとんど成長しない
③	左へ曲がって伸びる	成長しない	左へ曲がって伸びる	左へ曲がって伸びる
④	右へ曲がって伸びる	右へ曲がって伸びる	ほとんど成長しない	左へ曲がって伸びる
⑤	成長しない	右へ曲がって伸びる	右へ曲がって伸びる	左へ曲がって伸びる

No.2

（解答▶P.18）

オーキシンに関する記述として正しいものは，次のうちどれか。

① 植物の根で作られる水溶性物質で，水分の吸収とともに，茎・枝へと移動する。
② 光の当たる方向へ移動する性質があり，このため芽や茎に光を当てると，光の方向へ屈曲する。
③ 植物の成長に与える作用は，植物の部位により異なるが，一般に高濃度では成長を促進し，低濃度では成長を阻害する。
④ 休眠中の種子の発芽など，速い成長を行う部分で，その成長を促進する特性がある。
⑤ 植物の成長を促進または抑制させるはたらきがあり，頂芽の成長が促進されるときは，側芽の成長は抑制される。

No.3

（解答▶P.19）

植物ホルモンに関する記述のうち正しいものはどれか。

① 植物の成長を調整する植物ホルモンはオーキシンを初め各種あるが，基本的にヒトのホルモンと化学構造は同じものだと考えてよい。
② オーキシンは植物の成長を促進させ，光の方向に集まる性質があるため，茎は光の反対側に曲がる。
③ 植物の幼葉鞘の先端を切りとっても光を当てると光の方向へ屈曲する。
④ 青いまだ熟成していないバナナを常温でおいておくと，日数がたつにつれて色づいてきて，食べごろに変化してくるが，これは果実に含まれるエチレンという植物ホルモンのはたらきによる。
⑤ 一定濃度のオーキシンは植物全体の組織を促進させるはたらきをもつ。

No.4

（解答 ▸ P.19）

植物の運動には，A：屈性　B：傾性　C：膨圧運動　D：走性などがあるが，次に示す各植物の運動はA～Dのどれに当たるか。その組合せで間違っているものはどれか。

① マツバギクの開閉運動 ―――― B：傾性
② オジギソウの葉の就眠運動 ―――― C：膨圧運動
③ ブドウの巻きひげの運動 ―――― A：屈性
④ 気孔の開閉運動 ―――― B：傾性
⑤ コケやシダの精子の運動 ―――― D：走性

No.5

（解答 ▸ P.19）

次の文は植物の花芽形成に関する記述である。間違っているものはどれか。

① 花芽の分化には，明期と暗期があるが，明期の長さが花芽形成には重要である。
② 花芽の分化には，明期と暗期の長短が影響する光周性という性質がある。
③ 短日植物の代表的な植物としてキクがある。
④ 秋まきコムギの発芽種子を，0～10℃の冷蔵庫に数十日間入れておき，これを春にまくと，開花して結実する。このような方法を春化処理という。
⑤ 一般に花芽形成に働く花成ホルモンをフロリゲンといい，葉の中で合成される。

第3章 同化と異化

生物が外部環境から物質を取り入れ，細胞内で合成・分解により，様々な化学反応が起こっている。この化学反応を**代謝**という。このうち，合成される物質にエネルギーが吸収され有用な物質につくりかえる過程を**同化**，物質からエネルギーが放出（分解）される過程を**異化**とよぶ。

同化には，大きく**炭酸同化**と**窒素同化**がある。空気中にある無機物である二酸化炭素と水から養分を得る**光合成**は，炭酸同化の典型といえるが，化学合成によって炭酸同化を行う細菌もいる。窒素同化は，無機物の窒素化合物を生物が利用できるアミノ酸の**有機窒素化合物**にする作用のことであり，生物の活動に必須とされるタンパク質やATPなどが作られる。

異化とは，組織・細胞内で複雑な物質（**グルコース（ブドウ糖）**など有機化合物）を水・二酸化炭素など単純な物質に分解する反応のことを指す。物質に含まれるエネルギーを放出して反応が進行する発エネルギー反応を伴い，**呼吸**がその典型例といえる。呼吸は，呼吸器（植物は気孔を用いる）を用いて外界との間でガス交換を行う**外呼吸**と，細胞内での分解を通じてエネルギーを得る内呼吸に分けられる。**内呼吸**には，酸素を使う**呼吸（好気呼吸）**と酸素が必要でない**発酵（無気呼吸）**とがある。

解法のポイント

(1) 光合成の化学反応式

$6\,CO_2$（二酸化炭素）$+\ 12\,H_2O$（水）$+$ 約32ATP（光エネルギー）
$\rightarrow\ C_6H_{12}O_6$（グルコース）$+\ 6\,O_2$（酸素）$+\ 6\,H_2O$

光合成は，光を利用するチラコイドでの反応と光を利用しないストロマでの反応の二つから成る。

チラコイドでの反応	ストロマでの反応
光のエネルギーにより，水が分解され，酸素とNADPHおよびATPが生成される過程。	二酸化炭素とチラコイドでの反応からのエネルギーでグルコースと水を生成する。
$12H_2O + 12NADP^+$（補酵素）+光エネルギー $\rightarrow 12NADPH + 12H^+ + 6O_2 + 18ATP$	$12NADPH + 12H^+ + 6CO_2 + 18ATP \rightarrow C_6H_{12}O_6 + 6\,H_2O + 12NADP^+ + 18ADP$
葉緑体内のチラコイドで行われ，光を必要とする。光が当たるとクロロフィルaが活性化され，水を分解する。このとき発生する酸素は分子状態で排出され，H^+はNADPHとATPを合成する反応が起こる。	葉緑体内のストロマで行われ，光を必要としない。ATPのエネルギーを利用して二酸化炭素からグルコースを合成する。

(2) 葉緑体の構造

光合成を行う場である葉緑体は，種子植物の葉肉と孔辺細胞に存在する。図のような構造を示しており，**チラコイド**や**ストロマ**がある。チラコイドには光合成色素である**クロロフィル**などが含まれ光エネルギーを吸収するはたらきをしている。他方のストロマには色素が含まれず多くの酵素が溶け込んでいる。

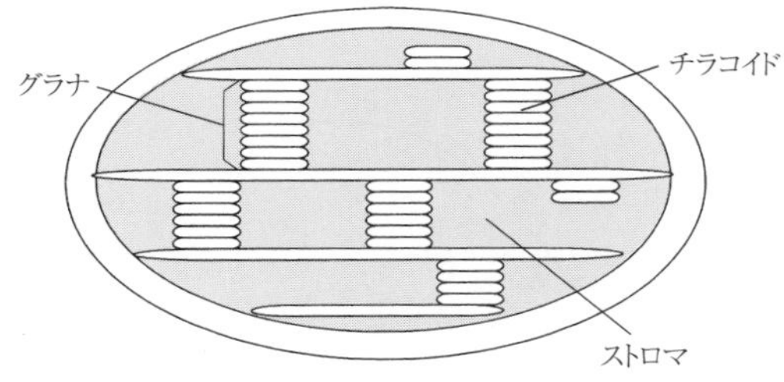

(3) 光合成で利用される光

光合成で利用される光の波長は，波長の長い赤色と短い青紫色である。光合成にかかわる色素はクロロフィルａが主体だが，黄緑色のクロロフィルｂや黄赤色のカロテン，黄～褐色のキサントフィルなどが補助色素として吸収したエネルギーをクロロフィルａに渡すはたらきをする。

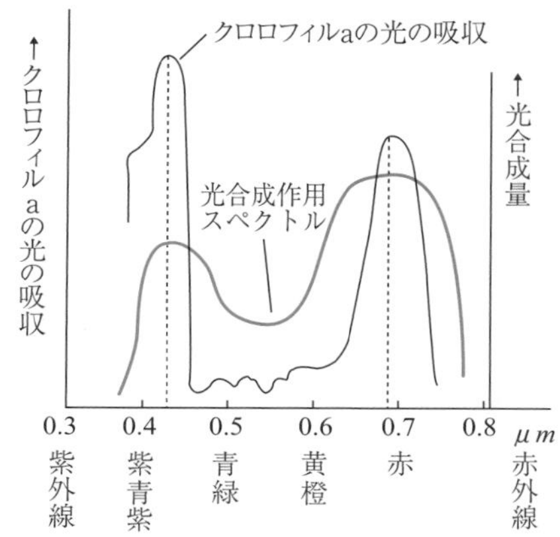

(4) 光補償点と光飽和点

光合成は，光の強さ・CO_2濃度・温度の３条件の影響を受ける。CO_2濃度と温度を一定とした場合，光合成速度（量）は光の強さにより右グラフのように変化する。**光補償点**とは光合成で使われるCO_2と呼吸で排出されるCO_2が同量になっている光の強さのことである。**光飽和点**とは，これ以上光を強くしても光合成速度（量）が変わらない光の強さである。

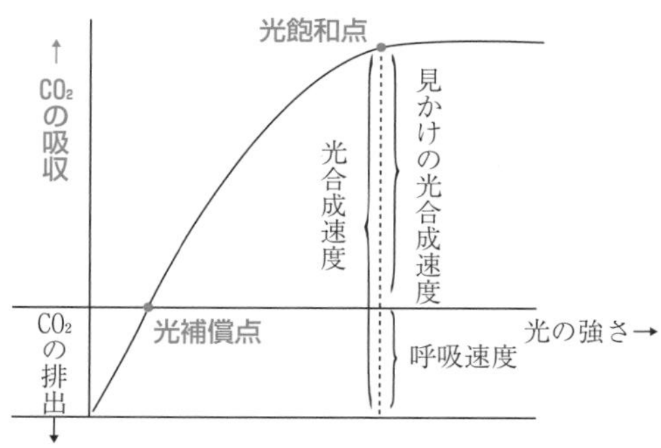

(5) CO_2 濃度と温度

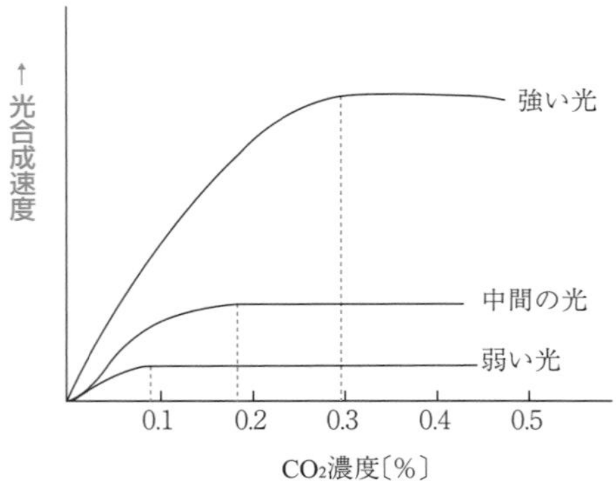

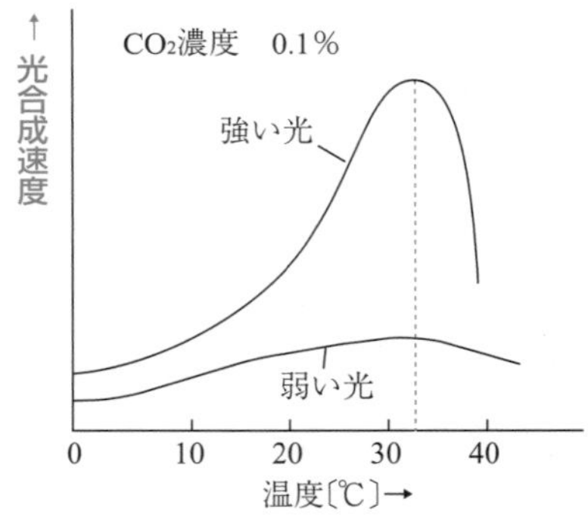

CO_2 濃度と光合成量は，上記グラフに見られるように，濃度が高い場合に光合成量も増加する。また，弱い光の下では早く飽和点に達してしまう。大部分の植物では，30 ～ 35℃のとき，光合成量が最大となる。また，強い光の下のほうが，変化量が大きい。

(6) 化学合成

炭素同化には，光合成以外にも細菌の化学合成がある。細菌の中には，無機物を酸化したとき発生する化学エネルギーを用いて ATP を生成し，その ATP で炭水化物を合成する生物がいる。クロロフィルをもたない特殊な独立栄養細菌であり，**化学合成細菌**と総称される。それらの生物の中には，深海や土壌中のように太陽光のない生態系を形成しているものもいる。下表にある代表的な細菌以外にも，**水素酸化細菌**，**一酸化炭素細菌**などもその一種である。

細菌名		エネルギーを発生させる反応	生息場所
硝化菌	亜硝酸菌	$2NH_4^+ + 3O_2 \rightarrow 2NO_2^- + 4H^+ + 2H_2O$ ＋化学エネルギー	土壌中
	硝酸菌	$2NO_2^- + O_2 \rightarrow 2NO_3^-$ ＋化学エネルギー	
硫黄細菌		$2H_2S + O_2 \rightarrow 2H_2O + 2S$ ＋化学エネルギー	硫黄温泉
鉄細菌		$4FeCO_3 + O_2 + 6H_2O \rightarrow 4Fe(OH)_3 + 4CO_2$ ＋化学エネルギー	池や沼

(7) 窒素同化の仕組み

ほとんどの生物にとって必要なタンパク質や ATP，核酸などは，窒素を含む化合物である。この窒素を**アンモニウムイオン**や**硝酸イオン**のような無機物の窒素化合物から，生物が利用できるアミノ酸の有機窒素化合物にするのが窒素同化である。植物は根から肥料としてこのアンモニウムイオンや硝酸イオンを吸収し，主に葉の中でアミノ酸の合成を行っている。

NO_3^-（硝酸イオン）→ NO_2^- → NH_4^+（アンモニウムイオン）
→ グルタミン酸 → アミノ酸 → タンパク質

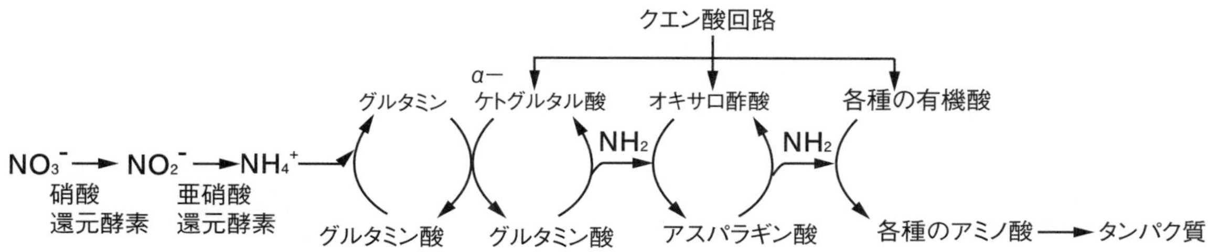

(8) **硝化細菌**

動植物の死体や排出物の腐敗により生じたアンモニウム塩は，土壌中の硝化細菌によって硝酸塩となる。その多くは硝化細菌によって作られた硝酸塩の形で植物に吸収される。

(9) **窒素固定**

細菌の中には，空気中の窒素をアンモニウム塩に変えることのできるものがある。豆科植物根菌の**根菌**や**アゾトバクター**などは，空気中に大量に含まれる窒素を肥料の形に変えることができる。

(10) **外呼吸の呼吸器**

皮膚呼吸	特別な呼吸器官はなく，皮膚や体表を通じて空気中・水中から酸素を取り入れ，二酸化炭素を体外に放出する。原生動物（アメーバ）・海綿動物（カイメン）・腔腸動物（クラゲ）・へん形動物（ジストマ）・線形動物（カイチュウ）・環形動物（ミミズ，ゴカイは環形動物だがえら呼吸）。また，カエル・イモリなどの両生類は皮膚粘膜を通してもガス交換を行う。
えら呼吸	えらを通過する水から直接酸素を取り入れ，二酸化炭素を直接水中に溶け出させる。水中生活するものは，ほとんどがえら呼吸であるが，イルカ，クジラなどのほ乳類は肺呼吸である。
気管呼吸	陸上生活をする節足動物の呼吸方法で，昆虫・多足類は気門からガス交換を，クモ形類は書肺でガス交換を行う。
肺呼吸	陸上生活をする脊椎動物が行う。カエル・イモリなどの両生類は幼生のときにえら呼吸を行うが，変態後は肺と皮膚で呼吸する。

(11) **酸素と二酸化炭素の運搬**

酸素	酸素は，赤血球中のヘモグロビンと結合して酸素ヘモグロビンとなり，体内各部に運ばれる。 **ヘモグロビンと酸素の関係** Hb(ヘモグロビン) ＋ O_2 ⇄ HbO_2 （→ 酸素分圧の高いところ（肺胞）／ ← 酸素分圧の低いところ（組織））
二酸化炭素	内呼吸で生じた二酸化炭素は，主に血しょうによって肺に運ばれる。

(12) **酸素と二酸化炭素の交換**

動物	血管	呼吸	酸素の運搬	二酸化炭素の運搬
原生動物	なし	皮膚	細胞質内を拡散	細胞質内を拡散
カイメン・クラゲ・ギョウチュウなど			体液に溶けて運搬	体液に溶けて運搬
貝類・エビ・カニなど	開放血管	えら呼吸	血漿中のヘモシアニンにより運搬	血漿に溶けて運搬
昆虫類・多足類・クモ類		気管呼吸	気管から直接組織細胞へ運搬	組織細胞から気管へ出される
ミミズ・ゴカイなど	閉鎖血管	えら呼吸	血漿中のヘモグロビンにより運搬	血漿に溶けて運搬
脊椎動物		肺呼吸	赤血球のヘモグロビンによって運搬	血漿に溶けて運搬

ヘモシアニンは含有金属が銅で色は青
ヘモグロビンは含有金属が鉄で色は赤

(13) **呼吸の構造**

細胞質基質とミトコンドリアで行われ，グルコースが基質として使われる。各種の化学変化を受けて二酸化炭素と水になり，エネルギーを発生する。化学反応式では，次のように表される。

$C_6H_{12}O_6 + 6H_2O + 6O_2 \rightarrow 6CO_2 + 12H_2O$ ＋約 32ATP

この反応は，３つの段階に分けられる。

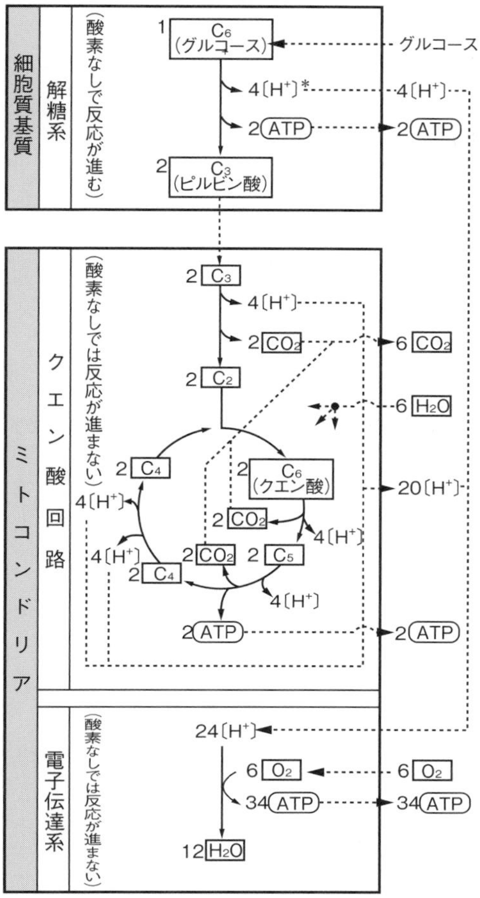

●第一段階：解糖系

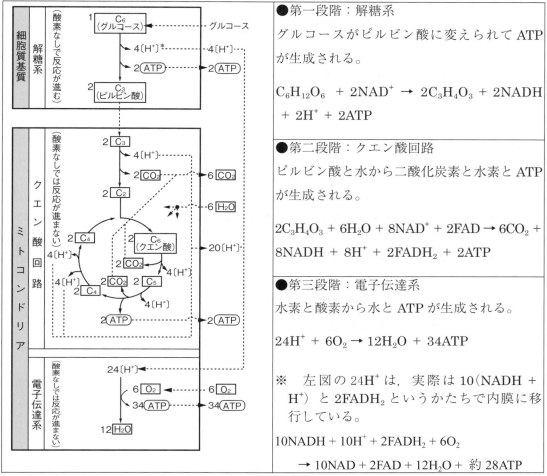

グルコースがピルビン酸に変えられてATPが生成される。

$C_6H_{12}O_6 + 2NAD^+ \rightarrow 2C_3H_4O_3 + 2NADH + 2H^+ + 2ATP$

●第二段階：クエン酸回路

ピルビン酸と水から二酸化炭素と水素とATPが生成される。

$2C_3H_4O_3 + 6H_2O + 8NAD^+ + 2FAD \rightarrow 6CO_2 + 8NADH + 8H^+ + 2FADH_2 + 2ATP$

●第三段階：電子伝達系

水素と酸素から水とATPが生成される。

$24H^+ + 6O_2 \rightarrow 12H_2O + 34ATP$

※　左図の$24H^+$は，実際は10（$NADH + H^+$）と$2FADH_2$というかたちで内膜に移行している。

$10NADH + 10H^+ + 2FADH_2 + 6O_2$

$\rightarrow 10NAD + 2FAD + 12H_2O +$ 約 28ATP

（学研『田部真哉の生物　生物ＩＢ合格48講』（改）より作成）

↓↓↓（全体としての呼吸の反応式）

$C_6H_{12}O_6 + 6H_2O + 6O_2 \rightarrow 6CO_2 + 12H_2O +$ 約 32ATP

このように大きく３つの反応から内呼吸は構成され，グルコース１分子と水と酸素６分子ずつから，二酸化炭素６分子と水12分子，約32ATPができる。

(14) 呼吸商

呼吸において，消費する酸素と発生する二酸化炭素の容積（モル）比は，呼吸基質の違いによって異なる。酸素呼吸によって排出されたCO_2の容積を，吸収されたO_2の容積で割った値を呼吸商という。

$$呼吸商 = \frac{CO_2 の容積}{O_2 の容積}$$（炭水化物≒１，脂肪≒0.7，タンパク質≒0.8）

(15) **発酵**

発酵は，酸素のない条件下で有機物を分解し，ATP を合成する。

・アルコール発酵

酵母菌によってグルコースがエタノールと二酸化炭素になる。

$C_6H_{12}O_6$ → $2C_2H_5OH$（エタノール） $+ 2CO_2 + 2ATP$

・乳酸発酵

乳酸菌がグルコースを分解して乳酸を作る。

$C_6H_{12}O_6$ → $2C_3H_6O_3$（乳酸） + 2ATP

・解糖

乳酸発酵と同じ反応であるが，筋肉内でグルコースが分解されて乳酸ができるまでの反応を指す。

$C_6H_{12}O_6 \rightarrow 2C_3H_6O_3 + 2ATP$

・酢酸発酵

酢酸菌が酸素を使ってエタノールを酸化し，酢酸と水を作る。

$C_2H_5OH + O_2$ → CH_3COOH（酢酸）$+ H_2O$

演習問題

No.1

（解答 ▸ P.19）

光合成の説明としての記述で誤りはどれか。

① 炭酸同化に光エネルギーを用いる場合を光合成という。
② 光合成は細胞の中の葉緑体で行われる。
③ クロロフィルはチラコイドに含まれている。
④ 光合成に必要なものは，光エネルギー，二酸化炭素，水である。
⑤ ストロマは光エネルギーを吸収するはたらきをしている。

No.2

（解答 ▸ P.19）

光合成に関する次の文の下線部ア～エのうち，正しいものだけを組合せているものはどれか。

植物は光合成を行う。日中は二酸化炭素を気孔から吸収し，ア夜は気孔から酸素を放出している。また，光合成に利用する光は，イ緑色の光を利用しているので，葉は緑色をしているのである。光合成色素は葉緑体中のウチラコイド中に含まれるクロロフィルが中心としてはたらいて作る。次のグラフは，光―光合成曲線である。エAでは，光の強さが反応の速度を決めるが，Bのときは温度が反応の速度を決める。

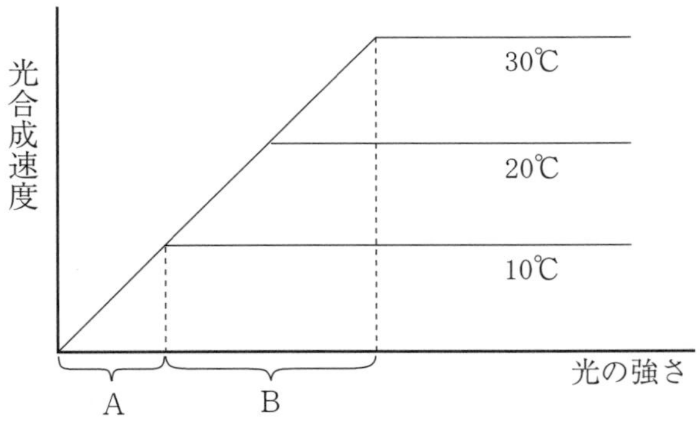

① ア・イ　② ア・ウ　③ イ・エ
④ イ・ウ　⑤ ウ・エ

No.3

（解答 ▸ P.19）

次に記述している文は，光合成のしくみについて述べたものである。正しいものはどれか。

① 葉緑体のストロマでは，いろいろな同化色素による光エネルギーの吸収が行われ，最終的にはクロロフィルに伝達される。

② クロロフィルに伝達された光エネルギーはATPに変えられ，水を水素と酸素に分解する。

③ ATPおよび水素は，気孔を通して外界より吸収した二酸化炭素と反応させグルコースが合成される。この反応はチラコイドで行われる。

④ 葉緑体で光エネルギーが吸収される過程は，光の強さによって反応速度が支配されるが，光の強さが一定以上になると，反応速度を一定化する。これを補償点という。

⑤ 光合成反応は，光の強さが十分であれば，温度，二酸化炭素濃度の影響はあまり受けない。

No.4

（解答 ▸ P.19）

次の空欄に入る語として妥当なものの組合せはどれか。

光合成には，（　ア　）の影響を受けるチラコイドでの反応と，（　イ　）や（　ウ　）に影響されるストロマでの反応がある。チコライドでの反応は（　エ　）を必要として（　オ　）が分解される。ストロマでの反応は（　エ　）を必要とせず,（　カ　）が（　キ　）反応の主体となった複雑な反応である。

A　光　　B　CO_2　　C　酵素　　D　水　　E　温度　　F　CO_2濃度

	ア	イ	ウ	エ	オ	カ	キ
①	E	F	A	A	D	B	A
②	F	A	E	D	B	C	A
③	A	F	E	A	B	D	C
④	A	F	E	A	D	B	C
⑤	A	C	D	C	B	D	A

No.5

(解答▸P.19)

右図は，葉緑体の断面の模式図である。Aの液体部分・Bの袋状の構造・Bが多数重なりあっているCの部分は，それぞれ何とよばれるか。正しい組合せのものを選べ。

	A	B	C
①	ストロマ	グラナ	チラコイド
②	チラコイド	ストロマ	グラナ
③	ストロマ	チラコイド	グラナ
④	チラコイド	グラナ	ストロマ
⑤	グラナ	チラコイド	ストロマ

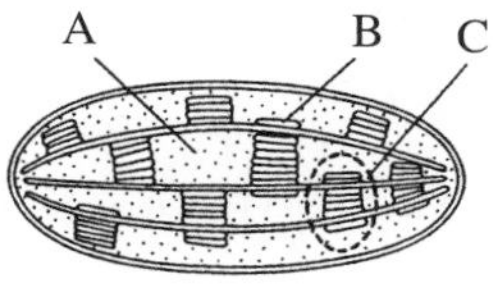

No.6

(解答▸P.19)

次の図は，いろいろな生物の呼吸に見られる物質変化の過程を示したものである。

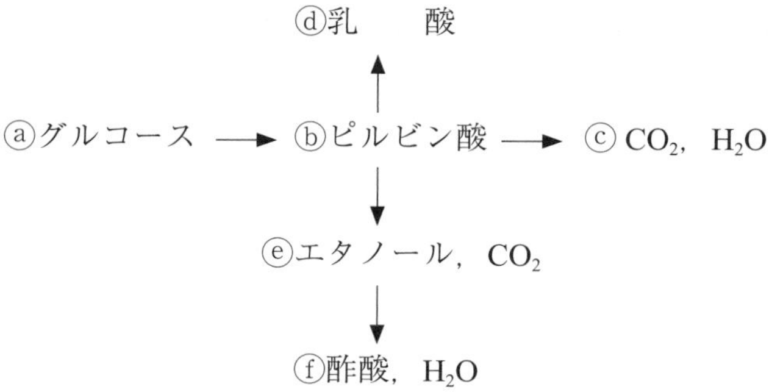

(A)　呼吸はどんな変化か，次のうち正しいものを選べ。

①　ⓐ→ⓑ→ⓓ　　②　ⓐ→ⓑ→ⓒ　　③　ⓐ→ⓑ→ⓔ

④　ⓑ→ⓔ→ⓕ　　⑤　ⓐ→ⓑ

(B)　アルコール発酵はどんな変化か，次のうち正しいものを選べ。

①　ⓐ→ⓑ→ⓓ　　②　ⓐ→ⓑ→ⓒ　　③　ⓐ→ⓑ→ⓔ

④　ⓑ→ⓔ→ⓕ　　⑤　ⓐ→ⓑ

No.7

（解答 ▸ P.19）

呼吸に関しての，次の各記述①～⑤で間違っているものはどれか。

① 呼吸には，外呼吸と内呼吸があり，外呼吸は呼吸器でガス変換を行う。また内呼吸は細胞呼吸でミトコンドリアで行う。

② 呼吸の全過程においては，１分子のグルコースから 38 分子の ATP が生成される。

③ 呼吸と発酵の ATP 生成は１：１であり，エネルギー効率に大差はない。

④ 発酵には解糖，発酵，腐敗がある。

⑤ 呼吸の本質は，生命活動に必要なエネルギーを取り出すことにある。したがって，呼吸の本質は外呼吸ではなく，内呼吸にある。

No.8

（解答 ▸ P.20）

次の各動物の成体の呼吸器との組合せで，間違っているものはどれか。

① クモ ―――――― 書肺

② カエル ――――― 肺

③ タコ ―――――― えら

④ クラゲ ――――― 皮膚

⑤ サンショウウオ ―― えら

No.9

（解答 ▸ P.20）

果実をつぶし三角フラスコに入れ空気が入らないようにして，約 30℃で数日間放置すると果実の表面に付着していた野生酵母菌のはたらきで生じるものは，次のどれか。

① C_2H_5OH と O_2

② C_2H_5OH と H_2O

③ C_2H_5OH と CO_2

④ CH_3COOH と H_2O

⑤ CH_3COOH と CO_2

No.10

（解答 ▸ P.20）

生物におけるエネルギーの利用について説明した次の記述で，正しいものはどれか。

① ホタル・ホタルイカ・夜光虫など自ら発光するものがあるが，この場合電灯などと違って体内で作られたエネルギーのほとんどが光エネルギーに変わるから，冷光とよばれている。

② 筋肉が収縮・運動するのは，筋肉に刺激が与えられると，筋原繊維の周りの神経に生じた電気エネルギーが筋肉に伝わり，機械エネルギーに変えられるからである。

③ 動物では呼吸によってATPの大部分は熱エネルギーに変わるが，植物の呼吸では熱の発生は伴わない。

④ 生物は，わずかのエネルギーの刺激にも反応して，大きなエネルギーを外部に及ぼすことができる。これはエネルギー保存の法則にしたがわない現象である。

⑤ 草食動物は，肉食動物に比べ，呼吸商の値が小さい。

No.11

（解答 ▸ P.20）

生物は外部から物質を取り入れ有機物を合成している。この有機物を分解することによって生命活動を行うエネルギーを作り出している。下図は生物の細胞内においてエネルギーが取り出される過程を示したものである。

これに関しての次の記述のうち，正しいものはどれか。

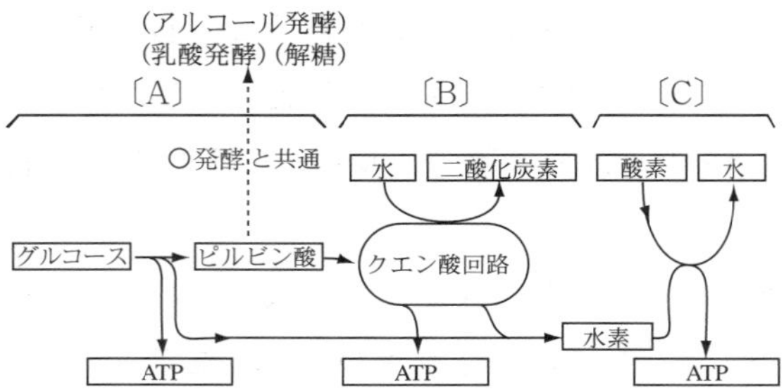

① 〔A〕の反応は，広い意味では，生物が無機的に糖類を分解する現象である。図で見ると，グルコースがピルビン酸に分解する過程である。この反応は解糖系とよばれ，〔A〕〔B〕〔C〕の各反応の中で最大の ATP を生成する。

② 〔A〕の反応は，各細胞のミトコンドリアで行われている。

③ 〔B〕はクエン酸回路とよばれ多くの ATP を作り出す。

④ 〔B〕と〔C〕の反応は細胞内の細胞質基質で行われている。

⑤ 〔C〕の反応は，電子伝達系とよばれ，ミトコンドリアで電子伝達系酵素群のはたらきによって起こる。〔A〕〔B〕で生じた水素は，ここで多量の ATP を生成する。

No.12 （解答 ▸ P.20）

呼吸に関する次の文の空欄A～Dに当てはまる語句の組合せとして，妥当なものはどれか。

生物の細胞呼吸には，呼吸と発酵がある。呼吸の最初の段階は，細胞質基質で行われる反応で，酸素は（　A　）であり，（　B　）がわずかに作られ，次の段階は，（　C　）で行われる反応であり，多くの（　B　）が作られる。

発酵は，ヒトが筋肉運動を続けて酸素が不足したときに，筋肉の細胞で行われる。これは，グルコースを（　D　）に分解して，エネルギーを得ているからであり，筋肉の細胞中にたまった（　D　）が疲労を感じさせる。

	A	B	C	D
①	必要	ADP	ミトコンドリア	酪酸
②	必要	ATP	核	乳酸
③	不要	ADP	核	乳酸
④	不要	ATP	ミトコンドリア	乳酸
⑤	不要	ATP	核	酪酸

第4章 動物の恒常性と調節

生物は，体外環境や体内の変化にかかわらず自身の体内環境を一定に保つために，**恒常性（ホメオスタシス）**というしくみをもっている。恒常性では，**体液**の状態を一定に保ち，その体液をあらゆる細胞へと循環させることが重要である。体液は血液・組織液・リンパ液に分けられ，腎臓，肝臓，循環器などの器官がこれらを循環や供給させる役割，そしてこれらの器官が正常にはたらくための調節を自律神経系や内分泌系が担っている。また，細菌や病原体を排除する防衛機構である免疫も重要な枠割を果たしている。

大量の血液が出入している**肝臓**は，グリコーゲンなどの栄養素の貯蔵やタンパク質･尿素の合成，胆汁の生成などを行っており，**腎臓**は，血液を濾過して，老廃物や余分な水分を体外に**排出**するなどの機能を担っている。

内臓や皮膚・血液の広範囲に分布している**自律神経系**もまた，**交感神経**と**副交感神経**とが拮抗的に働くことで無意識・自律的にさまざまな臓器や器官のはたらきを調整している。

内分泌腺で作られる**ホルモン**も同じく，恒常性の維持に関与しており，生理機能を調整するはたらきを担っている。ヒトのホルモンは，**脳下垂体**や**甲状腺**，**副甲状腺**，**すい臓**，**副腎**，**精巣**，**卵巣**などの内分泌器官で生成され，ごく微量で即効的に強力なはたらきを示し，恒常性の維持に欠かせないものとなっている。そのほか，炭水化物→ブドウ糖，タンパク質→アミノ酸などの分解を行うことで食物を体内で利用できるようにする**消化**もこうした恒常性に含むことができる。

解法のポイント

(1) ヒトの血液の主成分とそのはたらき

	種類	形状・特徴	主なはたらき
有形成分（約45%）	赤血球	ほ乳類では無核円盤状。骨髄で作られ，肝臓と脾臓で壊される。	呼吸色素へモグロビンを含み，酸素の運搬を行う。
	白血球	骨髄で作られ，リンパ節や脾臓でも増える。	体内に侵入した細菌などを食べる（食作用）。
	血小板	無色の細胞片で，骨髄で作られる。	血液を凝固させるはたらきがある。
液体成分（約55%）	血しょう	血液の約55%を占める液体。	細胞成分，養分，ホルモン，老廃物等を運搬する。

(2) 血液の循環

ヒトの血液循環は，肺循環と体循環に区分できる。

肺循環	肺への血液の循環 **右心室 → 肺動脈（静脈血）→ 肺 → 肺静脈（動脈血）→ 左心房**
体循環	肺以外の体の各部への循環 **左心室 → 大動脈（動脈血）→ 全身 → 大静脈（静脈血）→ 右心房**

(3) リンパ液（リンパ）の成分とはたらき

	成分	大きさ	生成場所	性質	はたらき
有形成分	リンパ球	8から12 μm	骨髄・脾臓・リンパ節	白血球の一種	抗体の生成 食ウイルス
液体成分	リンパしょう	血しょうのしみ出たもの。場所により脂肪を含んでいる			物質の運搬 内部環境の形成

リンパ液は，毛細血管からしみ出た血しょう成分で，有形成分としてリンパ球を含み，主として次の４つのはたらきがある。

① 組織細胞における内部環境の整備

…体温を一定に保ち，必要なイオンやpHなども一定に保つ。

② 免疫機能の担当

…はしかなどの病気は，一度かかると再びその病気にはかかりにくくなる。このような現象を**免疫**という。抗生物質は細菌による病気に対する治療物質だが，**ワクチン療法**は免疫を利用した療法でウイルスに効果がある。これは，体外から進入してきた**抗原**（病原菌・ウイルス・毒素など）をリンパ球が感じとり，感じとった抗原だけに反応する物質を血液中に出し，その抗原を破壊して病気を免れる機能である。この特定の抗原だけに反応する物質を**抗体**という。また，このように抗原に特定の抗体が結びつく作用を**抗原抗体反応**という。

③ 血液と細胞間の物質交換の仲介

…血液から酸素・栄養分を細胞に渡し，細胞から二酸化炭素・アンモニアなどの老廃物を受け取って血液に渡す。

④ 脂肪の運搬

…消化された栄養分のうち，脂肪は脂肪酸とモノグリセリドに分解される。この脂肪酸とモノグリセリドを脂肪粒に変えて運搬する。

(4) 血液型と血液の凝集

種類の違う動物の血液を混合すると赤血球が集まり，小さな塊になる。ヒトでは異種の赤血球に対する抗体が作られているので，A型のヒトの血液にB型やAB型のヒトの赤血球を触れさせると凝集する。これを**凝集反応**といい，赤血球表面の抗原に当たるものを**凝集原**，血清の中にある抗体に当たるものを**凝集素**という。

(5) 血液型の分類

ABO式血液型	ヒトの血液の凝集原にAとB，凝集素にαとβがある。Aとα，Bとβが作用しあうことによって赤血球の凝集がはじまる。
Rh式血液型	人の赤血球にはアカゲザルと共通の血液型抗原があるが，その抗原の有無によって分ける血液型で，抗原がある場合をRh^{+}，ない場合をRh^{-}とする。日本人の99%以上はRh^{+}である。

ABO式血液型の凝集原と凝集素

血液型	A型	B型	AB型	O型
赤血球（凝集原）	A	B	A，B	なし
血清（凝集素）	β	α	なし	αとβ

ABO式血液型の判定

血液型	A型	B型	AB型	O型
A型血清（β）	−	＋	＋	−
B型血清（α）	＋	−	＋	−

注）＋：凝集する，−：凝集しない

(6) 肝臓の主なはたらき

グリコーゲンの貯蔵	グルコースをグリコーゲンに変えて蓄えたり，グリコーゲンを分解してグルコースとして血液中に戻すなどして，血液中のグルコース濃度（血糖値）を調整する。
タンパク質の合成	アルブミンなどの血漿の主成分であるタンパク質の合成を行い，余分なタンパク質は脂肪に変えて貯蔵器官に送る。
尿素の合成	タンパク質やアミノ酸の分解で生じるアンモニアは，ATPのエネルギーで二酸化炭素と結合して尿素となる。 オルニチン回路による尿素合成：$2NH_3+CO_2+H_2O \rightarrow CO(NH_2)_2+2H_2O$
解毒作用	血液中の有害成分を酸化・還元・分解などを通じ無毒化する。
胆汁の生成	胆汁酸と，古い血液を破壊して作られる胆汁色素が含まれる胆汁を作る。この胆汁は，いったん胆嚢（たんのう）に蓄えられる。
ビタミンの貯蔵	ビタミンAとビタミンDを貯蔵する。

(7) 腎臓の主なはたらき

腎臓は，窒素炭化物を血液からろ過し，尿の生成を通じて不要になった老廃物を体外に排出する。また，体液浸透圧の調整を行う機能も担う。

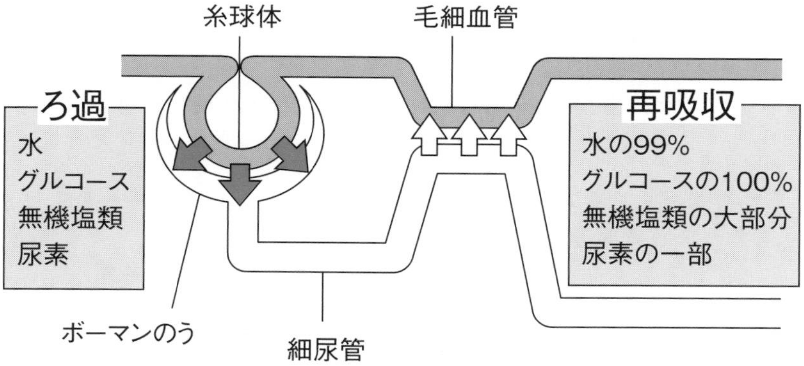

（学研『田部真哉の生物　生物ⅠB合格48講』（改）より作成）

(8) 交感神経と副交感神経

交感神経	副交感神経
脊髄の胸・腰髄から出ている。**ノルアドレナリン**が分泌され興奮状態を起こす。	中脳・仙髄と延髄から出ている。**アセチルコリン**が分泌され，静穏状態になる。

(9) 自律神経系の拮抗作用

器官	交感神経	副交感神経	器官	交感神経	副交感神経
目	瞳孔拡大	瞳孔縮小	肝臓	活動促進	活動抑制
涙腺	軽度の促進	著しく促進	すい臓	インスリンの分泌抑制	インスリンの分泌促進
唾液腺	濃い唾液を少量	薄い唾液を多量	副腎	アドレナリンの分泌促進	
心臓	拍動促進	拍動抑制	小腸・大腸	蠕（ぜんどう）動抑制	蠕動促進
肺	拡張	収縮	直腸	排便抑制	排便促進
胃	活動抑制	活動促進	ぼうこう	排尿抑制	排尿促進

(10) ホルモンの主な特徴

①	内分泌腺で作られ，直接体液（血液・リンパ）中に分泌される
②	ごく微量で強いはたらきをする
③	作用は即効的である
④	動物の種類が違っても化学構造が類似しており，同じようにはたらく
⑤	特定の組織や器官の細胞にだけはたらく
⑥	タンパク質系物質（タンパク質・ペプチド・アミノ酸）とステロイド系物質に分けられる

(11) **ヒトの内分泌腺**

ホルモンを生成する内分泌器官には，次に示すようなものがある。

脳下垂体・甲状腺・副甲状腺・すい臓（ランゲルハンス島）・副腎・精巣（男性）・卵巣・黄体ろ胞（女性）

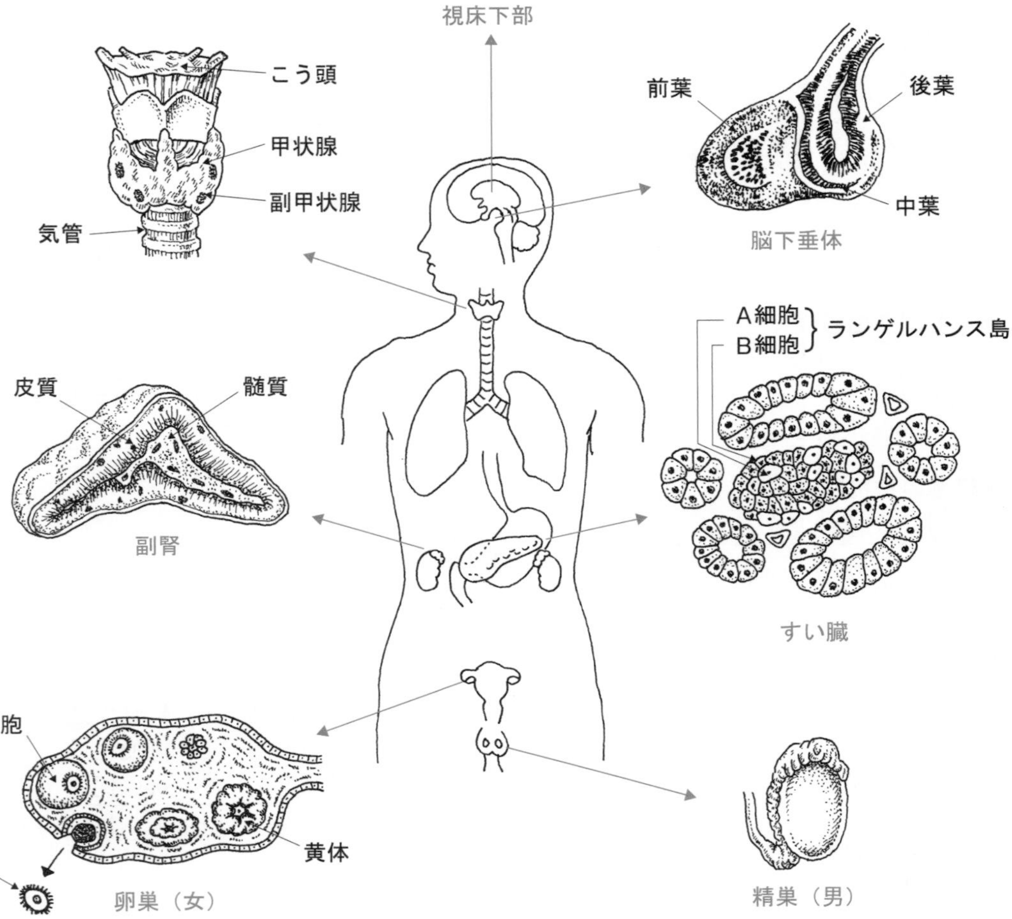

(12) ホルモンのはたらき

内分泌腺		ホルモン名	はたらき
脳下垂体	前葉	成長ホルモン	成長促進，タンパク質の合成，骨の発育促進
		甲状腺刺激ホルモン	チロキシンの分泌促進
		副腎皮質刺激ホルモン	糖質コルチコイドの分泌促進
		ろ胞刺激ホルモン	卵巣・精巣の発育促進
		黄体形成ホルモン	黄体の形成と排卵の誘起
		プロラクチン（黄体刺激ホルモン）	乳腺の発達，黄体ホルモンの分泌
	中葉	インテルメジン	メラニン色素の沈着
	後葉	子宮収縮ホルモン	出産時に子宮の収縮を促す
		バソプレシン	血圧の上昇，腎臓の集合管で水の再吸収促進
甲状腺		チロキシン	代謝の促進
副甲状腺		パラトルモン	血中 Ca^{2+} 濃度の上昇，骨からの Ca 溶出促進
副腎	髄質	アドレナリン	血糖値の上昇（グリコーゲンの分解）
	皮質	糖質コルチコイド	血糖値の上昇（タンパク質から糖を合成）
		鉱質コルチコイド	腎臓の細尿管で Na^{+} の再吸収と K^{+} の排出の促進
すい臓	A 細胞	グルカゴン	血糖値の上昇（グリコーゲンの分解）
	B 細胞	インスリン	血糖値の低下（グリコーゲンの合成）
生殖腺	精巣	雄性ホルモン	生殖器の発育促進
	卵巣	ろ胞ホルモン	生殖器・子宮の発育促進，排卵促進
		黄体ホルモン	排卵抑制，子宮収縮の抑制

(13) ホルモンと自律神経系の協調調節

実際の固体の生理作用では，内分泌系であるホルモンと自律神経系がお互いにはたらきかけあうことで固体の恒常性が維持されている。

血糖値の調整	高血糖時 **視床下部 → 副交感神経 → すい臓B細胞 → インスリン増加 → 血糖値減少** 低血糖時 **視床下部 → 交感神経 → 副腎髄質 → アドレナリン → 血糖値増加** ＊このほか，糖質コルチコイド，成長ホルモン，チロキシンなどのはたらきによっても血糖値が増加する
体温の調整	寒いとき **発熱量の増加 → 放熱量の減少 → 体温の低下を防ぐ** 暑いとき **発熱量の減少 → 放熱量の増加 → 体温の上昇を防ぐ**

(14) 消化液と酵素のはたらき

消化液	分泌腺	酵素	はたらき
唾液	唾液腺	アミラーゼ	デンプン → マルトース（麦芽糖）
胃液	胃腺	ペプシン	タンパク質 → ペプトン
すい液	すい臓	トリプシン	ペプトン → ポリペプチド
		ペプチターゼ	ポリペプチド → アミノ酸
		リパーゼ	脂肪 → 脂肪酸＋モノグリセリド
		すい液アミラーゼ	デンプン デキストリン } → マルトース
		マルターゼ	マルトース → グルコース
胆汁	胆のう	消化酵素なし	脂肪を乳化し，リパーゼの作用を助ける
腸液	腸腺	ペプチターゼ	ポリペプチド → アミノ酸
		マルターゼ	マルトース → グルコース
		スクラーゼ	スクロース（ショ糖） → グルコース＋フルクトース（果糖）
		ラクターゼ	ラクトース（乳糖） → グルコース＋ガラクトース

(15) 栄養の吸収

グルコース・アミノ酸	脂肪酸とモノグリセリド
小腸の柔突起から毛細血管に入り込み，肝門脈を通って**肝臓→心臓→全身**という経路で供給される。	小腸の柔突起内で再結合し，脂肪粒となり，毛細リンパ管に入り，**胸管→鎖骨下静脈→心臓→全身**へと移動する。

演習問題

No.1

（解答▸P.20）

ヒトの体では異物である抗原が侵入すると，これに対応する物質である抗体が生産される。この抗体と抗原による反応を抗原抗体反応という。次のうち，抗原抗体反応ではないものを選べ。

① スギ花粉などを吸い込むと，目が充血し，くしゃみ，鼻水などが出る。
② 予防接種では，殺したり毒性を弱めたりした病原菌や毒素であるワクチンを注射する。
③ 一度はしかにかかると，二度とはかからない。
④ ジフテリアや破傷風などの病気にかかったヒトには，血清療法が有効である。
⑤ 血管が破れて出血すると，傷口に血餅ができて血が止まる。

No.2

（解答▸P.20）

血液の体内における重要なはたらきについて述べてあるが，A～Dに入る語の組合せとして適当なものはどれか。

ヘモグロビンにより酸素を運搬したり，炭酸脱水酵素を含み二酸化炭素を水に溶けやすくして，二酸化炭素の運搬を助けるはたらきをもつのは（　A　）であり，出血すると壊れ，血液凝固の原因となるのは（　B　）である。また（　C　）はアメーバ運動をし，食作用を営む。

血液中に酸や塩基を加えてもpHは変化しない。これは（　D　）の中にタンパク質や炭酸水素塩，リン酸塩などを含み，これのはたらきによるものである。

	A	B	C	D
①	白血球	赤血球	血小板	血しょう
②	血しょう	赤血球	白血球	血小板
③	血しょう	血小板	白血球	赤血球
④	赤血球	血小板	白血球	血しょう
⑤	血小板	白血球	赤血球	血しょう

No.3

（解答▸P.20）

ヒトの赤血球は凝集原Ａ，Ｂの２種類があり，また血しょうには凝集素α，βの２種類がある。次の記述のうち，正しいものはどれか。

① Ａ型の血液型のヒトは，凝集原Ａと凝集素αをもっている。
② Ｏ型の血液型のヒトは，凝集原も凝集素もないから，どんな血液型のヒトにも輸血できる。
③ Ｂ型の血液型のヒトは，凝集原Ｂと凝集素αをもち，凝集原Ａ，凝集素βをもつ血液と混ざると血液は凝集する。
④ ＡＢ型の血液型のヒトは，凝集原がなく凝集素α，βをもつ。
⑤ Ｏ型の血液はＡＢ型の血液と混ぜても全く凝集は起こらない。

No.4

（解答▸P.20）

次の文はヒトの免疫に関する記述であるが，文中の空欄Ａ～Ｄに当てはまる語の組合せとして適当なものはどれか。

（　Ａ　）は，免疫反応において（　Ｂ　）の刺激によって生体内に作られる。同じ種類の病原菌が体内に再び侵入すると，菌体と（　Ａ　）とが特異的に統合するが，この統合体は（　Ｃ　）によって食べられてしまう。発病しないか，発病しても軽く済んでしまう。予防接種は人工的に免疫性を獲得させるもので，このために用いる（　Ｄ　）がワクチンである。

	Ａ	Ｂ	Ｃ	Ｄ
①	抗体	抗原	白血球	抗体
②	抗体	抗原	白血球	抗原
③	抗体	抗原	赤血球	抗原
④	抗原	抗体	白血球	抗原
⑤	抗原	抗体	赤血球	抗体

No.5

（解答 ▸ P.21）

次のうち，肝臓のはたらきとして誤っているものを選べ。

① グルコースをグリコーゲンとして，アミノ酸をタンパク質として，また多くのビタミン類を貯蔵する。
② 古い赤血球を破壊する。
③ アンモニアから尿素を合成する。
④ 血球を作る。
⑤ 解毒作用をもつ。

No.6

（解答 ▸ P.21）

腎臓に関する次の文章の中のＡ～Ｄに入る語はそれぞれどれか。正しい組合せのものを選べ。

老廃物を含んだ血液が腎動脈より（　Ａ　）に入ると，（　Ｂ　）よりボーマンのうへ血液中の成分がろ過される。このとき，血球と血しょう中の（　Ｃ　）はろ過されない。生じたろ液は原尿とよばれ，原尿がボーマンのうから続く腎小管（細尿管）に流れる間に，原尿中のグルコース，水，無機塩の一部が血管内に再吸収される。再吸収されなかった尿素や水などが（　Ｄ　）に集まり，尿となる。

	A	B	C	D
①	腎小体（マルピーギ小体）	腎う	タンパク質	ぼうこう
②	腎小体（マルピーギ小体）	糸球体	炭水化物	ぼうこう
③	腎小体（マルピーギ小体）	糸球体	タンパク質	腎う
④	腎臓皮質	腎う	タンパク質	ぼうこう
⑤	腎臓皮質	糸球体	炭水化物	腎う

No.7

（解答▸P.21）

ヒトの消化作用に関する記述として正しいものは，次のうちどれか。

① 口腔の粘膜にある唾液腺から分泌されるだ液アミラーゼはアルカリ性で，タンパク質をアミノ酸に分解する。

② 胃壁から分泌される胃液は酸性であり，その中に含まれるペプシンはタンパク質を分解する。

③ 胆のうで作られた十二指腸から分泌される胆液はアミラーゼを含み，脂肪をモノグリセリドに分解する。

④ すい臓から分泌されるすい液にはリパーゼが含まれ，デンプンを麦芽糖に分解する。

⑤ 肝臓で作られ，すい臓から分泌されるすい液には，消化酵素は含まれないが，腸内で腸液のはたらきを促進する。

No.8

（解答▸P.21）

次のうち，タンパク質を消化するときに必要な酵素はどれか。

① だ液　② ラクターゼ　③ リパーゼ　④ ペプシン　⑤ マルターゼ

No.9

（解答▸P.21）

消化酵素の成分，性質について間違っているものはどれか。

① 消化酵素の成分はタンパク質であるため，あまり高温だと変性・凝固し，はたらきを失う。

② 消化酵素の最適温度は 35℃～ 45℃である。

③ 酵素はどんな酵素も全ての物質にはたらきかけ消化作用を行う。

④ 酵素は生体内で，物質の合成・分解などの化学変化を促進するが，酵素自身は変化しない。すなわち酵素は触媒作用をする。

⑤ 酵素には基質特異性という性質があり，はたらきかける基質（養分）を厳密に選ぶ。

No.10

（解答▶P.21）

次のA，B，C，Dの記述に該当する栄養分の組合せとして正しいものはどれか。

A　消化された物質が，柔毛に吸収され，再びもとの物質に合成され，リンパ管に入る。この栄養分を含んだリンパは胸管を通り，血液と合流する。

B　小腸で吸収されるときは，アミノ酸まで分解されているもの。

C　血液などの体液の濃度を調節するなど生理作用の調節をし，骨や血液の成分として大切なもの。

D　この栄養分の消化には，アミラーゼ，マルターゼ，スクラーゼ，ラクターゼなど多くの消化酵素がはたらいていて，分解され柔毛から血管に吸収されるもの。

	A	B	C	D
①	タンパク質	炭水化物	無機塩	脂肪
②	脂肪	タンパク質	無機塩	炭水化物
③	炭水化物	脂肪	ビタミン	タンパク質
④	炭水化物	タンパク質	ビタミン	脂肪
⑤	脂肪	炭水化物	無機塩	タンパク質

No.11

（解答▶P.21）

血糖値に関する次の文章のうち正しいものはどれか。

①　ヒトの血液中の血糖値は約20％とほぼ一定である。

②　血糖値が下がると副腎髄質からアドレナリンが放出される。

③　血糖値が上がると副腎髄質からインスリンが放出される。

④　インスリンは血糖値を増加させるはたらきがある。

⑤　高血糖のときは，交感神経がはたらいて血糖値が減少する。

第5章 神経系の発達

生物には，外部からの刺激を認識し，反応して行動する仕組みがある。刺激を受ける受容器は，受けた興奮を筋肉などの効果器（作動体）に伝える。この情報を伝えるはたらきをする神経組織の総称を**神経系**という。神経系を持たないアメーバのような原生・海綿動物を除き，多くの動物には神経系が存在し，大きく**散在神経系**と，中枢神経を有する**集中神経系**に区分できる。複雑な体を持つ動物ほど中枢神経が発達している。

神経系を構成する細胞は**ニューロン（神経細胞）**と呼ばれる。ニューロンは，受容器からの興奮を中枢に伝える**感覚ニューロン**，中枢からの興奮を骨格筋などに伝える**運動ニューロン**，中枢部にありこの両者を連結する**介在ニューロン**からできている。また，ニューロンの接合部分は**シナプス**と呼ばれ，運動神経や副交感神経の末端からは**アセチルコリン**が，交感神経の末端からは**ノルアドレナリン**が分泌される。

脊椎動物であるヒトの神経系は，集中神経系の**管状神経系**をなしており，脳と脊髄の**中枢神経系**と脊髄や脳から体の各部をつなぐ**末梢神経系**とに分けられる。また，末梢神経系には，刺激を脳・脊髄に伝える感覚神経と，逆に中枢神経系から筋肉に興奮を伝える運動神経とで構成される**体性神経系（脳脊髄神経系）**のほか，呼吸や循環のように無意識に動く器官に関係する**自律神経系**がある。自律神経系は１つの器官に交感神経と副交感神経の２種類の神経が繋がっている。

動物の能動的な行動は，大きく**生得的行動**（生まれながら備わっている）と**習得的行動**（生活経験によって備わる）に区分できる。生得的行動には，**走性**や**反射**（無条件反射），**本能**，**生物時計**，**太陽コンパス**などがあり，習得的行動には，**条件反射**，**学習**，**知能行動**がある。また，集団を形成している動物の行動には個体間の交信（コミュニケーション）である**情報伝達**が重要な役割を果たしており，情報伝達の方法としては，動物が本能的にもつさえずりや鳴き声，発光，化学物質，動作などがある。

解法のポイント

1．生物と神経系の種類

散在神経系	ヒドラやイソギンチャクなど腔腸動物の神経系。神経が体壁に網目状に分布・連結しあっている単純な構造。全身に興奮を伝えるだけで，方向性は見られず，伝達速度も遅い。	
集中神経系	かご形神経系	プラナリアなどの扁形動物の神経系。長軸に沿って走る数対の神経と，それらを横に繋げる神経により構成される。
	はしご形神経系	ミミズなどの環形動物，昆虫などの節足動物の神経系。脳と２本の神経が大節ごとに，はしご状に連接している。
	管状神経系	脊椎動物の神経系。体の背中側に神経系が走り，中枢部が管状。

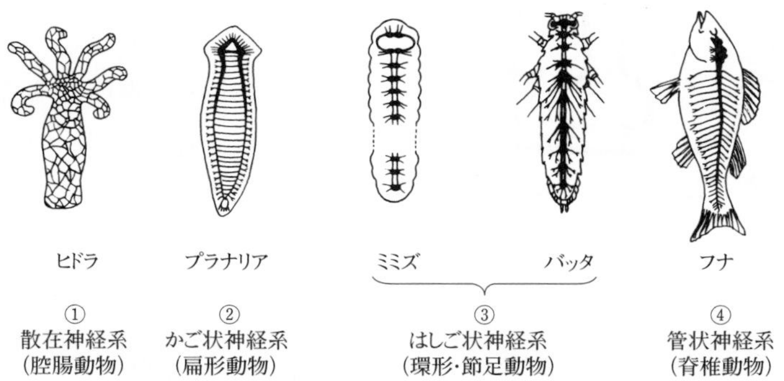

2．ニューロンとシナプスの構造

(1) **細胞体**・・・ニューロンから突起を除いた部分で，核と細胞質からなる。

(2) **軸索（神経突起）**・・・軸索は非常に長く細胞体から直接養分を取れないため，神経鞘細胞を通じて養分を得ている。

(3) **樹状突起**・・・細胞体から出ている突起。興奮を他のニューロンから受け取る。

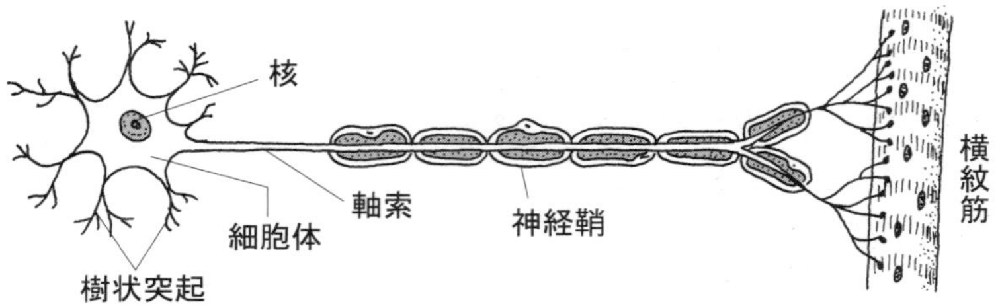

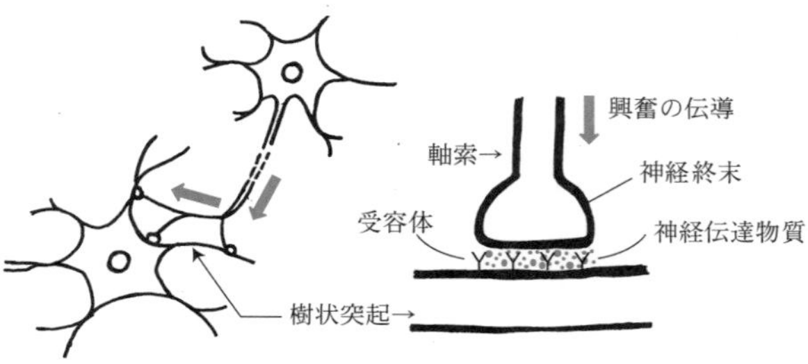

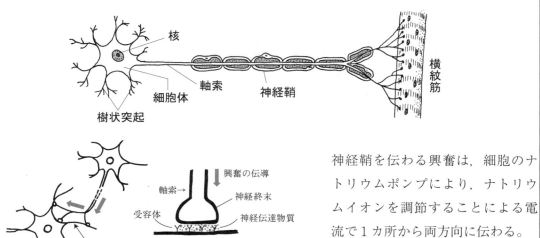

神経鞘を伝わる興奮は，細胞のナトリウムポンプにより，ナトリウムイオンを調節することによる電流で１カ所から両方向に伝わる。

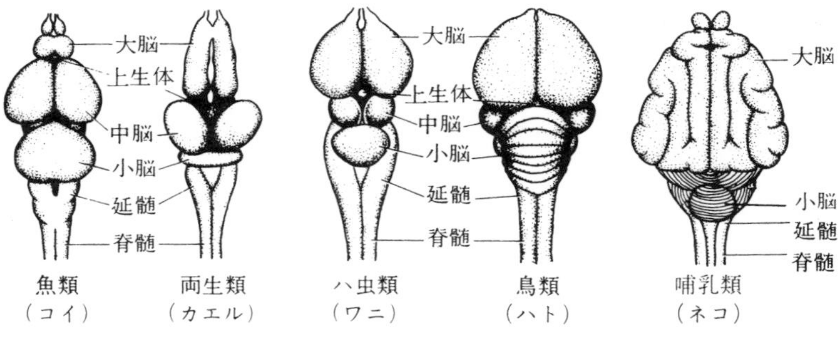

3．ヒトの神経系

集中神経系の管状神経系をもつヒトの神経系は，脳と脊髄の**中枢神経系**と脊髄や脳から体の各部をつなぐ**末梢神経系**に分けられる。

(1) **中枢神経系**

① **脳の区分とはたらき**

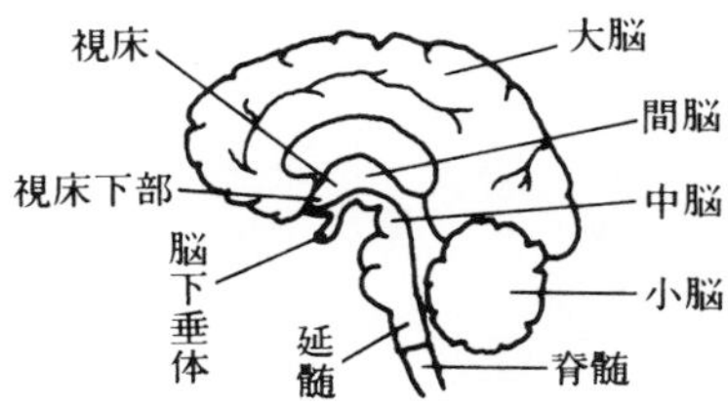

(a) 大脳……運動，体性感覚，視覚，聴覚の中枢・記憶，言語などの精神活動の中枢・思考，理解をつかさどる。

(b) 間脳……自律神経系の中枢（体温・血糖値）・代謝の中枢（水分・食物摂取）。

(c) 中脳……眼球の反射運動，こう彩の収縮調節の中枢・姿勢を保つ中枢。

(d) 小脳……手足などの随意運動，体の平衡を保つ中枢。

(e) 延髄……呼吸，血管収縮，心臓の拍動，唾液の分泌，飲み込みなどの中枢。

② **脊髄**

脳の延髄から背中の真ん中の脊椎骨の中を通る。脳への興奮の中継と脊髄反射（しつがいけん反射・排便・排尿などの反射）の中枢。

(2) **末梢神経系**

① **体性神経系**（脳脊髄神経系）

刺激を感じ取り，脊髄や脳に伝える**感覚神経**と脳や脊髄から筋肉に興奮を伝える**運動神経**がある。

② **自律神経系**

呼吸や循環のような無意識のうちに動く器官に関係する神経系である。１つの器官に，交感神経と副交感神経の２種類の神経がつながっている。

４．動物の行動

動物の能動的な行動には，生まれつき備わっている**生得的行動**と，生活経験から得た**習得的行動**とに区別できる。

(1) **生得的行動**

① **走性**……昆虫が光に向かって集まることや，魚が流れに逆らって泳ぐなど，外界の刺激に対して，一定の方向性をもって移動する行動。

走性の種類	刺激	正の走性	負の走性
光走性	光	魚・多くの昆虫・ゾウリムシ	プラナリア・ミミズ・ゴキブリ
化学走性	化学物質	ハエ（アンモニア）・ゾウリムシ（弱酸）	ゾウリムシ（強酸）
重力走性	重力	ミミズ・二枚貝	カタツムリ・ゾウリムシ
流れ走性	水流	メダカ・サケ（産卵期）	サケ（稚魚）
電気走性	電流	ミミズ・ヒトデ（陽極に進む）	ゾウリムシ（陰極に進む）
接触走性	接触	ゴカイ・イトミミズ	ミドリムシ

② **反射**……**無条件反射**。刺激に対して意識とは無関係に起こる行動を反射という。この行動は大脳を経由せず，脊髄や延髄が中枢としてはたらくので，反応が早い。反射には生まれつき遺伝的にもっている生得的行動の無条件反射と，習得的行動の条件反射がある。食べ物を口に入れるとだ液が出るとか，熱いものに触れると手を引くような刺激に対して，無意識に起こる反応が無条件反射である。

反射の種類	反射の例
脊髄反射	膝蓋腱反射・屈筋反射・汗の分泌・排尿など
延髄反射	まぶた反射・呼吸運動・唾液分泌など
中脳反射	瞳孔反射・姿勢反射

③ **本能**……鳥類の巣作りや子育てのような，多数の反射が連続したもので生命維持などに役立つ。

④ **生物時計と太陽コンパス**……モモンガが夜になると行動する夜行性の性質は光や温度に左右されず，自然条件の暗期の始まりと行動が一致する。また，渡り鳥が一定の方向を向いて渡りを始めるのは，太陽光線の方向をコンパスとしてとらえているからである。

(2) **習得的行動**

① **条件反射**……イヌに肉片を与えるとき，ベルを鳴らすことをくり返していると，肉片がなくてもベルを鳴らしただけでだ液を分泌するようになる。この実験を，ロシアのパブロフが研究したため有名になった。池のコイが，手をたたくと寄ってくるのもこの反射である。

② **学習**

(a) 試行錯誤……試行錯誤をくり返すことで一定の行動が取れるようになる。

(b) 慣れ……くり返し同じ刺激を与えると，反応が減少したり反応しなくなる。

(c) 刷込み……生後の早い時期に学習した特定の学習。後には変更しにくくなる。

③ **知能行動**……経験や学習をもとに，未経験のことに対しても目的に適した行動をする。

(3) 個体間の情報伝達

動物の情報伝達の方法の中には，本能的にもつさえずりや鳴き声，発光，化学物質，動作などがある。

① **さえずり**……小鳥の雄が繁殖期雌への求愛とテリトリー（なわばり）確保のためにする鳴き方のこと。ほとんどは雄の鳴き声だが，雌の場合もある。

② **フェロモンによる情報伝達**……体外に分泌され，同種の個体間の情報伝達物質をフェロモンという。

フェロモンの種類	はたらき	例
性フェロモン	雄と雌をくっつける	カイコガ
集合フェロモン	集合を形成し維持する	ゴキブリ
道しるべフェロモン	仲間に餌のある場所を知らせる	アリ
女王物質	働きバチの生殖を防ぐ	ミツバチ

③ **ミツバチの8の字ダンス**……花粉や蜜のとれる花の位置を見つけたハチが仲間に教えるダンス。餌場が巣箱に近いときは円形ダンスで，遠いときには8の字ダンスになる。8の字ダンスの真ん中の進む方向と重力の反対方向とのなす角は，ハチから見て太陽と餌場の角と同じになる。すなわち，重力の反対方向が太陽として方向をダンスで知らせている。

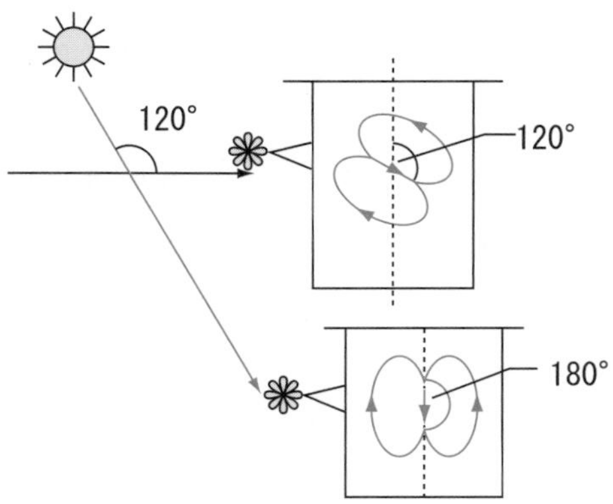

演習問題

No.1

（解答▸P.22）

動物の神経系は，動物の種類や進化の程度によって異なる。脊椎動物の神経細胞は，集中化が進み，中枢神経は，脳と脊髄とから成り立っている。発生上から見て，脊椎動物は何神経系というか。下記の中から正しいものはどれか。

① 散在神経系
② かご形神経系
③ はしご形神経系
④ 管状神経系
⑤ 自律神経系

No.2

（解答▸P.22）

人の脳や脊髄は神経細胞が多く集まっている部分で，中枢とよばれているが，次のＡ～Ｃに入るものとして正しい組合せはどれか。

（　Ａ　）には，呼吸，消化，循環など生きていくために必要な内臓のはたらきを調節する機能がある。
（　Ｂ　）には，いろいろな反射や排出のはたらきを調節する機能がある。
（　Ｃ　）には，複雑な思考，記憶，意志，感情などをつかさどる機能がある。

	Ａ	Ｂ	Ｃ
①	大脳	小脳	延髄
②	大脳	脊髄	小脳
③	脊髄	延髄	小脳
④	延髄	小脳	大脳
⑤	延髄	脊髄	大脳

No.3

（解答▸P.22）

自律神経系に関する次の記述のうち，正しいものはどれか。

① 毛細血管は，交感神経のはたらきで収縮し，副交感神経のはたらきで拡張する。
② 呼吸は，交感神経のはたらきで抑制され，副交感神経のはたらきで促進する。
③ 瞳孔は交感神経のはたらきで縮小し，副交感神経のはたらきで拡大する。
④ 交感神経はアセチルコリンを分泌し，副交感神経はノルアドレナリンを分泌する。
⑤ 交感神経のはたらきで拍動は抑制され，副交感神経のはたらきで促進される。

No.4

（解答▸P.22）

下図は神経系を構成する細胞のニューロン（神経細胞）の模式図である。下記の文はニューロンの構造を述べたものであるが，（　）のａ～ｄの語の組合せで正しいものはどれか。

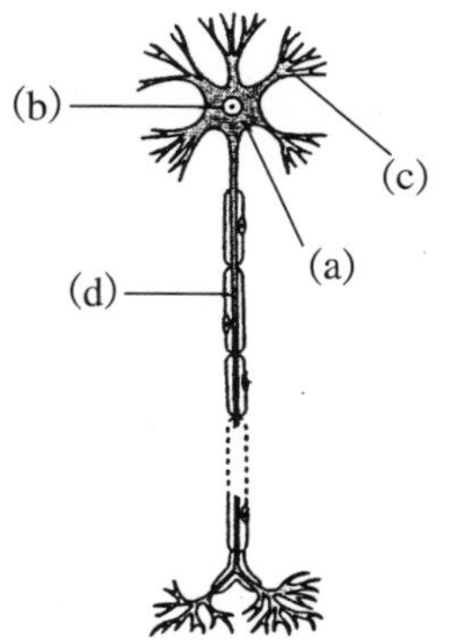

ニューロンは（ａ）と（ｃ）と（ｄ）からなり，（ａ）は（ｂ）と細胞質からできている。（ｄ）は神経突起ともいい，髄鞘と神経鞘からできていて，興奮伝導を早めたり，神経鞘は（ｄ）への栄養補給を行う。また（ｃ）は（ａ）から出ている突起で，興奮をほかのニューロンから受け取っている。

	a	b	c	d
①	軸索	樹状突起	核	細胞体
②	軸索	核	樹状突起	細胞体
③	細胞体	核	軸索	樹状突起
④	細胞体	軸索	核	樹状突起
⑤	細胞体	核	樹状突起	軸索

No.5

（解答▸P.22）

下の文中の空欄A～Cに入る用語の組合せとして正しいのは，次のうちどれか。

神経細胞は（　A　）ともいい，基本的には突起をもった細胞である。核のある部分を細胞体といい，ここから長く伸びた突起を（　B　）という。それぞれの（　A　）の末端とその次の（　A　）の接続部分を（　C　）という。

	A	B	C
①	神経繊維	樹状突起	ニューロン
②	神経繊維	ゴルジ体	ニューロン
③	ニューロン	軸索	シナプス
④	シナプス	樹状突起	神経細胞
⑤	樹状突起	細胞膜	ゴルジ体

No.6

（解答▸P.22）

神経に関する記述として正しいのは，次のうちどれか。

① 興奮は，細胞膜を通じてナトリウムイオンが移動することにより，静止電位から活動電位に変わることで生ずる。

② ニューロンは，刺激がある一定の強さになると興奮し，その活動電位の大きさは，刺激の強弱によって変化する。

③ ニューロンは，細胞体とそこから伸びる軸索とからできており，その末端とほかのニューロンとの連結部分を受容器という。

④ ヒトの場合，感覚器で生じた興奮は，背骨の脊椎神経節を通る感覚神経によって，感覚中枢である間脳に伝えられる。

⑤ 興奮の伝達は，ニューロンの末端でパソプレシンやノルアドレナリンなどの化学伝達物質が分泌されることによって行われる。

No.7

（解答 ▸ P.22）

動物の行動には，反射・本能・走行・学習・知能などの型があり，これらは生得的行動と習得的行動に分けることができる。

生得的行動とは：型にはまった一定の運動，大脳皮質の古皮質，旧皮質が中枢となる。

習得的行動とは：自発的行動を基礎にした型にはまらない行動，大脳皮質の新皮質が中枢となる。

下記の５つの行動のうち，生得的行動に属するものは，次のうちのどれか。

① 反射と学習
② 本能と学習
③ 走性と本能
④ 反射と知能
⑤ 走性と知能

No.8

（解答▶P.23）

次の記述は自律神経系に関するものである。空欄A～Dに当てはまる語の組合せとして正しいのはどれか。

ヒトの体内では恒常性を維持するためのさまざまな仕組みがはたらいている。心臓などの内臓器官は，ヒトの意志とは無関係に調整されているが，これは自律神経系のはたらきによるものである。その総合的な中枢は（　A　）にある。

自律神経系には交感神経と副交感神経があり対抗的にはたらく。たとえば激しい運動をすると血液中の（　B　）の濃度が高くなり（　C　）がはたらいて心臓の拍動が促進され，逆に運動をやめ血液中の（　B　）の濃度が低くなると，もう一方の神経系がはたらいて心臓の拍動は抑制される。

ヒトが恐怖を感じたとき，瞳孔の拡大や脈拍数の増加などの反応が無意識のうちに起こるが，これは（　D　）の興奮が（　A　）を経て，自律神経系のはたらきに影響を及ぼすためである。

	A	B	C	D
①	大脳	酸素	交感神経	副腎皮質
②	大脳	窒素	副交感神経	小脳
③	小脳	窒素	副交感神経	間脳
④	間脳	酸素	交感神経	副腎皮質
⑤	間脳	二酸化炭素	交感神経	大脳

No.9

（解答 ▸ P.23）

高等脊椎動物では，血糖の濃度は一定しており，その調節は神経系と内分泌系との両者に関連して，複雑な仕組みになっている。図は，その血糖量調節を模式的に示したものであるが，図中のア～カに該当するものの組合せとして正しいものは，次のうちどれか。

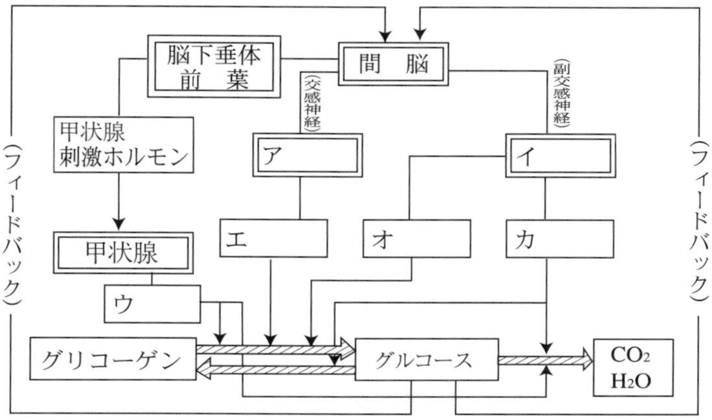

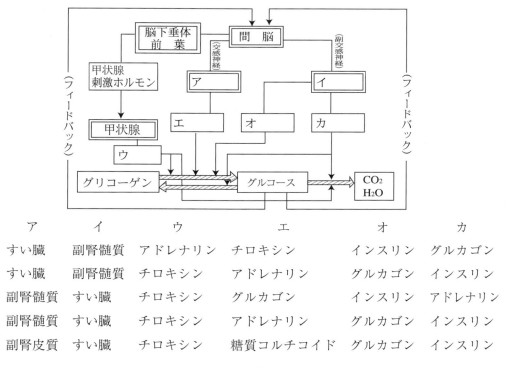

	ア	イ	ウ	エ	オ	カ
①	すい臓	副腎髄質	アドレナリン	チロキシン	インスリン	グルカゴン
②	すい臓	副腎髄質	チロキシン	アドレナリン	グルカゴン	インスリン
③	副腎髄質	すい臓	チロキシン	グルカゴン	インスリン	アドレナリン
④	副腎髄質	すい臓	チロキシン	アドレナリン	グルカゴン	インスリン
⑤	副腎皮質	すい臓	チロキシン	糖質コルチコイド	グルカゴン	インスリン

第３編

第６章 遺伝の仕組みと遺伝子の本体

遺伝とは，生物の形や性質など（形質）が次世代に伝わることをいい，この遺伝情報を伝達するもののことを遺伝子という。遺伝子は核の染色体の中にもDNA（デオキシリボ核酸）として存在し，二重螺旋構造をしている。遺伝子という因子として遺伝の仕組みを考えたのは19世紀中葉オーストリアの**メンデル**である（二重螺旋構造になった遺伝子の塩基配列の発見は1953年の**ワトソンとクリック**を待たなければならない）。メンデルは，丸としわなど対立形質をもつエンドウを交配させる実験を行い，**顕性（優性）の法則**，**分離の法則**，**独立の法則**とよばれる法則性を見出した。

メンデルの法則に従っていないように見える遺伝も，遺伝子のはたらき方や相関関係を考えるとメンデルの法則に従っていることが分かる。このような遺伝の代表的なものとして，**不完全顕性（中間遺伝）**，**致死遺伝子**，**補足遺伝子**，**制御遺伝子**，**複対立遺伝子**などが挙げられる。

遺伝子に含まれる染色体の数は生物種ごとに一定で，細胞の大きさや形が同じ２本ずつの染色体を**常染色体**という。また，性を決定するのは**性染色体**であるが（染色体数＝常染色体＋性染色体），性染色体に性以外の形質を現す遺伝子が存在する場合，形質は雌雄の性別と関連して発現することになる。こうした現象は伴性遺伝とよばれる。代表的なものに，**ヒトの赤緑色盲の遺伝**や**キイロショウジョウバエの眼の遺伝**などがある。

生物の個体間の違いは**変異**と総称されるが，遺伝の有無によって，遺伝とは関係ない**環境変異**と遺伝によって起こる**突然変異**の２つに区分することができる。有用な個体を作り出す目的で，放射線や化学物質によって人為的に発生させる形で突然変異を利用することもある。たとえば，種なしスイカの３倍体は，コルヒチン処理で４倍体のスイカを作り，その花に正常な花粉を受粉させることで人為的に作られている。

解法のポイント

１．遺伝の基礎用語

① **形質**……形態・色など生物個体の特徴となる個々の形や性質。

② **対立形質**……１つの形質（例：種子の形）に対になっている異なった形質（丸としわ）。

③ **顕性（優性）と潜性（劣性）**……顕性とは対立形質のうち雑種第１代（F_1）で現れる形質。
潜性とは対立形質のうち雑種第１代（F_1）で現れない形質。

④ **交配**……２つの個体間で配偶子の受精を行わせること。

⑤ **交雑**……遺伝子型が異なる２個体間の交配。

⑥ **自家受精**……同一個体内での受精。

⑦ **遺伝子**……染色体にあり，遺伝する形質を決定する因子。

⑧ **遺伝子型と表現型**……遺伝子型とは細胞中にある遺伝子の構成で表したもの（*AA*,*Aa*,*aa* など）。表現型とは個体に現れる形質（丸（＝ *A*），しわ（＝ *a*）など）。

⑨ **純系と雑種**……純系とは遺伝子がホモの形であるもの（*AA*，*aa* など）。雑種とは遺伝子がヘテロの形（*Aa* など）で純系の親どうしの交雑などによってできた遺伝子型。

２．メンデルの法則

① **顕性の法則**……対立形質をもつ２個体を交雑すると F_1 は顕性の形質を示す。
対立形質をもつ両親から生まれる F_1（第１代）に現れる形質は顕性の形質である。

顕性の法則　（　）内は遺伝子型

（例）　種子の形　丸の遺伝子＝ *A*　しわの遺伝子＝ *a*

P（親） 丸（*AA*） × しわ（*aa*）

F_1（第１代） 丸（*Aa*）

② **分離の法則**……遺伝子は配偶子に分かれるとき，別々の配偶子に分かれる。

分離の法則　（　）内は遺伝子型

（例）種子の形　丸の遺伝子＝ *A*　しわの遺伝子＝ *a*

P（親） 丸（*Aa*） × 丸（*Aa*）

（配偶子）　*A* ＋ *a*　×　*A* ＋ *a*………分離の法則

F_1（第１代）　丸（*AA*）（*Aa*）：しわ（*aa*）＝３：１

③ **独立の法則**……着目した遺伝現象を支配する遺伝子が同一染色体上に存在しないとき，それぞれの遺伝子は互いに影響を及ぼすことなく配偶子に入る。

独立の法則　（　）内は遺伝子型

（例）　種子の形と茎の高さの２対の対立形質が同時に遺伝する場合

種子の形，茎の高さの形質の発現には，互いに影響を与えず顕性の法則と独立の法則が作用する。

（種子）丸の遺伝子＝ A　しわの遺伝子＝ a

（茎）高くなる＝ B　　低くなる＝ b

P　（親）　　丸・高（$AABB$）× しわ・低（$aabb$）

F_1　（第１代）　丸・高（$AaBb$）…… **顕性の法則**

（配偶子）（AB・Ab・aB・ab）×（AB・Ab・aB・ab）……… **分離の法則**

F_2　（第２代）　丸・高：丸・低：しわ・高：しわ・低

9　：　3　：　3　：　1

この中で１つの対立形質について見ると，

丸：しわ＝ 12：4 ＝ 3：1

高：低　＝ 12：4 ＝ 3：1

	親	雑種第一代	雑種第二代
種子の形	丸×しわ	丸	丸 5474 個：しわ 1850 個 2. 96：1
子葉の色	黄×緑	黄	黄 6022 個：緑 2001 個 3. 01：1
種皮の色	有色×無色	有色	有色 705 個：無色 224 個 3. 15：1
熟したさやの形	ふくれ×くびれ	ふくれ	ふくれ 882 個：くびれ 299 個 2. 95：1
未熟なさやの色	緑×黄	緑	緑 428 個：黄 152 個 2. 82：1
花の位置	えき生×頂生	えき生	えき生 651 個：頂生 207 個 3. 14：1
茎の高さ	高×低	高	高 787 個：低 277 個 2. 84：1

3. 検定交雑

遺伝子型の不明な個体に潜性ホモの遺伝子型の個体を交雑すると，その個体の形成した配偶子の遺伝子型が判定できる。

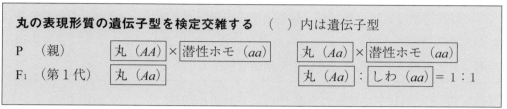

丸の表現形質の遺伝子型を検定交雑する　（　）内は遺伝子型

P（親）	丸（AA）×潜性ホモ（aa）	丸（Aa）×潜性ホモ（aa）
F_1（第1代）	丸（Aa）	丸（Aa）：しわ（aa）＝1：1

4. いろいろな遺伝

(1) 不完全顕性

オシロイバナやマルバアサガオでは，F_1 や F_2 に次のような中間色のものができる。これは，赤と白の顕性・潜性の関係が不完全なものと考えられている。このような遺伝子間の関係を不完全顕性といい，桃花のような中間の形質をもつ個体を**中間雑種**という。

（例）**マルバアサガオの花色の遺伝**　（　）内は遺伝子型

花の色　赤花の遺伝子＝R　白花の遺伝子＝r

P（親）　赤花（RR）×白花（rr）

↓

F_1（第1代）　中間形質の桃花（Rr）

↓（自家受精）

F_2（第2代）　赤（RR）：桃（Rr）（rR）：白（rr）＝1：2：1

(2) 致死遺伝子

ある遺伝子がホモになると，死という表現形式が発現してしまう遺伝子を**致死遺伝子**という。

（例）**ハツカネズミの毛色の遺伝**　（　）内は遺伝子型

毛の色　黄毛の遺伝子＝Y　黒毛の遺伝子＝y

P（親）　黄毛（Yy）×黄毛（Yy）

↓

F_1（第1代）　致死（YY）：黄毛（Yy）：黄毛（yY）：黒毛（yy）

したがって，毛色では黄：黒＝2：1

(3) 補足遺伝子

それぞれ独立して遺伝する遺伝子が互いに補いあって特定の形質を発現する場合，その2個の遺伝子を**補足遺伝子**という。花の色を発現する遺伝子を C，紫色の遺伝子を P とすると，$CC\ pp$ では花の色は発現可能だが，紫色遺伝子が発現できず，$cc\ PP$ では紫色遺伝子は発現可能だが，発現遺伝子がはたらかず，みな白花になってしまう。このように2組の遺伝子が補足しあって表現形質を発現する遺伝子を補足遺伝子という。

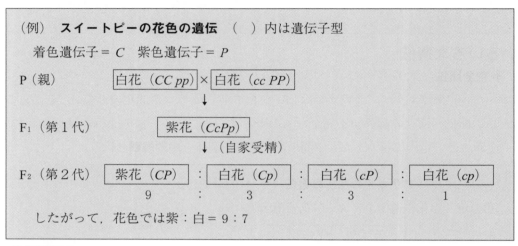

(例)　**スイートピーの花色の遺伝**　(　) 内は遺伝子型

着色遺伝子＝ C　紫色遺伝子＝ P

P (親)　白花 ($CC\ pp$) × 白花 ($cc\ PP$)

↓

F1 (第1代)　紫花 ($CcPp$)

↓ (自家受精)

F2 (第2代)	紫花 (CP)	:	白花 (Cp)	:	白花 (cP)	:	白花 (cp)
	9	:	3	:	3	:	1

したがって，花色では紫：白＝9：7

(4) 抑制遺伝子

独立に遺伝する2対の遺伝子のうち，一方の顕性遺伝子が他方の顕性遺伝子の発現を抑制するはたらきをもつ遺伝子。

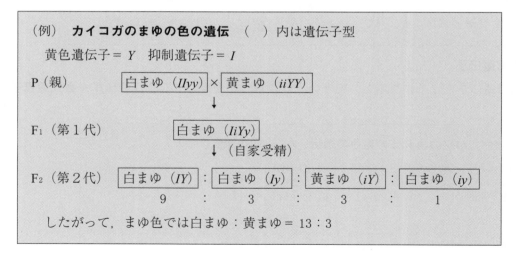

(例)　**カイコガのまゆの色の遺伝**　(　) 内は遺伝子型

黄色遺伝子＝ Y　抑制遺伝子＝ I

P (親)　白まゆ ($IIyy$) × 黄まゆ ($iiYY$)

↓

F1 (第1代)　白まゆ ($IiYy$)

↓ (自家受精)

F2 (第2代)	白まゆ (IY)	:	白まゆ (Iy)	:	黄まゆ (iY)	:	白まゆ (iy)
	9	:	3	:	3	:	1

したがって，まゆ色では白まゆ：黄まゆ＝13：3

(5) 複対立遺伝子

１組の対立する形質に，３つ以上の遺伝子が関係している場合，それぞれの遺伝子を**複対立遺伝子**という。ヒトのＡ，Ｂ，Ｏ血液型の遺伝子は，Ａ型とＢ型はＯ型に対して顕性で，Ｏ型がＡ型とＢ型に対して潜性である。各血液型の遺伝子型は右のようになる。

表現型（血液型）	遺伝子型
Ａ型	*AA, AO*
Ｂ型	*BB, BO*
ＡＢ型	*AB*
Ｏ型	*OO*

５．生物種と染色体数

植物名	染色体数	動物名	染色体数
エンドウ	14	ヒト	46
タマネギ	16	ネコ	38
ムラサキツユクサ	12	イヌ	78
スギナ	216	キイロショウジョウバエ	8

６．性染色体

雌雄のあるほとんどの生物では，雄と雌では形の異なる染色体がある。この染色体を性染色体と呼びＸ，Ｙなどの記号で表す。

７．伴性遺伝

性染色体上にある遺伝子による遺伝を**伴性遺伝**という。

(1) キイロショウジョウバエの眼色の遺伝

キイロショウジョウバエの正常眼は赤であるが，性染色体のＸ染色体上に白眼の遺伝子があると，潜性で遺伝する。正常なＸ染色体をＸ，白眼の遺伝子をもつＸ染色体をⓍとすると，

雌では，ＸＸ（赤眼），ＸⓍ（赤眼），ⓍⓍ（白眼）

雄では，ＸＹ（赤眼），ⓍＹ（白眼）になる。

(2) ヒトの色覚異常の遺伝

色覚異常の遺伝子はＸ染色体上にあるので伴性遺伝をする。

健常なＸ染色体をＸ，色覚異常の遺伝子をもつＸ染色体をⓍとすると，

女性では，ＸＸ（健常），ＸⓍ（潜在＝表面的には健常），ⓍⓍ（色覚異常）

男性では，ＸＹ（健常），ⓍＹ（色覚異常）になる。

※　ヒトの血友病も伴性遺伝である。この染色体はＸ染色体上にあり，潜性の遺伝子のはたらきをもつ。

8．環境変異と突然変異

(1) 環境変異

形質の違いが環境によって起きるもので，遺伝とは関係ない変異。サケ科の魚は普通，海で育って川で産卵する。ところが，種類は同じでも，川の上流だけで産卵と生活をしてしまうと姿も大きさも違ってくる。たとえば，よく食卓にのぼるベニザケと湖に住むヒメマスは同じ種類である。ベニザケやサツキマスは降海型，ヒメマスやアマゴはその陸封型であり，降海型の体長は陸封型の２～３倍の大きさである。

(2) 突然変異

親と異なる遺伝的変異が突然現れることがある。これを突然変異という。突然変異には，**染色体突然変異**と**遺伝子突然変異**がある。

① **染色体突然変異**……１本の染色体の遺伝子の位置の変化と染色体の数に変化がある。

染色体突然変異と遺伝子の位置

正常	ABCD	EFG
欠失	ABC	EFG
重複	AABCD	EFG
転座	ABC	DEFG
逆位	ACBD	EFG

●遺伝子の構造上の変化

(a) 欠失……染色体の一部が切れて失われたもの。

(b) 重複……染色体の一部分に正常よりも余分な部分ができる場合。

(c) 転座……染色体の一部が他の染色体の部分と入れ替わる場合。

(d) 逆位……染色体の一部が一度切れ，再び逆につながる。

●染色体の数の変化

(a) 異数性……体細胞の染色体数は普通 $2n$ 本であるが，$2n+1$ や $2n-1$ 本になる。ヒトには 21 番染色体が２本ではなく，３本になる**ダウン症**がある。

(b) 倍数性……配偶子の遺伝子が $2n$ 本になってしまったりすると，正常の配偶子 n と受精して $3n$ ができてしまったり，$2n$ どうし受精して $4n$ ができてしまったりする。一般に，倍数体は子孫が作れず体が大きい。

② **遺伝子突然変異**……染色体の構造や数の変化ではなく，遺伝子が変化したために起こる突然変異。遺伝子突然変異の例として，メラニン色素が合成できないアルビノがある。酸素が欠乏すると赤血球が異常な形になり，強度の貧血を起こす**かま状赤血球貧血症**などは，遺伝子突然変異である。

演習問題

No.1

（解答 ▸ P.23）

次の文中のア～ウの語の組合せで，正しいものを選べ。

（　ア　）はデオキシリボ核酸とよばれ，（　イ　）とリン酸および塩基とからなる（　ウ　）が多数鎖状につながった（　エ　）らせん構造をした高分子化合物である。

	ア	イ	ウ	エ
①	DNA	糖	ヌクレオチド	一重
②	RNA	糖	ヌクレオチド	一重
③	DNA	ヌクレオチド	糖	二重
④	RNA	ヌクレオチド	糖	二重
⑤	DNA	糖	ヌクレオチド	二重

No.2

（解答 ▸ P.23）

ＲＮＡとＤＮＡの構造性質についての比較であるが，間違っているのはどれか。

		RNA	DNA
①	構造	単鎖構造	二重らせん構造
②	ヌクレオチドの数	数十～数千	数千～数百万
③	構成する糖	リボース	デオキシリボース
④	構成塩基	A，T，G，C	A，U，G，C
⑤	はたらき	リボソーム中でタンパク質合成	遺伝子の本体

No.3

(解答▸P.23)

遺伝用語の説明で間違っているものはどれか。

① 交雑 ―――――― 2個体間で行われる配偶子の受精
② 自家受精 ―――― 同一個体の配偶子間で起こる受精
③ ホモ接合体 ――― 同じ遺伝子が対をなすもの
④ 雑種第2代（F_2）―F_1 の自家受精（または F_1 どうしの交配）で生じた2代目の個体
⑤ 常染色体 ―――― 性染色体以外の染色体

No.4

(解答▸P.23)

エンドウには，子葉の色が黄色のものと緑色のものとがある。いまホモの黄色種と緑色種とを両親として交雑したところ，右下図のような結果を得た。これについて下記に答えよ。

黄色の遺伝子を *Y*，緑色の遺伝子を *y* とすると（ウ）と（オ）を交雑させると黄色と緑色のものがどんな割合で生じるか。

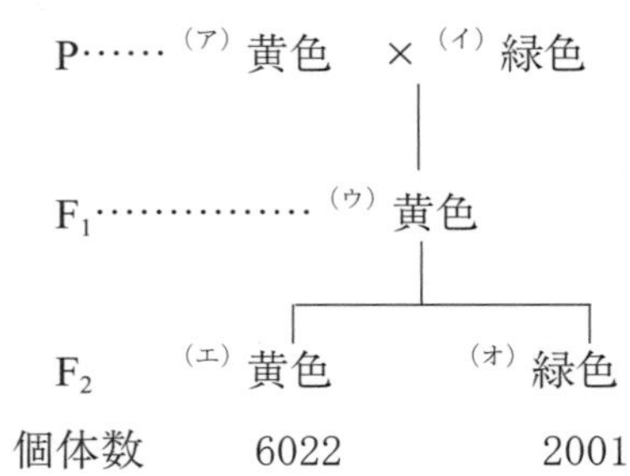

① 全部黄色
② 全部緑色
③ 黄色と緑色が3：1
④ 黄色と緑色が1：3
⑤ 黄色と緑色が1：1

No.5

（解答 ▸ P.23）

エンドウの種子の形が丸形の遺伝子*R*は，しわ形の遺伝子*r*に対して顕性であり，子葉の色が黄色の遺伝子*Y*は緑色の遺伝子*y*に対して顕性である。

遺伝子型*RRYy*の個体と遺伝子型*RRyy*の個体をかけあわせたとき，次の代に出現する個体の表現型とその割合はどうなるか，正しいものはどれか。

	（丸，黄）		（丸，緑）		（しわ，黄）		（しわ，緑）
①	9	:	3	:	3	:	1
②	3	:	0	:	0	:	1
③	1	:	1	:	0	:	0
④	9	:	7	:	0	:	0
⑤	1	:	1	:	1	:	1

No.6

（解答 ▸ P.24）

１つの形質を作るのに，独立に遺伝する２組の遺伝子が共存し補足しあって形質を発現させるとき，この遺伝子を補足遺伝子という。

色素原の遺伝子と，色素原を色に変える発色遺伝子の組合せが生じると色が出る。この例としてスイートピーの花の色の遺伝がある。

いま色素原の顕性遺伝子を*C*とし，潜性遺伝子を*c*とする。また発色遺伝子を*P*とし潜性遺伝子を*p*とするとき，紫色の純系*CCPP*と白色の純系*ccpp*を交配させると，F_1は全て紫色の花になった。このF_1に白色の親を戻し交配すると，次の世代の紫花と白花の比はどれが正しいか。

	紫花		白花
①	1	:	1
②	3	:	1
③	9	:	7
④	15	:	1
⑤	1	:	3

No.7

（解答▸P.24）

マルバアサガオの花の色には，赤花，白花，桃花の３種類がある。親に赤花と白花を用いて交雑させると F_1 に桃花が出現し，この F_1 を自家受精させて F_2 を発生させた。

A：このような遺伝現象を何というか。次の中から正しいものを選べ。

① 突然変異　② 組換え遺伝　③ 伴性遺伝　④ 環境変異　⑤ 不完全顕性

B：F_2 の表現型とその分離比で正しいものはどれか。

	赤花		桃花		白花
①	1	：	1	：	1
②	1	：	2	：	1
③	3	：	1	：	0
④	3	：	0	：	1
⑤	2	：	1	：	1

No.8

（解答▸P.24）

ショウジョウバエの白眼の雌と赤眼の雄を交雑させたところ，雑種第１代（F_1）は雌が全て赤眼，雄が全て白眼となった。この F_1 の雌と雄を交雑させた結果として正しいものは，次のうちどれか。ただし，ショウジョウバエの眼色の遺伝は伴性遺伝であり，赤眼と白眼は対立形質で，赤眼は白眼に対して顕性である。

① 雌，雄とも全て赤眼で生まれる。
② 雌は全て赤眼，雄はすべて白眼で生まれる。
③ 雄，雌とも赤眼と白眼が１：１の割合で生まれる。
④ 雄は全て白眼，雌は赤眼と白眼が１：１の割合で生まれる。
⑤ 雄は全て赤眼，雌は赤眼と白眼が１：１の割合で生まれる。

No.9

（解答 ▸ P.24）

次の図はある家系のＡＢＯ式血液型の遺伝を示したものである。○は女子，□は男子を表している。また，○と□の中のアルファベットはそれぞれの血液型の表現型を示している。１と２の女子の血液型の組合せで正しいものはどれか。

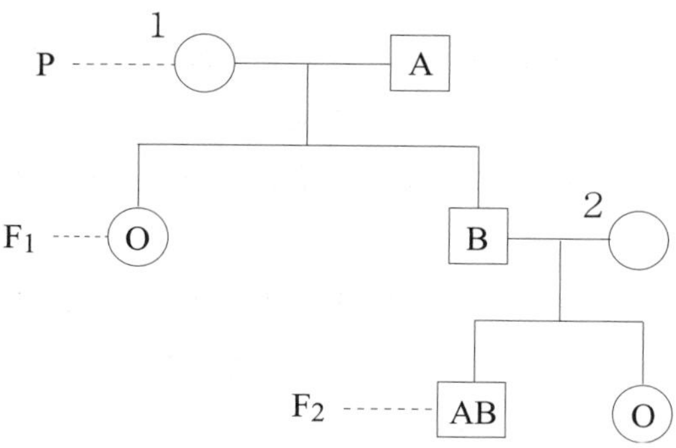

	1	2
①	B	AB
②	B	A
③	A	B
④	AB	B
⑤	AB	A

第3編

第7章 生殖と発生

生物の重要な特徴として，恒常性の維持やエネルギーの変換といったもの以外に，**生殖**によって種族を維持する能力を挙げることができる。生殖は，自分と同じものを生み出す仕組みであり，自己複製能力といえる。

生殖は，配偶子を必要としない**無性生殖**と配偶子による**有性生殖**の２つに大きく分けることができる。無性生殖では，遺伝子構成が変化せず，環境の変化に対応しにくいが効率がよい。一方，有性生殖は**配偶子（生殖細胞）**のカップリングを経るため，親と異なる遺伝子構成となり，環境変化に対応できる新形質が出現しやすい。

細胞は，成長と分裂の周期をくり返しながら増殖する。１つの細胞が２個以上の娘細胞に増える現象は，**細胞分裂**とよばれる。細胞分裂は，分裂時に染色体が現れるか否かで**無糸分裂**と**有糸分裂**に分けられるが，有糸分裂には，１個の母細胞から母細胞と同じ染色体をもつ２個の娘細胞ができる**体細胞分裂**と，植物の胞子や動物の配偶子のような生殖細胞を作るときの**減数分裂**の２つがある。染色体数に変化のない体細胞分裂に対し，減数分裂では染色体数が 2n から n に半減する。

種子植物とは有性生殖により種子を形成するもので，このうち**被子植物**は，雄しべの先についたやくの中で**花粉**が作られ，雌しべの中の胚珠で**胚のう**が形成される。受粉後，花粉管が伸びて受精が行われ，子房は果実に，胚珠は種子に変化する。雄性配偶子である花粉と雌性配偶子である胚のうの双方とも細胞の減数分裂を通じて母細胞から成長していく。また，胚形成と胚乳形成の２箇所で受精が行われており，**重複受精**とよばれる。

動物の受精に関わる細胞は，精巣で作られる**精子**と卵巣で作られる**卵**である。動物の受精は，卵と精子が合体し，精核と卵核が融合する現象を指す。水分のある媒質中で行われる点に変わりはないが，ほ乳類や昆虫類など陸生動物の体内受精と多くの水生生物に見られる**体外受精**とに分けられる。

生物の生活過程を生殖法に注目して環状に表現したものは**生活環**とよばれる。植物は，胞子体 (2n) による無性世代と精子と卵の配偶体 (n) による有性世代が交互に現れるものが多く，このことを指して**世代交代**とよぶ。

解法のポイント

(1) 無性生殖と有性生殖

	生殖の種類	生殖方法		例
無性生殖	分裂	個体が2つ以上に増える。	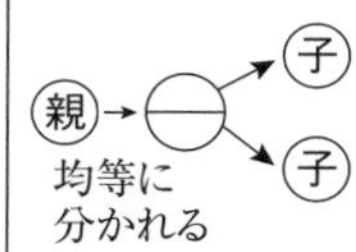	ゾウリムシ
	出芽	もとの個体から芽のようなものが生じ，新しい個体となる。	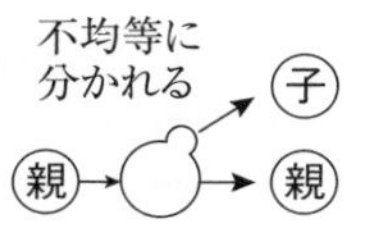	酵母菌，ヒドラ
	胞子生殖	もとの個体から発生した胞子が発芽し，新しい個体となる。	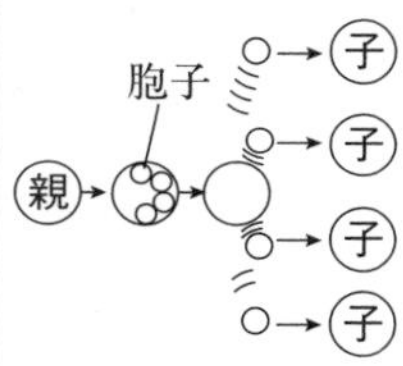	アオカビ，シイタケ
	栄養生殖	高等植物の栄養器官の一部が新個体となる。	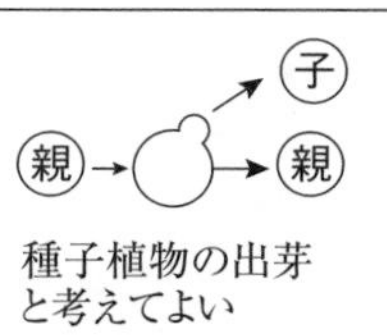	ワラビの地下茎，ジャガイモの塊茎
有性生殖	接合	同形の配偶子が合体することで新しい個体となる。	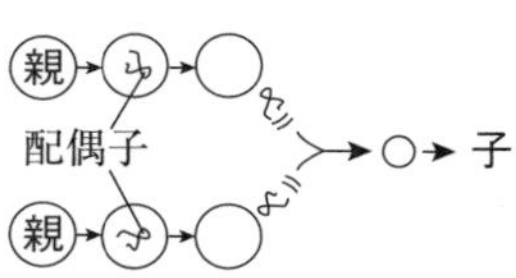	アオミドロ
	受精	卵細胞の核と精細胞の核が合体し新たな個体が生じる。	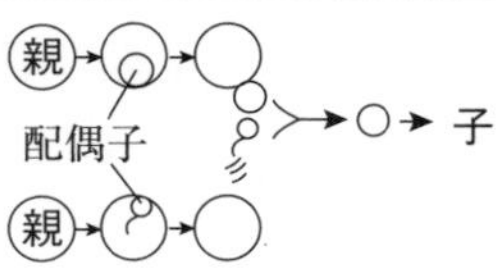	コンブ，シダ植物
	単為生殖	卵が単独で発生を行い，新しい個体を生じる。		ミツバチ

(2) **体細胞分裂と減数分裂**

	体細胞分裂	減数分裂
出現の時期	生物体の成長時	生殖細胞の形成時
染色体数	もとの細胞と同じ	もとの細胞の半数
分裂回数	1回（2個の娘細胞）	連続した2回（4個の生殖細胞）

(3) **体細胞分裂の過程**

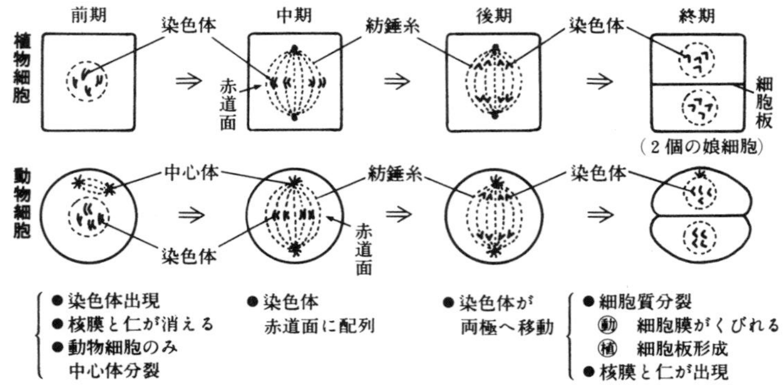

(4) **減数分裂の過程**

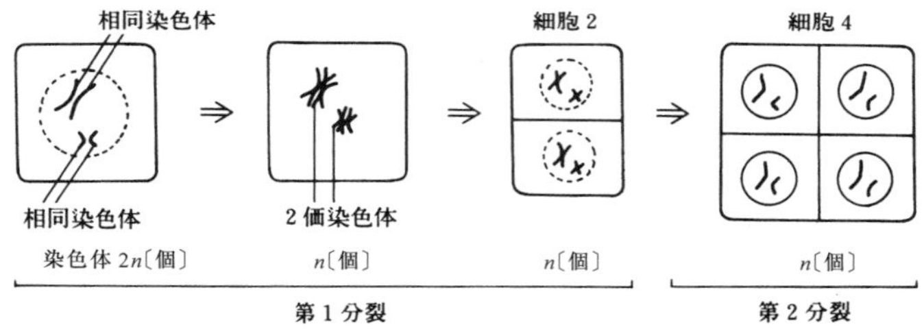

(5) **被子植物の生殖と重複受精**

●精細胞の形成

① 若い雄しべの葯（やく）の中に多数の花粉母細胞($2n$)がある。

② 花粉母細胞は減数分裂を行って未熟な4個の花粉(n)を形成。花粉4分子は1回分裂して，成熟した花粉になる。

③ 花粉は花粉管細胞(n)雄原細胞(n)からできている。

④ 花粉が雌しべの柱頭につくと花粉が発芽を始め花粉管を伸ばす。雄原細胞は花粉管内で核分裂して2個の精細胞となる。

●胚のう細胞と胚のうの形成

① 若い雌しべの胚珠の中に1個の胚のう母細胞(2n)がある。

② 胚のう母細胞は，減数分裂を行って4個の細胞(n)を形成し，そのうち3個は退化消失し，残り1個が胚のう細胞(n)となる。

③ 胚のう細胞は，3回連続して核分裂を行い，8個の核(n)になる。8個の核は1個の卵細胞(n)，2個の助細胞(n)×2，3個の反足細胞(n)×3，2個の極核($n+n$)である。

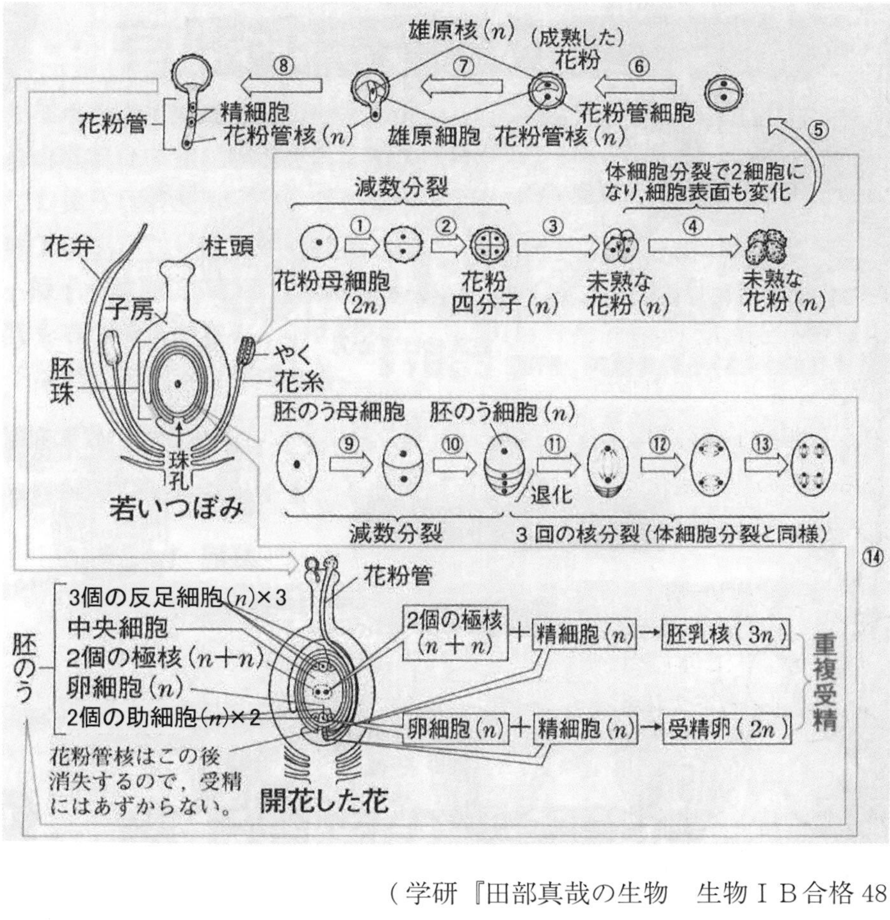

（学研『田部真哉の生物　生物ⅠB合格48講』(改) より作成）

(6) 精子・卵の形成

生殖細胞は，生殖巣（精巣・卵巣）に位置する以前の段階では体細胞分裂によって増殖する。この時点の細胞を**始原生殖細胞**（**精原細胞・卵原細胞**）とよぶ。精巣に移動したものは「精原細

胞 → 一次精母細胞」と成長した後，減数分裂により，4つの精細胞となる。また，卵巣に移動したものは「卵原細胞 → 一次卵母細胞」へと成長した後，減数分裂を経て1つの卵と3つの極体が形成される。

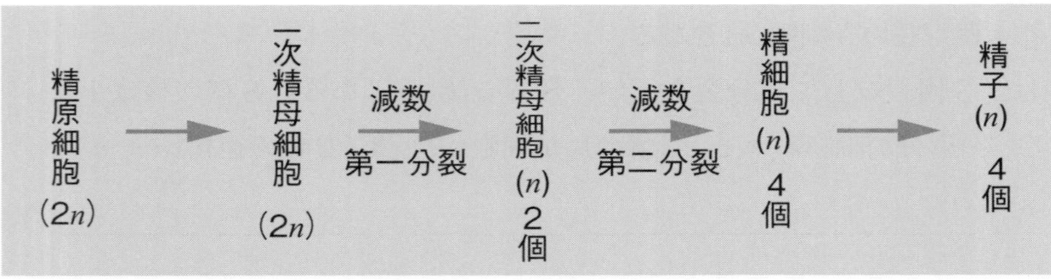

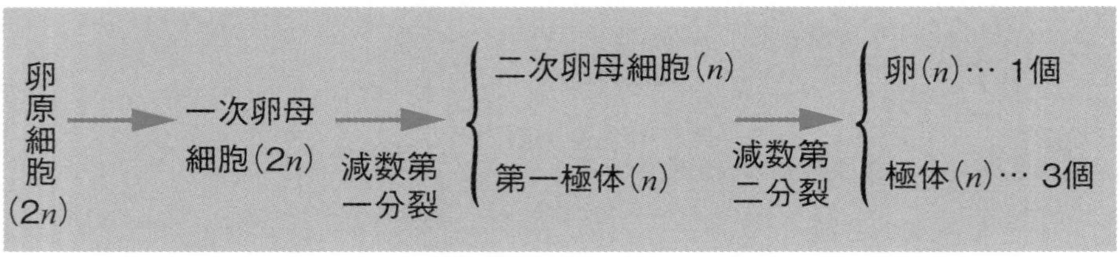

(7) **動物の受精過程**

① 精子は卵からの化学物質に反応して接近する。**(化学走性)**

② 卵の回りを覆うゼリー状の層に精子が入ると，精子の先端の先体が糸状に変化して伸び，卵に付着する（先体反応)。卵の原形質も盛り上がり**受精丘**を作る。

③ 多くの精子のうち卵に1個の精子が侵入すると，卵の表面は化学変化してほかの精子は侵入できなくなる。この化学変化は精子の侵入した地点から起こり，全体に広がる。また薄い膜が侵入地点から持ち上がり**受精膜**になる。

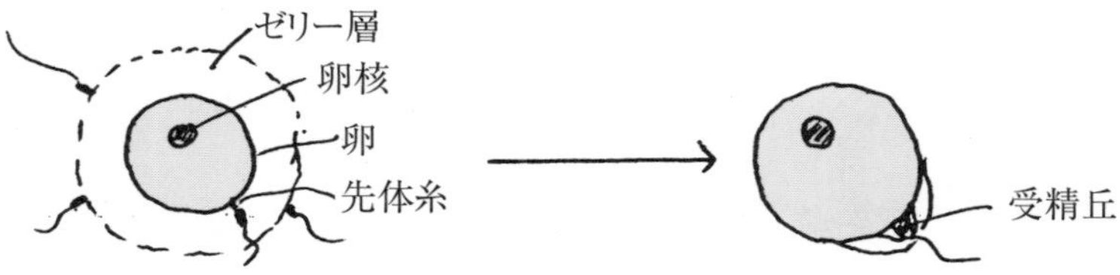

④ 卵内に入った1個の精子は尾を切り離し，180°回転して頭部と尾部の境にあった中心体から星状体が形成される。やがて，卵核と精核が合体して受精が終わる。

(8) **シダ植物の生活環**

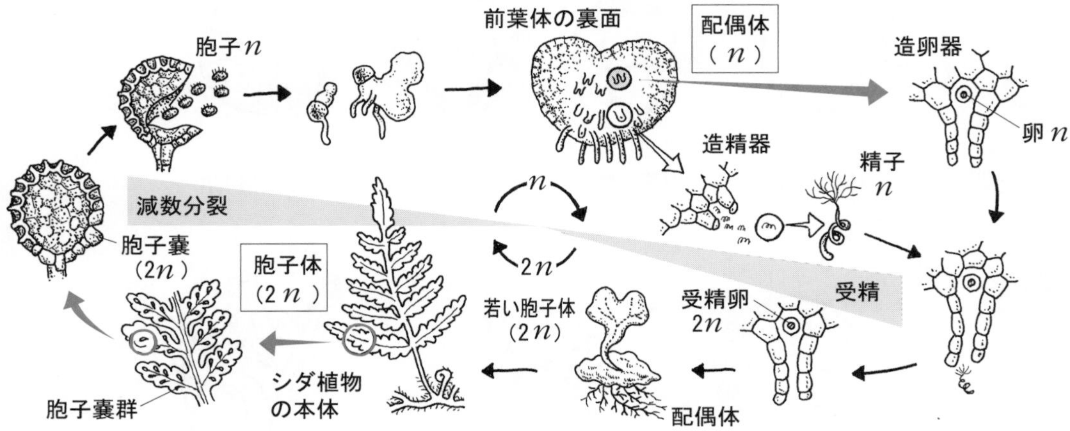

(9) **ウニの個体発生**

① 受精卵から桑実胚

●核のある半球側の極を**動物極**，その反対の極を**植物極**という。発生初期から４細胞期までは，その両極を結んだ線にそって縦に４分割される。

●その後，赤道にそって割れて８分割され，植物極側が不等割をして**16 細胞**になり，中に**卵割腔**ができて**桑実胚**になる。

② 胞胚

●表面は滑らかになり，中の空洞の**胞胚腔**がはっきりしてくる。胞胚腔には，中胚葉細胞が増えてくる。

③ 原腸胚

●植物極側から表面が陥入し始め**原腸**ができる。陥入するところを**原口**という。

④ 胚葉の形成

●原腸形成の結果，**外胚葉・内胚葉・中胚葉**３種の細胞集団に分けられる。

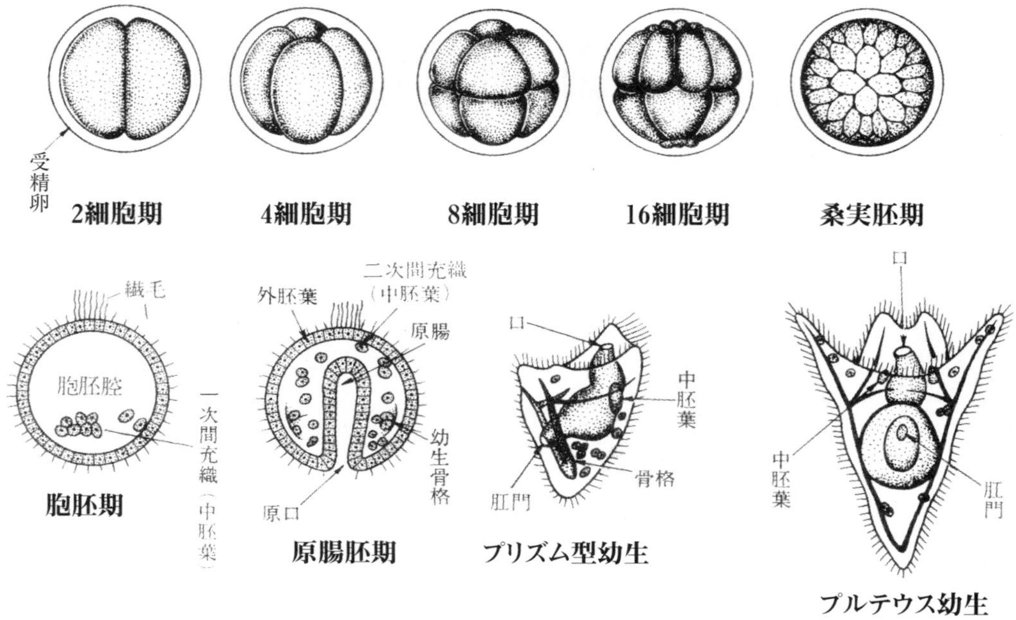

(10) **カエルの個体発生**

ウニの発生と異なる点は，次の３点である。

① 第３卵割（4細胞期→8細胞期）が不等割である。

② 原腸胚からの発生形態に神経胚・尾芽期がある。

原腸胚 → 神経胚 → 尾芽期（ふ化）

③ ふ化の時期が違う。

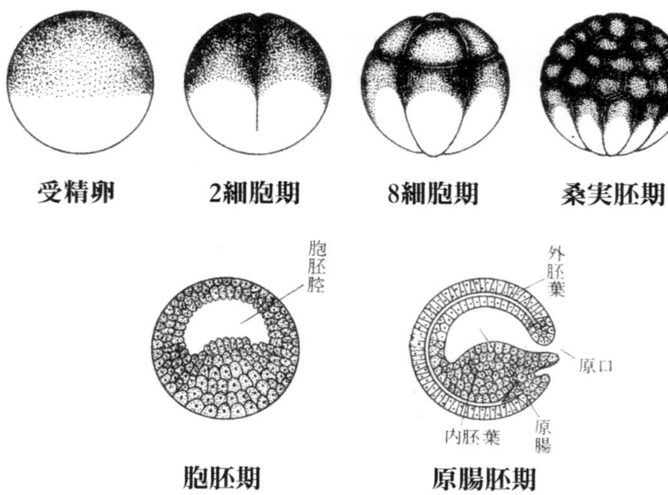

(11) 器官形成

単一の細胞が分裂増殖によって，胚の各部で独自の形と機能をもつように変化することを細胞の**分化**という。下表のように外胚葉，中胚葉，内胚葉それぞれ細胞分化によって形成される器官が異なる。

外胚葉	表皮・汗腺・神経系（脳・脊髄）器官
中胚葉	脊索・・・退化する 体節・・・筋肉 腎節・・・腎臓 側板・・・心臓・血管
内胚葉	すい臓・肝臓・肺・甲状腺・胃

演習問題

No.1

（解答 ▸ P.24）

次の生物で無性生殖をしない生物はどれか，正しいものを選べ。

① スギナ
② ヒドラ
③ オランダイチゴ
④ ショウジョウバエ
⑤ 酵母菌

No.2

（解答 ▸ P.24）

卵が体外で受精する生物はどれか，正しいものを選べ。

① トンボ
② トノサマガエル
③ アオウミガメ
④ イルカ
⑤ ニワトリ

No.3

（解答 ▸ P.25）

生殖法で間違っている組合せのものはどれか。

① 分裂 ――――イソギンチャク
② 体内受精 ――ニワトリ
③ 接合 ――――アオミドロ
④ 胞子生殖 ――シイタケ
⑤ 単為生殖 ――ミツバチの雌

No.4

（解答 ▸ P.25）

下の図は，シダ植物の生活環を示している。減数分裂の起こる時期はどれか。正しいものを選べ。

→ ㋐胞子 ⟶ ㋑前葉体 ⟶ ㋒造卵器（造精器）⟶ ㋓卵細胞（精子）
㋖胞子のう ⟵ ㋕シダの本体 ⟵ ㋔受精卵 ⟵

① ㋑→㋒
② ㋒→㋓
③ ㋕→㋖
④ ㋖→㋐
⑤ ㋐→㋑

No.5

（解答 ▸ P.25）

次の文中の空欄Ａ～Ｄに該当する語の組合せで正しいものを選べ。

カエルやウニの卵細胞は，受精すると分裂をくり返して多数の細胞が分かれていく。この過程を（　Ａ　）といい，生じた細胞を（　Ｂ　）という。この（　Ｂ　）は分裂が進むにつれ，だんだん小さくなる。（　Ａ　）が進むと桑実期を経て，やがて中心部に胞所をもつようになる。この時期のものを（　Ｃ　）という。（　Ｃ　）はその後さらに変化し二重の袋状の（　Ｄ　）となる。

	A	B	C	D
①	割球	卵割	胞胚	神経胚
②	卵割	割球	胞胚	原腸胚
③	卵割	割球	原腸胚	神経胚
④	卵割	割球	原腸胚	胞胚
⑤	割球	卵割	胞胚	原腸胚

No.6

（解答▸P.25）

下図はウニの原腸胚の断面を模式的に示している。

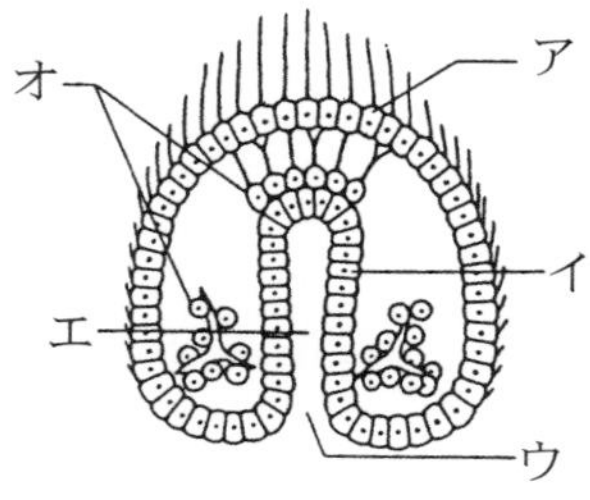

(1) ア〜オの各部の名称を正しく示しているものを選べ。

	ア	イ	ウ	エ	オ
①	外胚葉	内胚葉	原腸	原口	中胚葉
②	外胚葉	原腸	原口	内胚葉	中胚葉
③	外胚葉	原腸	原口	中胚葉	内胚葉
④	外胚葉	内胚葉	原口	原腸	中胚葉
⑤	外胚葉	中胚葉	原腸	原口	内胚葉

(2) 各胚葉がしだいに分化し，からだの組織や器官になっていくが，次の組合せで間違っているものはどれか。

① 外胚葉→中枢神経
② 外胚葉→表皮組織
③ 内胚葉→消化器官
④ 中胚葉→呼吸器官
⑤ 中胚葉→循環器官，筋肉

No.7

（解答 ▸ P.25）

次の文は被子植物の受精について述べたものである。文中のA～Eの中に入れる語で間違っているものはどれか。

雄しべのやくの中の花粉が雌しべの柱頭に受粉し，花柱の中で花粉管を胚のうに向かって伸ばしていく。花粉管の中に２個の（　A　）ができ，１個は胚のう内の卵細胞と受精し（　B　）となる。もう１つの（　A　）は２個の（　C　）と受精し（　D　）となる。このような受精を（　E　）という。

① A＝精細胞
② B＝胞子
③ C＝極核
④ D＝胚乳
⑤ E＝重複受精

第8章 生物の進化

地球の誕生は，**約46億年前**であり，生物は**約38～40億年前**に誕生したとされる。1953年の**ユーリー＝ミラーの実験**によって，メタン・アンモニア・水・水素（無機物）からアミノ酸（有機物）の合成が確認され，４種の気体の電気放電（落雷）を通じた化学反応が生命の起源であろうとされた。生命には，細胞質構造や代謝能力・自己複製能力が必要である。こうした条件を備えた**原始細胞体**は，コロイドからなる液胞の流動層と液層が入り混じった物体をモデルとしており，**コアセルベート**と呼ばれる。コアセルベート内の化学反応が反復されることで**原始生命体**が誕生したと考えられている（35～40億年前）。その後，原始生物は，地球環境の変化に伴って光合成生物や好気性の**酸素発生型光合成生物**などへと新しい形質を獲得しながら進化してきたとされる。

生物（生命）の進化・変遷の足跡は地質と関連づけて確認することができる。地球上に岩石が生まれた後の時代を**地質時代**と呼ぶが，大きく**先カンブリア時代**，**古生代**，**中生代**，**新生代**に区分でき，生物種の発生時期を確認できる。

化石による環境の推定も生物の進化を跡付けるものとして重要である。化石には，生存年代が長く分布範囲が狭い**示相化石**と，その逆に生存年代が短いが生体の個数が多く分布範囲も広い**示準化石**があり，後者は時代特定にも優れている。また，**生きている化石**とよばれるシーラカンス・オウムガイ・カブトガニなども存在する。

生物の進化において**相似器官・相同器官**，ヒトの盲腸や犬歯などの**痕跡器官**，**近縁生物**の存在などは，生物進化の証拠となるものであり，ヒトの胎児には一時えら穴が存在するなど，個体発生からも進化を類推することができる。

生物の進化は遺伝子の差異と選択による環境への適応として生じるが，その多くは長い期間をかけて行われるものであり，確認できない。**ラマルク**の**用不用説**や**ダーウィン**の**自然選択説**，**ド＝フリース**の**突然変異説**など，進化の仕組みについては多くの説がある。

解法のポイント

(1) 原始生物の進化

原始生物は地球環境の変化に伴いいろいろな形質を獲得して進化した。

原始生物（従属栄養・嫌気性）⇒ 光合成生物（独立栄養・嫌気性）
⇒ 酸素発生型光合成生物（独立栄養・好気性）・ 好気性生物

(2) 地質時代と生物の変遷

地球上に初めて岩石が形成されてから現代までを**地質時代**という。各地質時代に出現した生物を，表で表した。

先カンブリア時代 （～ 5.4 億年前）	古生代 （5.4 ～ 2.5 億年前）	中生代 （2.5 億～ 6,600 万年前）	新生代 （6,600 万年前～現代）
単細胞生物や下等藻類 海産無脊椎動物	（前半）無脊椎動物（三葉虫） （後半）魚類・両生類・シダ植物（ロボク・リンボク）	は虫類・始祖鳥・裸子植物・アンモナイト	鳥類・ほ乳類・被子植物など
	無脊椎・魚類・両生類の時代 シダ植物の時代	は虫類の時代 裸子植物の時代	ほ乳類の時代 被子植物の時代

(3) 化石の類型

示相化石	生存年代が長く，分布範囲が特定の環境に限定されている。 ＊サンゴの化石＝温暖な環境／ブナの化石＝寒涼な環境
示準化石	生存年代は短いが，生体の個数が多く分布範囲が広いため，時代特定できる。 ＊フズリナ・三葉虫＝古生代／アンモナイト＝中生代／貨幣石＝新生代
生きている化石	現代でも生きている過去に繁栄した生物。 ＊シーラカンス・オウムガイ・カブトガニ

(4) 生物進化の証拠

① 相似器官と相同器官

(a) 相似器官……はたらきや構造は類似しているが，発生的には異なる。〔エンドウの巻きひげ（葉）とブドウの巻きひげ（茎)〕

(b) 相同器官……はたらきや構造は異なっても，発生的には同じ。〔エンドウの巻きひげ（葉）とサボテンのとげ（葉)〕

② **痕跡器官(レリック)**……もとにあった器官が退化または痕跡として残る。(ヒトの痕跡器官：盲腸・尾骨・耳殻先端のダーウィン結節・犬歯・副乳など)

③ **近縁生物の構造**……ヒトとサルなど近縁生物は同一の祖先から変異して生まれ，構造が類似している。

④ **個体発生からの類推**……ヒトの胎児は，ある時期にはえら穴がある。ヘッケルは，「個体発生は系統発生をくり返す」という**発生反復説**を唱えた。

(5) 代表的な進化説

用不用説	ラマルクによって唱えられた。よく使う器官は発達し，あまり使わない器官は退化するという考え。 ＊**獲得形質の遺伝**という用不用説の主張は，経験が生物種の進化に及ぼす影響を過大に評価していると批判される。
自然選択説	ダーウィンによって唱えられた。親子間にも差異があり，その変異は自然環境への適応の差であり，個体間や異種間の生存競争が適者生存の外圧として生じるとされる。 ＊**個体変異**の多くは遺伝せず，少数の遺伝する差異もほとんどが生存に不都合である点が批判されている。
突然変異説	ド＝フリースによって唱えられた説。遺伝性をもつ突然変異体が自然選択を受けて進化するという考え方。

演習問題

No.1

（解答▸P.25）

次のａ～ｄの事項を地質時代の古いほうから順に並べ替えたものとして正しいものを選べ。

(a)　魚類の出現　　(b)　三葉虫の出現

(c)　ほ乳類の繁栄　　(d)　は虫類の繁栄

① (b)→(d)→(a)→(c)

② (b)→(a)→(d)→(c)

③ (a)→(d)→(b)→(c)

④ (b)→(c)→(d)→(a)

⑤ (b)→(a)→(c)→(d)

No.2

（解答▸P.25）

次の化石のなかで古生代の示準化石はどれか。

① アンモナイト

② ナウマンゾウ

③ フズリナ

④ 始祖鳥

⑤ 恐竜

No.3

（解答▸P.25）

示準化石の条件は３つないし４つある。次に述べた条件で示準化石の条件にならないものを選べ。

① 生存年代が短い

② 進化が遅い

③ 分布域が広い

④ 個体数が多い

⑤ 種類の区別が容易である

No.4

（解答▸P.25）

次に記述している内容は，進化の各説とその内容についてである。内容が誤っているものはどれか。

① 定向進化説：生物は一方向に進化する性質をもつ。

② 突然変異説：生殖細胞に生じた変異に自然選択がはたらく。

③ 用・不用説：用いる器官は発達し，用いない器官は退化する。

④ 自然選択説：生存競争の結果，環境に適した個体が生き残り，進化する。

⑤ 隔離説：生物集団が隔離されると，別の種に分化する。

No.5

（解答▸P.25）

キリンの首が長いことの説明として，ラマルクの進化説によるものは，次のうちどれか。

① 突然変異によって首の長い個体が生まれ，それがちょうど環境の条件に適応したので生き残ってきた。

② 生活している環境下では，首の長い方が有利なので首を伸ばして生活しているうちに，少しずつ伸び，代を重ねて首の長いものになった。

③ 少しずつ首の長さの異なった個体が生まれ，その中で首の長いものが環境に一番有利なので生き残り，これを何代もくり返すうちに長いものが残ってきた。

④ 環境の条件とは無関係に，キリンには首が長くなるという性質があって，代々その性質を受け継いで代を重ねているうちに長くなってきた。

⑤ 突然変異によって首の長さの異なる個体が生まれ，首の長いものどうしが群を作るようになり，これが首の短い群と地理的に隔離された後，生き残った。

No.6

（解答 ▸ P.26）

生命の進化に関するダーウィンの自然選択説の説明として妥当なものはどれか。

① 生物は発生の途中で進化の大体の道筋を再現する。

② よく使う器官は発達し，使わない器官は退化し消失していく。

③ 生物には親や兄弟と全く異なった形質が突然出現し，その形質が遺伝する。

④ 環境に適応しているものが生き残り，代を重ねるにしたがって異種のものに変化していく。

⑤ 生物はその環境に適応する本能を有しているが，変化にうまく適応できない場合は死滅する。

第3編

第9章 生態系と環境問題

ある地域に生息する生物の集団とそれをとり巻く非生物的環境（大気・温度・土壌など）を一体としてとらえたものを**生態系**という。生物は，食物連鎖とよばれる「食う・食われる（**補食・被食**）」の関係で繋がっており，光合成を行う植物（**生産者**）などを出発点に草食・肉食動物（**消費者**）と食物を依存する関係が見られる。

生態系において，有機物の生産者である緑色植物が太陽エネルギーを化学エネルギーに変えた時点が生態系の物質生産の出発点とされる。

生物間において，生産者の被食量と消費者の補食量は等しい。食物連鎖や栄養段階において，各段階の生物量を積み上げた図式を**生態ピラミッド**とよぶ。個体数や生体重量を基にした生態ピラミッドにおいて栄養段階が1段階進むごとに，移行の各段階で，エネルギーの80～90%が失われるため，ピラミッドの層は一般に**4～5段階**に限られる。食物連鎖の過程で，物質は生物体内に取り込まれ，被食者→補食者へと濃縮を重ねていく。こうした現象は**生物濃縮**とよばれ，ごく微量の有害物質も濃縮を重ねることによって大きな危険が生まれることが指摘されている。

生物は，呼吸や光合成，同化作用などによって炭素や窒素などの物質循環に関わっている。**炭素**は二酸化炭素として海洋中に多く蓄えられる一方で，**窒素**は気体として大部分が空気中に存在する（大気の約80%が窒素である）。

二酸化炭素は，植物などの生産者の炭酸同化作用の材料として取り込まれることで有機物として食物連鎖に入る。分解者や消費者は，呼吸を通じ再び有機物を二酸化炭素に戻す。窒素は，アミノ酸などの有機化合物の構成元素であり，**窒素固定細菌**などを通じて生物に取り込まれる。

人間の活動や気象の変化は，生態系に影響を与え，そのバランスを崩すことがある。これらは総称して**環境問題**とよばれるが，具体的に**森林の減少**や**砂漠化**，**地球温暖化**，**酸性雨**や**光化学スモッグ**，**オゾン層の破壊**という形で近年はその解決が叫ばれている。

解法のポイント

(1) **生態系の構成**

生態系の構成

生物群集 ➡ 独立栄養生物（植物）／従属栄養生物（動物）

非生物的環境 ➡ 大気，土壌，水，代謝の材料（酸素，二酸化炭素，栄養塩類など）／エネルギーの状態（光，熱，大気や水の動きなど）

(2) **生態系の物質収支**

① **生産者の物質収支**

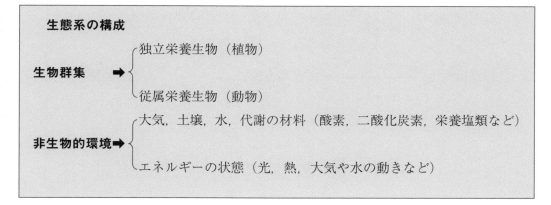

純生産量とは植物の体の成長に使う純益，総生産量とは全光合成産物。

純生産量 ＝ 総生産量－呼吸量

成長量とは体重の増加量のこと。

成長量 ＝ 純生産量 －（被食量＋枯死量）

② **消費者の物質収支**

動物（消費者）は，自分より低い栄養段階にある生物を捕食して同化している。消費者の同化量とは血や肉などを構成する量で，不消化排出量とは糞（ふん）などのこと。

消費者の同化量 ＝ 摂食量 － 不消化排出量

消費者の成長量 ＝ 同化量 －（死滅量＋呼吸量＋被食量）

(3) **炭素の物質循環**

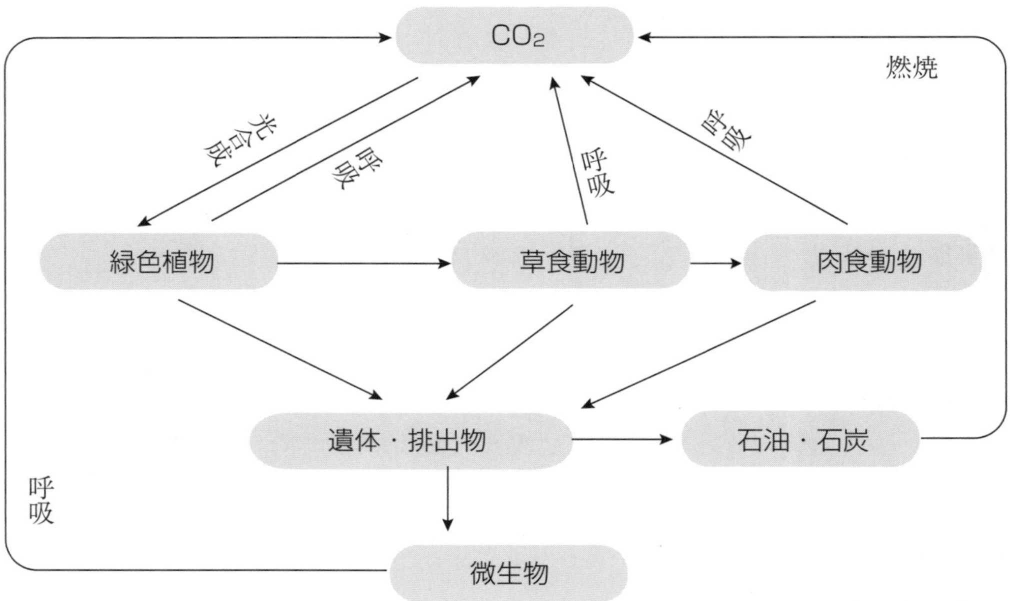

(4) **窒素の物質循環**

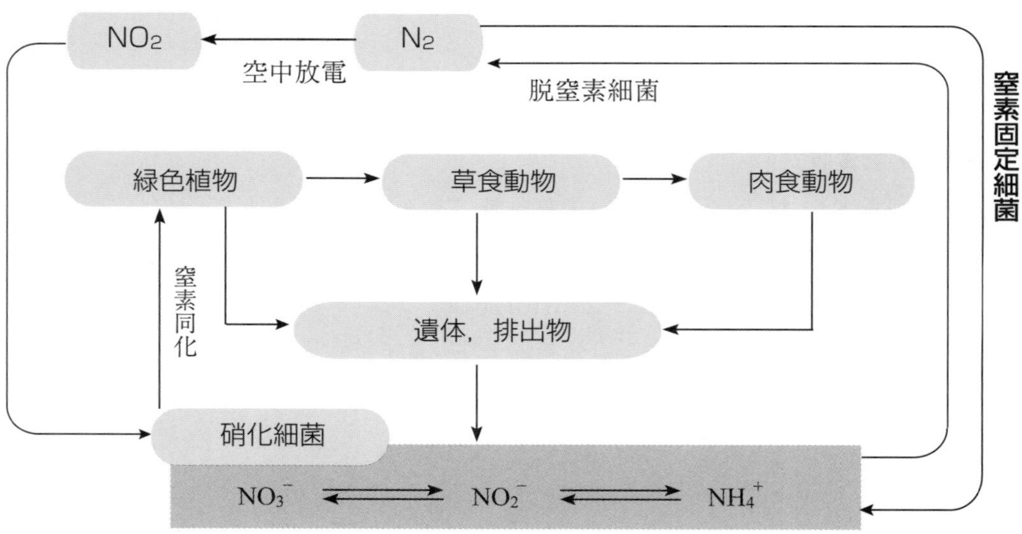

(5) 環境問題の例

森林の減少	種の多様性が損なわれる。土壌が流出し，保水機能が損なわれ，光合成による二酸化炭素吸収が減少し，死滅した生物から二酸化炭素が放出される。 （原因） 過剰な伐採・焼き畑農業，森林火災，開発およびそれに伴う道路工事
砂漠化	土壌の劣化による生態系の荒廃，気候の変動による周辺地域の砂漠化。 （原因） 気候の変化，過剰な放牧，かんがい農業による塩害
地球の温暖化	南極や高山地の氷が解けて海水面が上昇し低地が水没する。各気候区で安定していた森林生態系が破壊される。 （原因） 化石燃料の使用などによる温室効果ガスの放出
酸性雨と光化学スモッグ	森林が枯死する。光化学スモッグによる眼の痛みや呼吸器官への健康被害。 （原因） 化石燃料の燃焼などで放出された窒素酸化物（NO_x）や二酸化硫黄（SO_2）が，太陽光の紫外線で化学変化する。
オゾン層の破壊	紫外線が多くなり，生物のＤＮＡが破壊され，皮膚がんや白内障などが増える。また，海水中の植物プランクトンを死滅させ二酸化炭素の吸収が減少する。その結果，温室効果を促進させる。 （原因） 半導体の洗浄などに使われるフロンの放出。
海洋汚染	海洋のゴミが海の生物や海洋環境や漁業への影響，船舶航行や沿岸地域の環境に影響している。 （原因） 漂着するゴミの多くが人工物であり，その大半がプラスチックである。このプラスチックは海洋の環境により分解され，マイクロプラスチックとなる。

演習問題

No.1

（解答 ▸ P.26）

個体群内の関係のうち，同じ種内で見られるのは次のうちどれか。

① 縄張り
② 競争
③ 共生
④ 住み分け
⑤ 食物連鎖

No.2

（解答 ▸ P.26）

次のうち，独立栄養生物はどれか。

① シイタケ
② アオカビ
③ バッタ
④ ワラビ
⑤ ミジンコ

No.3

（解答 ▸ P.26）

次に挙げるＡ～Ｅの生物の中で一次消費者の組合せとして正しいものはどれか。

Ａ　サソリ　　Ｂ　イナゴ　　Ｃ　トカゲ　　Ｄ　ヤモリ　　Ｅ　カメムシ

① Ｃ，Ｄ
② Ｂ，Ｅ
③ Ｂ，Ｄ
④ Ａ，Ｅ
⑤ Ａ，Ｃ

No.4

（解答▶P.26）

次の動物の中で分類学上異なる動物が１つある。それはどれか。

① イカ
② タコ
③ クラゲ
④ ハマグリ
⑤ タニシ

No.5

（解答▶P.26）

年齢別にみた生物の死亡率の大きさには，生物の種類及び外部環境の影響によって，ほぼ一定の型がみられる。下図は横軸に相対年齢を，縦軸には出生数を一定にして，それぞれの年齢における生存数を対数目盛でとって，年齢別の死亡の起こり方を表した生存曲線の模式図である。

次の（ア）～（オ）の各項がA，B，Cのどれに当たるか，間違っているものを選べ。

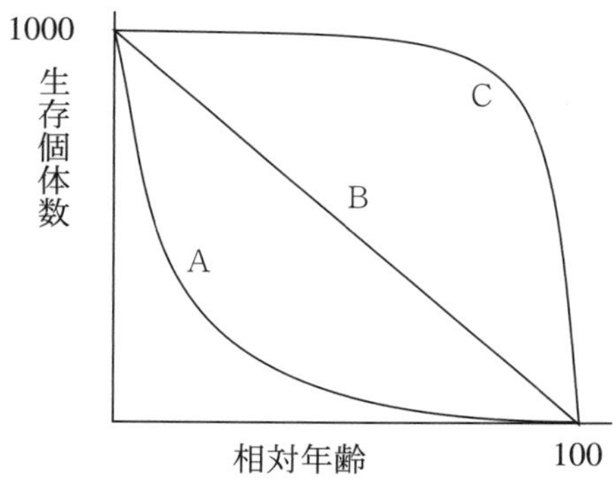

（ア）魚　（イ）ヒト　（ウ）エビ・カニの仲間
（エ）多くの野鳥　（オ）ヒト以外のほ乳類

① （ア）－A
② （イ）－C
③ （ウ）－B
④ （エ）－B
⑤ （オ）－C

No.6

（解答 ▸ P.26）

ヒトの行為により作り出された物質が，地球環境に及ぼす問題に関する記述として正しいものはどれか。

① 冷蔵庫の冷媒などに利用されていたフロンガスは，有害な紫外線を吸収するオゾン層を破壊するため，紫外線による生物への影響が懸念される。

② 化石燃料の消費によって大気中に放出された二酸化炭素は，雨に溶けて地上に降り注ぐため，森林や魚に影響を及ぼす。

③ 化石燃料の消費によって大気中に放出された硫黄や窒素の酸化物は，太陽エネルギーの一部を大気中にとどめるため，地球上の平均気温は上昇する。

④ 殺虫剤として用いられていたＤＤＴは，農業用水などを通じて湖や海に流れ込んだため，プランクトンに蓄積され，赤潮の原因となり地球環境に影響を及ぼした。

⑤ 家庭排水や工業排水に含まれる窒素やリンなどの栄養塩類は，生物の脂質に蓄積されやすいため，食物連鎖の高次消費者に中毒などの影響を及ぼす。

No.7

（解答 ▸ P.26）

下図はゾウリムシを一定容器内で飼育したときの個体群密度の時間的変化を示したものである。飼育途中から個体群密度の増加がゆるやかになる理由として正しいものはどれか。

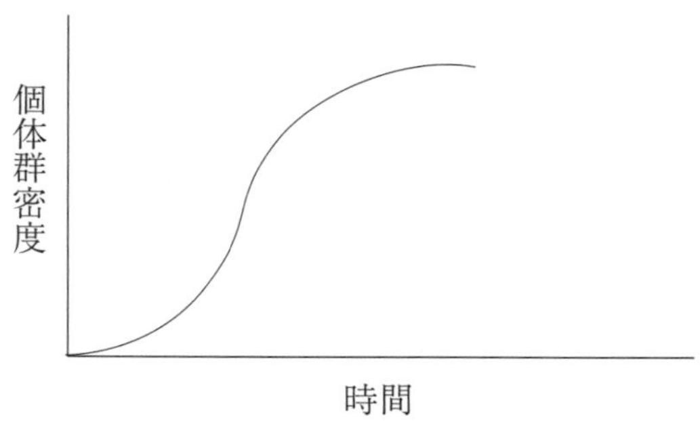

① 個体群内での出生数より死亡数が上回るから。

② 個体当りのえさの量や生活空間が不足するから。

③ 水温が上昇したから。

④ 環境抵抗による抑制が取り除かれるから。

⑤ 突然変異が起こったため増殖率に変化が生じたから。

第４編

地　学

第1章 地球の構造

大気が広がっている範囲を**大気圏**という。高度が上がると気圧は下がるが，温度は高度に比例するものではなく，複雑な構造になっている。大気圏は，気温の変化を軸にして高度が低い層から**対流圏**，**成層圏**，**中間圏**，**熱圏**の４層に分けることができる。

高度約 90km までの大気は，窒素約 78%，酸素約 21%，アルゴン約 0.93%，二酸化炭素約 0.04% という成分から構成されている。

環境問題で重視されている**オゾン層**は，**紫外線**を吸収するはたらきをもち，成層圏に広がっている。このほか,熱圏のうち 100 ～ 1000km 付近で生まれる**デリンジャー現象**とよばれる電波障害など，大気圏内の各圏・高度によって様々に異なる現象が見られる。

地球は，太陽から**可視光線**の形でエネルギーを受けているが（**太陽放射**），一方で太陽からの放射エネルギーと等しい量のエネルギーを**赤外線**の形で大気圏外に放射するため（**地球放射**），平均気温が大きく変動することはない（**地球の熱収支**）。

地表は，高緯度の赤道付近で多くの太陽放射を受け，南北極付近では受け取る放射量も少ない。このため，赤道付近の高気温と南北極付近の低気温との差が生まれる。この温度差を解消するために大気は地球規模で一定方向に移動しながら循環している。これを**大気循環**とよぶ。

二酸化炭素や**水蒸気**（H_2O）は，地球放射の赤外線を吸収することで気温変化を弱めている。これを**温室効果**というが，ガソリンなど化石燃料の使用量が極端に増えると，二酸化炭素等の排出が増大し，これまで地球外に放出されていた赤外線も残ることになり，地表付近の気温が上昇する。**地球温暖化問題**はこのことを指している。

解法のポイント

(1) **大気の構造**

気温変化と大気の構造の関係を，下の表と (2)，(3) を使って理解しておこう。

	高度	状態	気温
対流圏	地表 〳 11km	活発な対流があり，雲の発生や降水といった気象現象がある。	上空に行くほど温度は低くなる。気温は100m 上昇するごとに約 0.65℃ずつ下がり，圏界面で極小となる。
成層圏	11km 〳 50km	東西方向のジェット気流がある。 真珠雲とよばれる雲が見られることがある。	オゾン層が紫外線を吸収しているので熱を発生し，上空ほど気温が上昇して成層圏界面で極大となる。そのため，上昇気流がおこりにくく，対流することはほとんどない。
中間圏	50km 〳 80km	夜光雲が見られる。中間圏の上層には，電離層（D 層）があり，長波を反射している。	気温は高さとともに下がり，大気圏中で最も気温が低い。
熱圏	80km 〳 500km	原子・分子の大部分がイオン（電気をもつ粒子）となっている。電離層をもつ。	太陽放射エネルギー（X 線や紫外線など）を吸収し，気体分子の一部は原子となり電離され，イオンと電子に変化している。このとき発熱するため，上昇すると気温も高くなる。

(2) **大気の構造（イメージ）**

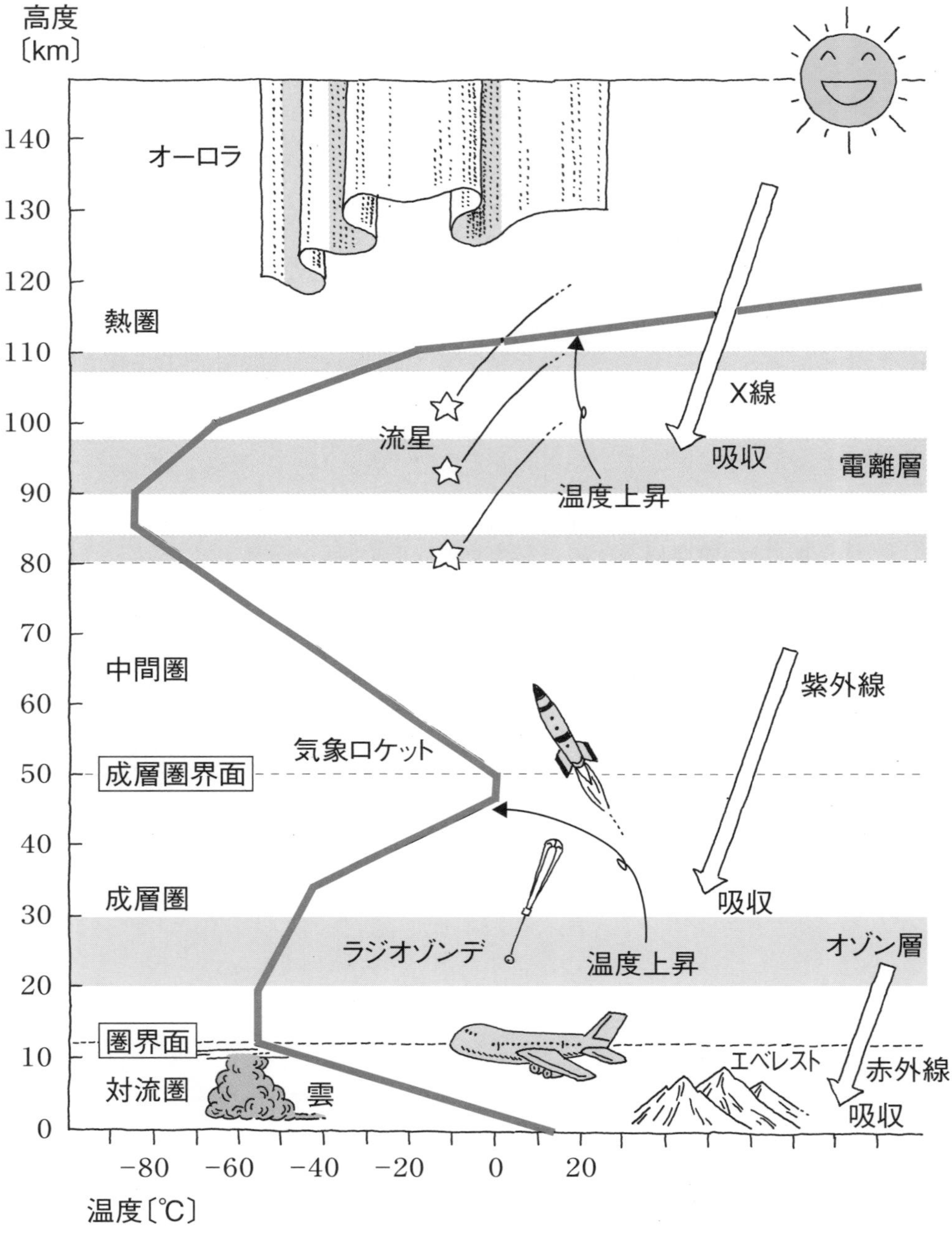

高度〔km〕
140
130
120
110
100
90
80
70
60
50
40
30
20
10
0
オーロラ
熱圏
流星
X線
吸収
電離層
温度上昇
中間圏
紫外線
気象ロケット
成層圏界面
成層圏
吸収
ラジオゾンデ
温度上昇
オゾン層
圏界面
対流圏
雲
エベレスト
赤外線
吸収
−80
−60
−40
−20
0
20
温度〔℃〕

(3) 大気圏の諸現象

オゾン層 (成層圏)	空気中の酸素が太陽の紫外線を吸収し，そのエネルギーで**オゾン**が発生する。 $3O_2 \xrightarrow{\text{紫外線}} 2O_3 + \text{熱}$ オゾン層は，生物にとって有害である紫外線を吸収する。 近年は特に，フロンによる極地方のオゾン層破壊が問題になっている。
電離層 (中間圏，熱圏)	イオンと電子に分かれている層を**電離層**といい，地上からの電波（中波・短波）を反射させ，通信分野で利用されている。酸素Oや窒素Nがイオンになったもので，電子が多くなり，電波を反射する。下層から**D層**（中間圏），**E層**（熱圏），**F層**（熱圏）がある。
デリンジャー現象とオーロラ (100 ～ 1000km・熱圏)	太陽面で大爆発（フレア）がおきると，太陽から放射される大量の電子やイオンが，この電離層にぶつかって**デリンジャー現象**とよばれる電波障害がおこる。また，極地方ではカーテン状の**オーロラ**が見られる。
流星 (70 ～ 140km・中間圏・熱圏)	微細な天体が地球の大気中に飛び込み，大気との衝突によって発光し消滅するもの。燃えつきることなく地表まで落下（＝いん石）するものもある。
真珠雲 (成層圏)	スコットランドやスカンジナビア地方で見られる真珠のように輝く雲。
夜光雲 (中間雲)	塵の周りに氷が氷結して，それが太陽光線を受けて青白く輝いて見える雲。緯度50°～ 60°の高緯度地域の夏に発生する。
バン＝アレン帯 (外圏)	地球の磁気圏の内側にあるドーナツ状の放射能帯。

(4) 大気の大循環モデル

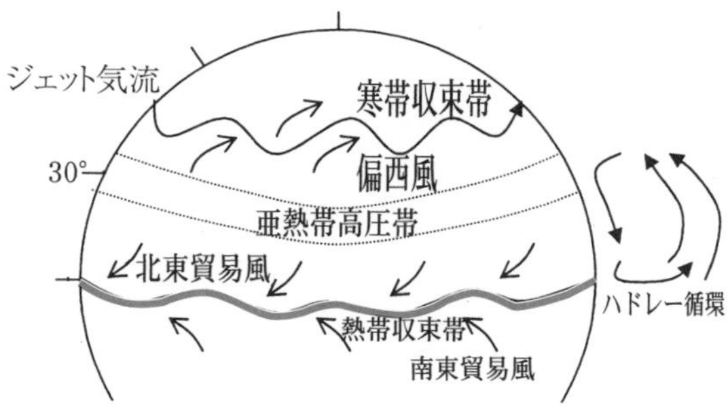

(5) 赤道・極・日本にみられる大気循環

極付近	極付近で下降，北緯 60°（フィンランド）付近で上昇する循環。
赤道付近	赤道付近で上昇，北緯 30°（沖縄）付近で下降する循環。 北東貿易風（偏東風）は，赤道から北緯 30° の間で地表に近い高さで吹く
日本周辺	地表付近も，上空も西風が吹く循環。 対流圏と成層圏の境目付近に流れる強い偏西風（風速 100m/s）としてジェット気流がある。

演習問題

No.1

（解答▶P.27）

次の大気の成層について述べた文のうち，間違っているのはどれか。

① 熱圏は電離圏ともいい，電子の数が多く電離層も各種ある。太陽表面の爆発によって放出されるX線により電離層に影響を与え，電波通信の妨害現象（デリンジャー現象）を生じることがある。

② 成層圏にはオゾン層があり紫外線を吸収する。ここでは対流も生じ，地表近くの空気中にもオゾン層が下りてくることもある。

③ 中間圏では気温は一定の割合で低下し，80km付近では－80℃以下になることもある。電離層が存在し長波を反射している。高緯度地方では，夜光雲の発生が見られる。

④ 対流圏では上層に行くほど一定の割合で気温が低下する。この原因は，太陽の放射熱を空気が吸収するはたらきが小さく，地表面が吸収しそれが次第に上空に運ばれる。さらに，対流によって空気が上昇すると，気圧が下がり空気の体積が膨張する。

⑤ 外気圏では気温は700℃以上になる。大気を構成する分子，原子，イオンが高速の運動をしている。バン＝アレン帯があり放射能の強い領域が地球をドーナツ状にとりまいている。

No.2

（解答 ▸ P.27）

次の記述は，大気の各成層とその特徴を述べたものである。（　　）の中にどのような語が入るのか，下記の語群から正しいものを選べ。

（　ア　）：大気の成層の中で最下層で，地球上での気象現象はここで起こる。場所により違いはあるが，約 11km の厚さがある。空気は（　イ　）しており，上層に行くに従って一定の割合で気温は（　ウ　）。

（　エ　）：高度は約 11km から約 50km で，気温は上に行くほど（　オ　）。空気の（　イ　）はなく，東西方向へ強い風が吹く。（　カ　）が 20km ～ 30km に存在する。

語群　A＝高くなる　B＝低くなる　C＝対流　D＝対流圏　E＝オゾン層
　　　F＝成層圏　G＝電離層　H＝電離圏　I＝地表に平行運動

	(ア)	(イ)	(ウ)	(エ)	(オ)	(カ)
①	D	I	B	F	A	E
②	D	C	B	F	A	E
③	H	C	B	D	B	G
④	H	I	A	D	B	G
⑤	D	C	A	F	B	G

No.3

（解答▸P.27）

地球の大気に関する記述として，最も妥当なものはどれか。

① 地球の地表付近の大気を構成する成分で最も多いのは酸素，ついで水蒸気である。この酸素や水蒸気は，地球上のすべての生物の生存に欠かすことができないものとなっているが，地球以外の惑星にはほとんど酸素や水蒸気はない。

② 地球上の大気は，地球の重力によって地球の中心に向かって引きつけられているだけでなく，太陽の重力によっても引きつけられている。このように大気は上下から同様に引っ張られているため，どの高度でも気圧はほぼ一定である。

③ 地球の大気の温度を気温といい，その熱源は地熱ではなく太陽である。そのため，同緯度であれば太陽に近い高地ほど一般に気温は高いが，高山などで気温が低く感じられるのは，風が強いためである。

④ 対流圏にあるオゾン層は，太陽放射を適度に反射し地表付近の大気の気温を生物が存在するのに適したものとするのに役立っている。近年観測されている地球温暖化は，このオゾン層の破壊が最も大きな要因であると考えられている。

⑤ 地球には絶えず太陽放射が入射しているが，この太陽放射エネルギーとほぼ等量のエネルギーが大気圏外に放射され，エネルギーの収支が釣り合っている。このため，長い期間にわたって，大気の平均気温は安定している。

No.4

（解答▸P.27）

ジェット気流について間違っているものはどれか。

① 偏西風帯の中で，特に強い流れをジェット気流という。

② 対流圏と成層圏の圏界層付近の特に強い帯状の流れである。

③ 日本付近のジェット気流は季節によって位置が変化する。

④ 風速は低緯度と高緯度の温度差が小さい夏のほうが冬よりも２倍以上大きい。

⑤ ジェット気流は夏は北上し，冬は南下する。

第2章 気圧と風

気圧とは，気体の押す力（圧力）のことであり，一般に大気が地表を押す力（重力）である**大気圧**のことを指す。空気にも質量があり，地球を覆っている大気の層により地表には面積1 cm^2 あたり約1 kgの力がかかっている。これが標準大気圧といわれるもので，地表の大気圧は，**1気圧＝1atm＝1013hPa（ヘクトパスカル）**と表される。高度が上がると，当然その上方にある空気柱の高さが低くなるので，気圧は下がる。

気圧の等しい点を結んだ線を**等圧線**といい，風は気圧が高いところから低いところに向かって吹き込む。等圧線が閉じており，周囲より中心気圧が高いところを**高気圧**といい，周囲より中心気圧が低いものを**低気圧**とよぶ。風は，理論上，等圧線に対して垂直に吹くのだが，地球の自転の影響で**転向力（コリオリの力）**がはたらくため，北半球では，垂直より右寄りに吹いている。また，等圧線の間隔が狭いほど風の力は強い。

大陸や海洋上の水平方向に広い範囲にわたって気温や湿度がほぼ一定な空気の塊を**気団**という。海洋上でできる気団は湿っている一方，大陸上でできるものは乾燥している。北半球では，北方の気団は気温が低く，南方の気団は気温が高い。性質の異なる気団同士が相対したとき，寒気は重く沈み暖気は軽く上昇する現象がみられる。その境界面が**前線面**，前線面が地表と交わってできる線を**前線**とよぶ。前線は動きや空気の性質によって**寒冷前線**，**温暖前線**，停滞前線（例：**梅雨前線・秋雨前線**），**閉そく前線**の4つに区分できる。

解法のポイント

(1) **高気圧・低気圧・台風**

高気圧	**一般的特徴** ① 地表付近では中心から周辺へ時計回りに風が吹き出す（北半球の場合）。 ② 高層では周辺から中心へ気流が集まり中心部では下降気流。 ③ 中心の気圧変化は小さく，風は弱く，晴れが多い。 ④ 夜間は気温が下がる。 **種類** ① 寒冷高気圧（シベリア高気圧） 冬季の大陸で発達し停滞する。 ② 亜熱帯高気圧（北太平洋高気圧） 夏季の亜熱帯から中緯度の海洋上で発達する。 ③ 移動性高気圧 春，秋によく現れ，偏西風に流されて西から東へ移動する高気圧。 後方に低気圧を伴うので**移動性高気圧通過後は天気は下り坂**となる。
低気圧	**一般的特徴** ① 地表付近では，周辺から中心へ反時計回りに風が吹き込む（北半球の場合）。 ② 中心に集まった空気は上昇して高層で発散，上昇気流。 ③ 中心の気圧変化は高気圧に比べ大きく，風は強い。上昇気流のため雲が発生，雨が降る。 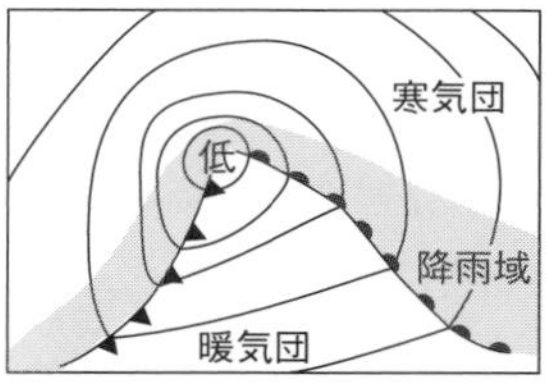 **種類** ① 温帯低気圧 日本では南西海上で発達し，日本を西から東へ通過していく低気圧で，低気圧の東側に温暖前線，西側に寒冷前線を伴う。閉そく前線ができると次第に衰え，消滅する。 ② 熱帯低気圧 赤道付近の海上で発達し，前線を伴っていない。等圧線は円状または，だ円状で，特に発達し風速が17.2m/秒以上のものを台風という。
台風	熱帯低気圧のうち，最大風速が17.2m/秒を超えるものをいう。 発生場所により，サイクロンやハリケーンともよばれる。台風の進行方向右側を危険半円といい，風が強く，高潮などの被害も発生しやすい。 ① 風は目（雲のない中心部）に向かって反時計回りに吹き込む。 ② 中心の気圧の変化が最も大きく，強風が吹くため目をもつものが多い。 ③ 前線は伴わない。 ④ 熱帯海上で発生し，発達する。

(2) **日本付近の気団と特徴**

	時期	性質	特徴
①シベリア気団 (シベリア高気圧)	主に冬 (春・秋)	北方・大陸性 冷たい 乾いている	シベリア高気圧の空気が流れ出し，冬に北西の季節風が吹く。日本海の水蒸気を含み，日本海側に雪を降らせる。
②小笠原気団 (北太平洋高気圧)	主に夏 (春・秋)	南方・海洋性 暖かい 湿っている	太平洋高気圧の空気が流れ出し，南からの季節風が吹く。強い日射しによって積乱雲や積雲が生じやすい。
③オホーツク海気団 (オホーツク海高気圧)	梅雨期 秋雨期 秋霖(りん)期	北方・海洋性 冷たい 湿っている	長雨を降らせる梅雨，秋雨の季節に関係ある気団。
④移動性高気圧※	春・秋	南方・大陸性 暖かい 乾いている	春・秋の好天は，移動性高気圧となって日本にきたときにおこる。

※揚子江気団とも呼ばれていた。

(3) **前線の種類と特徴**

① **寒冷前線**　勢力の優勢な寒気が，暖気の下に潜り込んで発生。傾きが急な前線面では，暖気が急激に上昇させられ，積乱雲が発達する。強いにわか雨が降り，突風や雷を伴うことがある。前線が通過すると風が北寄りになり，気温が下がる。

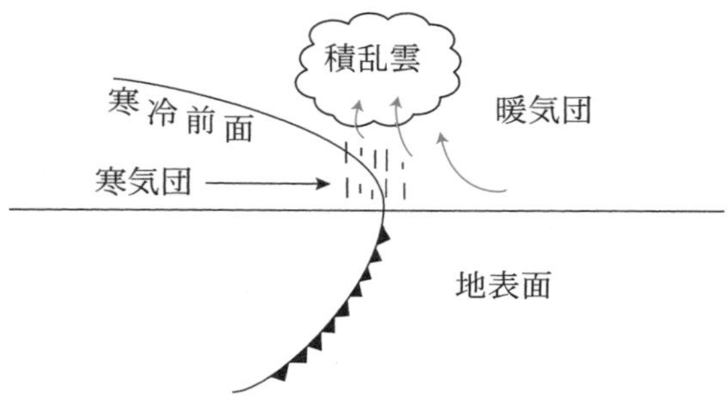

(a) 寒気団によって暖気団が押し上げられる。

(b) 積乱雲，積雲発生

(c) しゅう雨性の雨…降り出して間もなく止む強い雨，にわか雨。

(d) 通過前…暖気団

通過後…寒気団　気温は下がる。風向，風速が急変，短時間の強雨

② **温暖前線** 勢力の優勢な暖気が，寒気の上に乗り上げて発生。暖かい空気のほうが軽いため，寒気の上にはい上がるように前線面をつくる。乱層雲が前線面に発達し，弱い雨が長時間降り続く。前線が通過すると東から南寄りの風になり，気温が上がる。

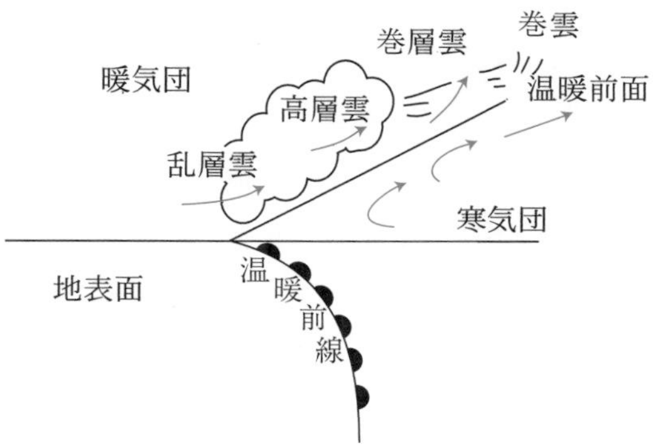

(a) 温暖前線が近づくときの雲の変化…巻雲→巻層雲→高層雲→乱層雲になる。

(b) 持続性の雨が降る。前線が接近するとしだいに激しくなる。

(c) 通過後気温上昇，雲も少なくなり晴天になることもある。

③ **停滞前線** 寒気と暖気が双方から押し合う所にできる。前線は東西に伸び，ぐずついた天気が続き，ほとんど動かない状態の前線。梅雨前線や秋雨前線がこれにあたる。

梅雨前線と秋雨前線

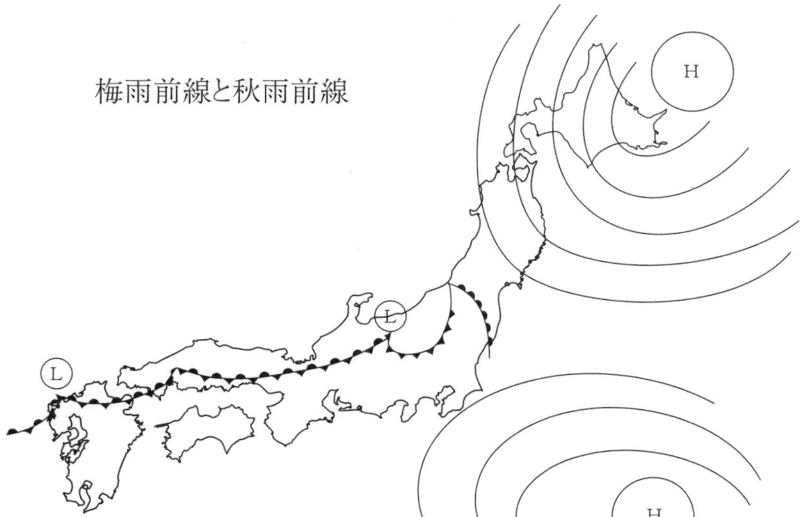

④　**閉そく前線**　寒冷前線は温暖前線より速く進むために，寒冷前線が温暖前線に追いついたときにできる。暖気が２つの寒気に押し上げられるので，雲が発生して天気が悪い。

雲の種類

「巻」のつく雲…巻雲，巻積雲，巻層雲
　　6,000m 以上高空に発生し，低温のため氷晶状態。

「層」のつく雲…巻層雲，高層雲，層積雲，層雲，乱層雲
　　ベール状の形，上昇気流に伴って，温暖前線で発生。

「積」のつく雲…巻積雲，高積雲，層積雲，積雲，積乱雲
　　団球状（球状，でこぼこした塊）で，垂直方向の上昇気流により発生。

(4) 日本の四季と気圧配置

	気圧配置	天気の特徴
冬	冬型 (西高東低)	シベリア大陸で発達した寒冷で乾燥した気団（シベリア高気圧）から吹き出す北西の季節風が，日本海を渡ってくる間に海から水蒸気の供給を受け，湿った空気となる。この湿った空気が日本海側の山脈に沿って上昇すると，気温が低下して雲を発生させ，日本海側では降雪が続き，ときには暴風雪になることもある。これに対して，山越えした太平洋側では空気が下降して，からっ風が吹き，晴天が続く。
春・秋	移動性高気圧 温帯低気圧	シベリア高気圧が弱まり，移動性高気圧の勢力が強まることによって，移動性の高気圧と低気圧が日本付近を交互に通過するようになるのが春である。天気は西から東へ周期的に変化する。また，移動性高気圧に覆われた夜には放射冷却がおこり，気温が下がるため霜が降りることもある。
夏	夏型 (南高北低)	夏は太平洋に北太平洋高気圧が発達し，暑い日が続く。ときには積乱雲が発生し雷雨になる南東の季節風が吹き，太平洋側では蒸し暑い日が続き，日本海側ではフェーン現象がおきて，太平洋側より気温が高く暑くなることがある。
梅雨・秋雨	停滞前線	６月中旬から下旬にかけての梅雨のころや，秋にオホーツク海高気圧と北太平洋高気圧との境目に停滞前線が発生し，その地域に長雨を降らせる。 　北太平洋高気圧が梅雨前線を日本海北部まで押上げると梅雨明けとなる。梅雨入りと梅雨明けは，日本列島の南から始まって，北海道付近で前線が消滅するので，北海道には梅雨はない。

(5) いろいろな天気現象

フェーン現象

山を吹き越えた風が，風下側の山麓で異常に高温で乾燥する現象。風が山を昇るとき，雲が発生するまでは気温の変化は 100m につき 1℃下がり（乾燥断熱減率），雲が発生すると 100m につき 0.5℃下がる（湿潤断熱減率）。また，山を降りるときは雲の発生がないので 100m につき 1℃上がる（乾燥断熱減率）。日本では，春先に日本海を発達した低気圧が通過するときに，日本海側で発生しやすい。この風により，空気が上昇して気温が降下し，さらに空気が下降し気温が大きく上昇するため**山越えの風下では気温が高くなる現象**である。

放射冷却

地表面が空に熱を放出し冷却する現象をいう。風の弱い晴れた夜に発生しやすく，霧や遅霜の原因となる。

霧

地表面付近で無数の小さな水滴が空気中に浮かび，遠くがはっきり見えなくなる現象。放射冷却により，地表付近の空気が冷却され，暖かく湿った空気が冷たい海面上を流れるときなどに生じる。

海陸風

海と陸の熱を蓄える量の違いと，海と陸における熱の蓄え方の違いによって海岸地方で吹く風。

(a) 海風…日中地面が高温（気圧低い）⇒ 空気上昇：地表では，海から陸へ風が吹く。
海上が低温（気圧高い）⇒ 空気下降

(b) 陸風…夜間地面が低温（気圧高い）⇒ 空気下降：地表では，陸から海へ風が吹く。
海上が高温（気圧低い）⇒ 空気上昇

(c) 朝なぎ，夕なぎ…海風，陸風が入れかわるとき，無風状態になる現象。

①海風…昼間に海から陸へ向かって吹く風

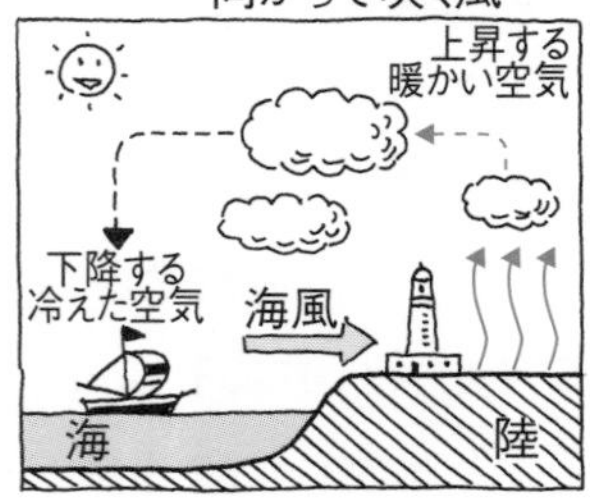

②陸風…夜間に陸から海へ向かって吹く風

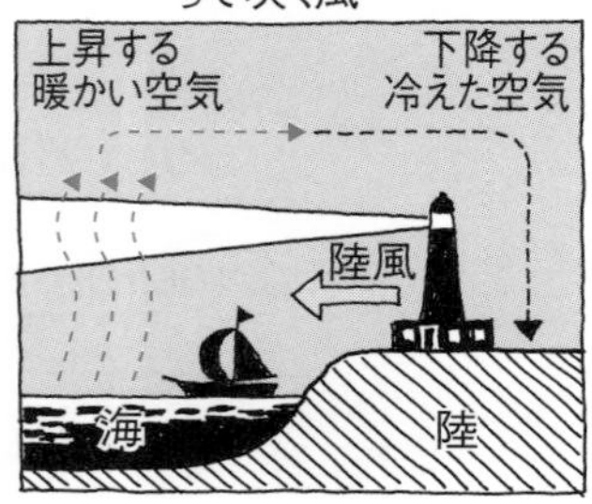

(6) 天気図記号の読み方

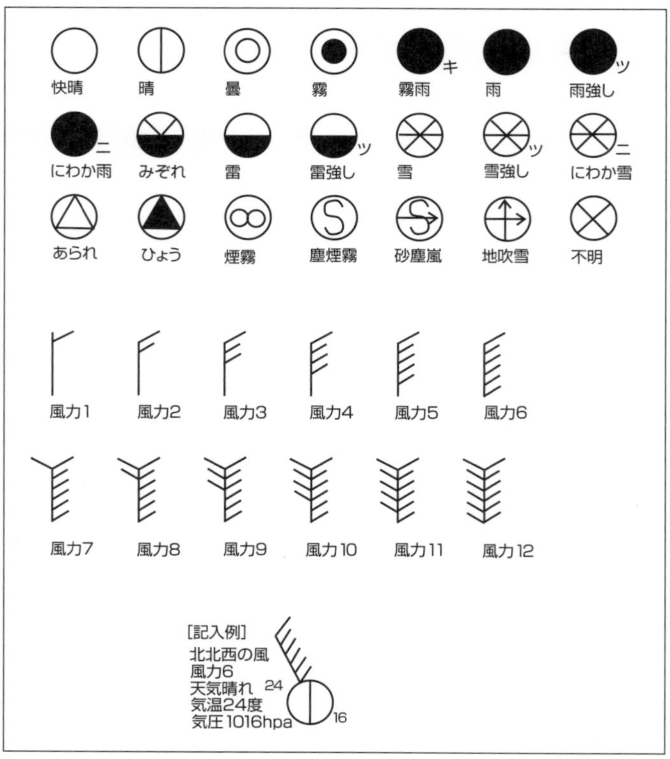

演習問題

No.1

(解答 ▸ P.27)

ある一定の条件の下で，晴れ・曇り・雨の日の気温の日較差はどうなっているか。

① 晴れの日の最高気温は一番高く，最低気温は曇りの日より高い。
② 雨の日の最高気温は，曇りの日より高く，最低気温は，晴れの日より低い。
③ 雨の日の最高気温は一番低く，最低気温も一番低い。日較差は晴れの日より小さい。
④ 曇りの日の最高気温は晴れの日より低く，最低気温は雨の日より高いので日較差は一番小さい。
⑤ 晴れの日の最高気温は最も高く，最低気温は曇りの日，雨の日より低いので，日較差は一番大きい。

No.2

(解答 ▸ P.27)

低気圧に伴って，いろいろな形態の雲が観察される。図に示されるように，温暖前線の付近と寒冷前線の付近では観察される雲に違いがある。
図の中のア，イ，ウに入る雲の組合せとして，最も適当なものを選べ。

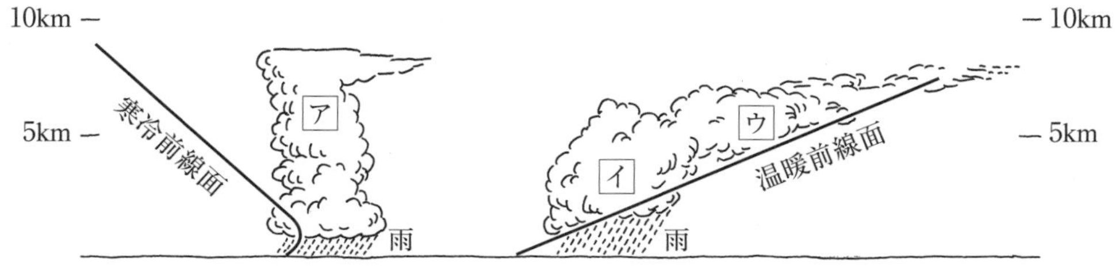

図　前線の鉛直断面のモデル図。 水平方向と鉛直方向の縮尺を変えてある。

	ア	イ	ウ
①	乱層雲	積乱雲	高層雲
②	積乱雲	乱層雲	高層雲
③	乱層雲	高層雲	積乱雲
④	積乱雲	高層雲	乱層雲
⑤	高層雲	乱層雲	積乱雲

No.3

（解答 ▸ P.28）

次の図は，ある日の地上天気図にあった日本付近の温帯低気圧とそれに伴う前線を描いたものである。ただし前線はその位置のみを示したものである。前線 a，b の描き方と前線 a，b の名称の組合せで正しいものはどれか。

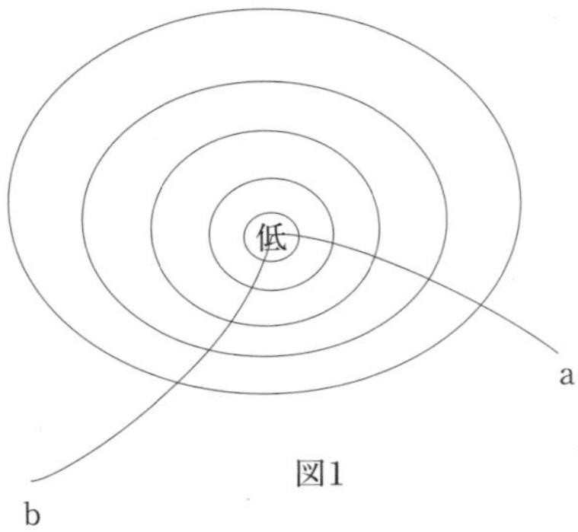

図1

（ア）

（イ）

（ウ）

（エ）

（オ）

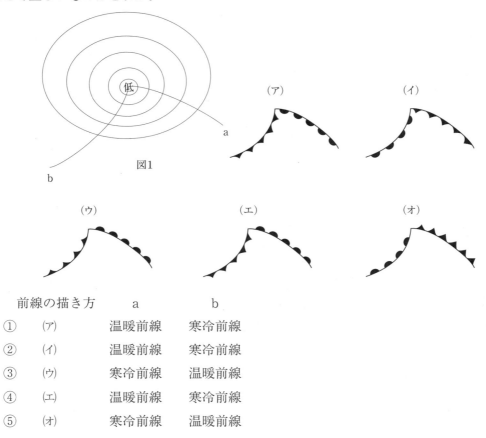

	前線の描き方	a	b
①	(ア)	温暖前線	寒冷前線
②	(イ)	温暖前線	寒冷前線
③	(ウ)	寒冷前線	温暖前線
④	(エ)	温暖前線	寒冷前線
⑤	(オ)	寒冷前線	温暖前線

No.4

（解答▸P.28）

高気圧と低気圧について，次の表の空欄に入れるべき語の正しい組合せはどれか。

	付近の気圧	付近の風の方向	付近の風の強さ	中心付近の気流	天候
高気圧	ア	ウ	オ	キ	ケ
低気圧	イ	エ	カ	ク	コ

A：周囲の気圧より低い　B：１気圧より高い　C：１気圧より低い
D：周囲の気圧より高い　E：好天　F：荒天候　G：強い
H：弱い　I：下降気流　J：上昇気流　K：周囲に向かって吹く
L：周囲より中心に向かって吹く

	ア	イ	ウ	エ	オ	カ	キ	ク	ケ	コ
①	B	C	L	K	H	G	I	J	E	F
②	C	B	K	L	G	H	J	I	F	E
③	D	A	L	K	H	G	J	I	E	F
④	D	A	K	L	H	G	I	J	E	F
⑤	D	A	K	L	H	G	J	I	F	E

No.5

（解答 ▸ P.28）

次のA～Dに当てはまる語句の組合せとして正しいものはどれか。

緯度がおよそ5～20°，海面の温度が約27℃以上の海上で発生する熱帯性低気圧のうち，最大風速が（　A　）以上に発達したものを日本では台風とよぶが，アラビア海やベンガル湾などインド洋で発生すると（　B　）とよばれ，メキシコ湾やカリブ海で発生するものを（　C　）とよぶ。台風のエネルギー源は，（　D　）であるから，上陸すると衰退する。

	A	B	C	D
①	25m/s	ハリケーン	サイクロン	暖気が上に移る位置エネルギー
②	30m/s	サイクロン	ハリケーン	暖気が上に移る位置エネルギー
③	17m/s	サイクロン	ハリケーン	水蒸気が凝結するときの潜熱
④	25m/s	ハリケーン	サイクロン	水蒸気が凝結するときの潜熱
⑤	17m/s	ハリケーン	サイクロン	暖気が上に移る位置エネルギー

No.6

（解答 ▸ P.28）

季節ごとの日本付近の天気に関係の深い言葉の組合せとして誤っているものはどれか。

A　春：移動性高気圧と気圧の谷
B　梅雨：移動性高気圧とオホーツク海気団
C　夏：小笠原気団と南高北低の気圧配置
D　秋：熱帯低気圧と停滞前線
E　冬：シベリア気団と北西季節風

① A
② B
③ C
④ D
⑤ E

No.7

（解答 ▸ P.28）

次の文章のA～Dに入る語句の正しい組合せはどれか。

日本列島では，9月中旬から10月中旬にかけ，秋雨期に入る。これは（　A　）が南東に後退し，大陸からの（　B　）が張り出してきて，この２つの気圧にはさまれて（　C　）に似た前線をつくる。この前線は，日本の南岸沿いに停滞し，この前線に沿って（　D　）や台風が東または東北へ進むので，梅雨期と同じ雨期になる。

	A	B	C	D
①	北太平洋高気圧	寒気団高気圧	梅雨前線	低気圧
②	北太平洋高気圧	寒気団高気圧	寒冷前線	高気圧
③	オホーツク海気団	大陸性熱帯気団	温暖前線	低気圧
④	オホーツク海気団	大陸性熱帯気団	梅雨前線	低気圧
⑤	北太平洋高気圧	寒気団高気圧	梅雨前線	高気圧

No.8

（解答 ▸ P.28）

日本の気候についての記述として正しいものはどれか。

① 赤道気団は，主に夏に日本に到来する高温乾燥の気団である。
② シベリア気団は，主に冬に日本に到来する低温で乾燥した気団である。
③ オホーツク海気団は，主に春・秋に日本に到来する低温で乾燥した気団である。
④ 移動性高気圧は，主に春と秋に日本に到来する高温で多湿の高気圧である。
⑤ 小笠原気団は，主に夏に日本に到来する高温で乾燥した気団である。

No.9

（解答▸P.28）

下記の天気図は，日本付近の１年間の季節ごとに一般的に見られるものである。Ａは春の天気図であるが，Ｂ～Ｅの天気図はバラバラである。梅雨期・夏・秋・冬の順に正しく並べてあるものを選べ。

A（春）

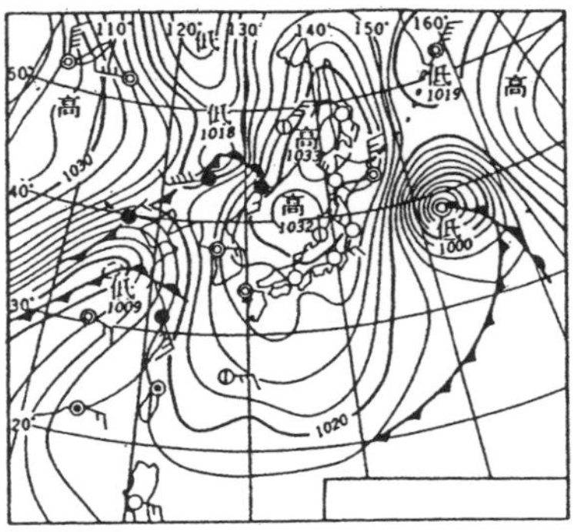

B

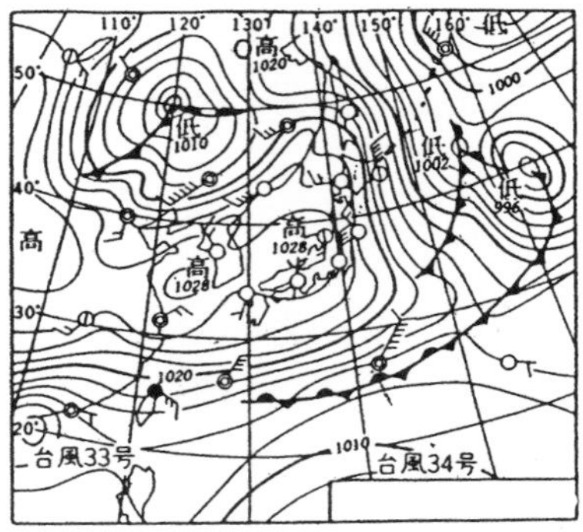

C

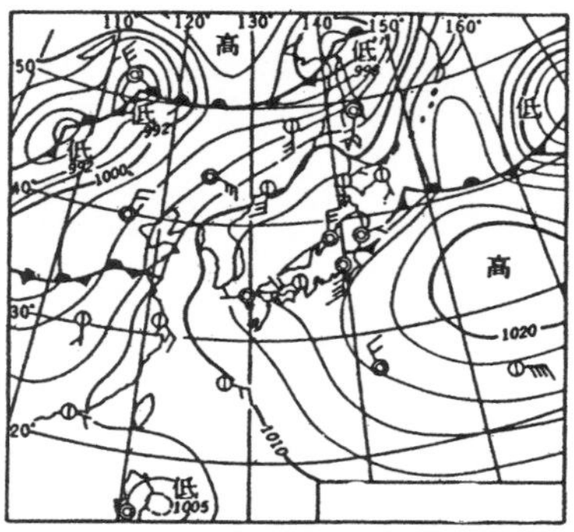

D

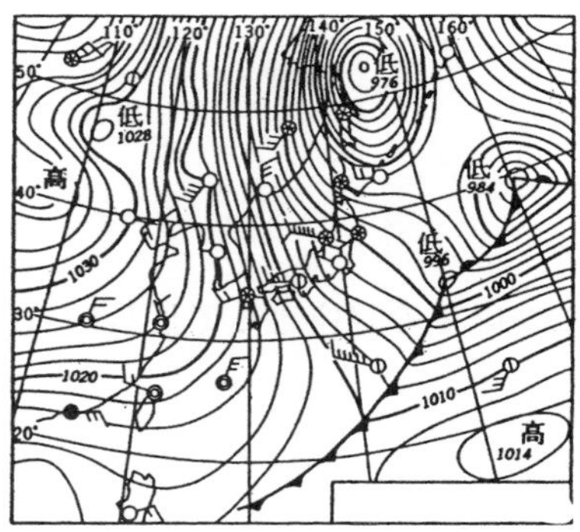

E

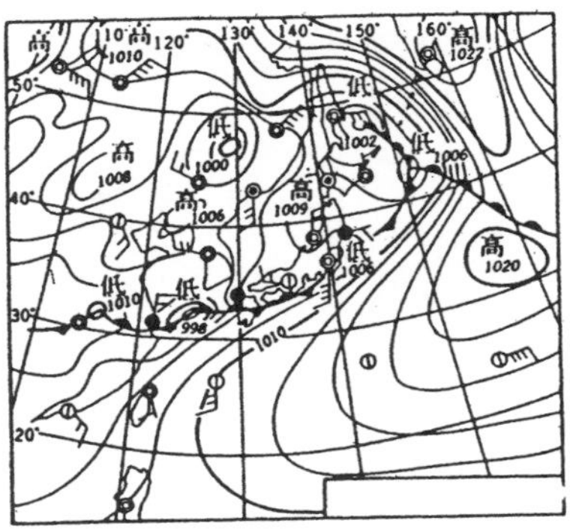

	梅雨期	夏	秋	冬
①	D	C	E	B
②	E	C	B	D
③	E	D	C	B
④	B	D	C	E
⑤	B	E	D	C

No.10

(解答▸P.29)

４月半ば過ぎから５月初め頃のよく晴れた穏やかな日の明け方, 気温が著しく下がり霜がおりて, 日本中部内陸地方の桑や果樹が大被害を受けることがある。これが晩霜で, 八十八夜のわかれ霜といわれている。この晩霜のおこりやすいときは, 次のどれか。

① オホーツク海気団が接近したとき。
② 寒冷前線が通過するとき。
③ 移動性高気圧に覆われたとき。
④ 冬型の気圧配置になり, 北西の風の強いとき。
⑤ 閉塞前線が通過するとき。

No.11

(解答▸P.29)

次の文のＡ～Ｉの中に入れる言葉が順序正しく並べられているのはどれか。

日中は陸の比熱が海の比熱よりも小さいので, 陸の温度が海の温度より高くなり陸上に（　A　）を生じ,（　B　）から（　C　）に向かって風が吹き, 夜間は海の冷却が陸よりもおそく, 海上に（　D　）を生じ,（　E　）から（　F　）に向かって風が吹く。前者を（　G　）, 後者を（　H　）という。この風の交代する静穏な状態を（　I　）という。

	A	B	C	D	E	F	G	H	I
①	高気圧域	海	陸	高気圧域	海	陸	海風	陸風	なぎ
②	高気圧域	海	陸	低気圧域	陸	海	陸風	海風	なぎ
③	低気圧域	海	陸	低気圧域	陸	海	海風	陸風	なぎ
④	低気圧域	陸	海	高気圧域	陸	海	陸風	海風	フェーン現象
⑤	低気圧域	海	陸	低気圧域	陸	海	海風	陸風	フェーン現象

第3章 岩石

地球は，**核**の周りを**マントル**が包み，これを**地殻**が覆う形で存在している楕円形の惑星である。地殻とマントルの間には**モホロビチッチ不連続面**，マントルと核の間には**グーテンベルク不連続面**が存在し，核は**レーマン不連続面**によって**外核**と**内核**に分かれる。地殻には，**大陸地殻**と**海洋地殻**があるが，大陸地殻は**花こう岩**質岩石の上部地殻と**玄武岩**質岩石の下部地殻に分けられ，30～60kmの厚さ，海洋地殻はほとんど玄武岩質岩石で厚さは5～10kmである。マントルは**かんらん岩質**の岩石からできており，固体ではあるがゆっくりと対流している。核は鉄とニッケルでできており，内核は固体であるが外核は液体になっている。

地殻の玄武岩質が溶けた高温の液体が**マグマ**であるが，これが冷えて固まることによりできる岩石を**火成岩**という。火成岩は，地表近くで急速に冷え固まる**火山岩**と地下深くでゆっくりと固まっていく**深成岩**とに分けられる。火成岩は大小多様な結晶が混ざったまだら模様である。こうした組織構成を**斑状組織**とよび，結晶の大きさが揃っている深成岩の組織である**等粒状組織**と対照的になっている。

鉱物とは，はん状組織のはん晶や等粒状組織の結晶質の粒のことであり，火成岩の造岩鉱物の多くは**二酸化ケイ素**（SiO_2）でできている**ケイ酸塩鉱物**である。こういった特徴のため，SiO_2の重量含有率の寡多により火成岩は**酸性岩**（66%～）＞**中性岩**（52～66%）＞**塩基性岩**（45～52%）に大きく分けられる。SiO_2の量が多いほど岩石は白っぽくなる。

岩石には，火成岩以外に，ある岩石の状態から熱・圧力を受けて新たな鉱物に再結晶してできた**変成岩**，火山灰や岩石・生物の遺骸などの堆積によってできる**堆積岩**があり，大きくこの３種に分類できる。

地層は，川や海の底に堆積物が水平に堆積してできる。堆積物は層を成して重なっており，この構造を**層理**，境界面を**層理面**という。構成粒子が，下部が粗粒で上部に向かって連続的に細粒へと変化している単層は，**級化層理**とよばれ，洪水などによって生まれる。また，水流・風の速さ・向きが変化する環境で堆積が起こったときにできる層理面と斜交した細かな縞模様は**斜交葉理**（**クロスラミナ**）とよばれる。また，水底に波が形成した模様が残ったものは，**リプルマーク**（**漣痕**(れんこん)）といい，堆積時の上方に尖っているので，上下判定に役立つ。

解法のポイント

(1) 地球の内部構造

① 地球の形

地球は完全な球形ではなく，赤道方向に膨らんだ回転だ円体に近い。

② 地球の内部

地球の内部を通る地震波の伝わり方の違いなどから内部構造が明らかになってきている（地震波の詳細は次の章で勉強します）。

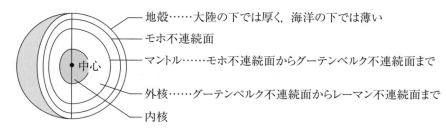

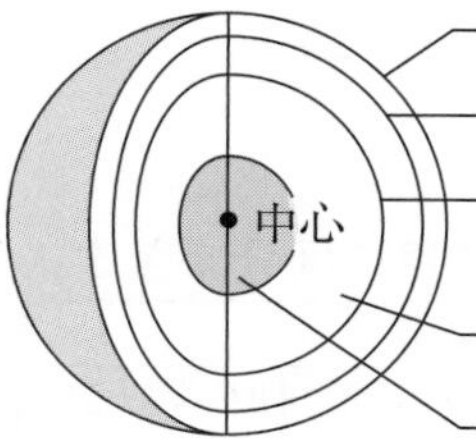

③ 地球の内部構造

	深さ	岩石または成分	状態	温度
地殻	0 ～数 10km	（上層）花こう岩質岩石 （下層）玄武岩質岩石	固体	10 ～ 800℃
モホロビチッチ不連続面（モホ不連続面）				
マントル	数 10km ～ 2,900km	（上層）かんらん岩質岩石 エクロジャイト	固体	800 ～ 4,200℃
グーテンベルク不連続面				
外核	2,900km ～ 5,100km	鉄に多少のケイ素などを含む	液体	4,200 ～ 6,000℃
レーマン不連続面				
内核	5,100km 以上	鉄を主成分とするもの	固体	6,000 ～ 6,100℃

(2) 火成岩の分類

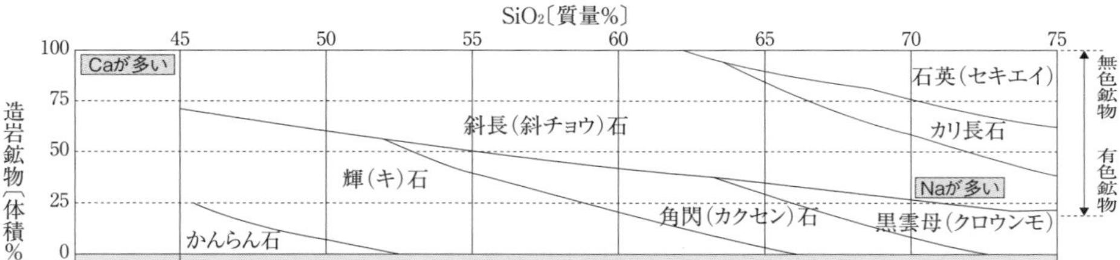

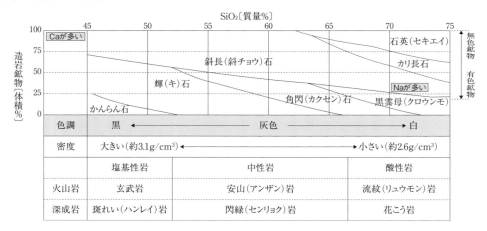

色調	黒 ←	灰色	→ 白
密度	大きい（約3.1g/cm³）←		→ 小さい（約2.6g/cm³）
	塩基性岩	中性岩	酸性岩
火山岩	玄武岩	安山（アンザン）岩	流紋（リュウモン）岩
深成岩	斑れい（ハンレイ）岩	閃緑（センリョク）岩	花こう岩

(3) 接触変成作用と広域変成作用

変成岩は，変成のされ方によって大きく**接触変成作用**と**広域変成作用**に区分できる。

接触変成作用	広域変成作用
地殻内部に貫入したマグマの高温によって，溶け出した堆積岩が変成される。接触した部分だけで起こる変成作用は，接触変成作用とよばれる。	造山運動のような大きな地殻変動の際に広範囲にわたり岩石に強大な圧力がかかる。この圧力と熱の作用で岩石の変成が起こる（1,000℃の高温と 15,000atm の圧力）。圧縮力が偏っているため，一方向に並んで組織される（片状組織，片理）。
例：ホルンフェルス，結晶質石灰石（大理石）	例：片麻岩（高温低圧），結晶片岩（低温高圧）

(4) 堆積岩の種類

岩石名	種類	堆積物	特徴
礫　岩	砕屑岩（さいせつ）	粒径が 2mm 以上	丸みを帯びている
砂　岩		粒径が 2 ～ $\frac{1}{16}$ mm	セキエイを含むものが最も多い
泥　岩		粒径が $\frac{1}{16}$ mm 未満	Al を多く含む
凝 灰 岩	火山砕屑岩	火山灰	軽くてやわらかい
石 灰 岩	生物岩	サンゴ，貝殻など	酸に溶けやすい
チャート		放散虫，ケイ藻など	硬くて緻密（ちみつ）
石 灰 岩・チャート	化学岩	無機物沈殿物	石灰石（$CaCO_3$），チャート（SiO_2）
石 こ う		蒸発沈殿物	石こう（$CaSO_4 \cdot 2H_2O$）

(5) 斜交葉理（クロスラミナ）とリプルマーク（漣痕）跡

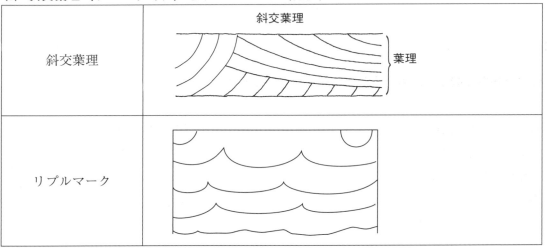

斜交葉理	斜交葉理 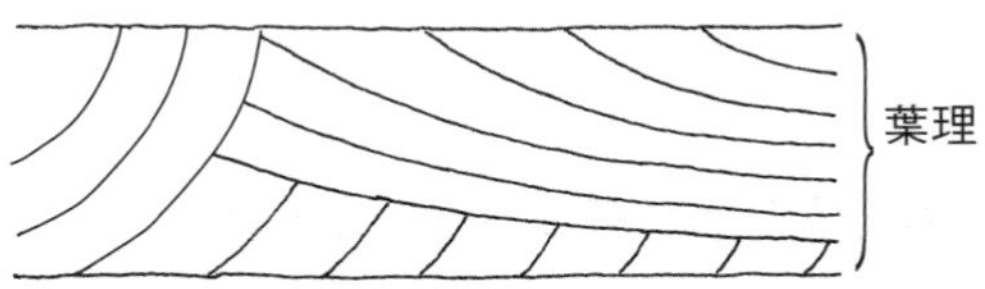
リプルマーク	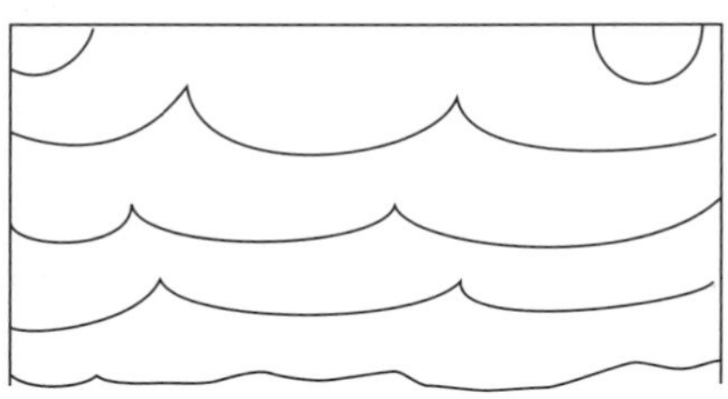

演習問題

No.1
（解答 ▸ P.29）

地球の内部構造に関する記述として妥当なものはどれか。

① 大陸地殻下層部や海洋地殻は，玄武岩質でできている。
② 地殻の上層部と下層部では岩質が異なり，境界面をモホロビチッチ不連続面という。
③ マントルは液体であるため流動性がありマントル対流がおこる。そのため地震波の S 波は地殻とマントルの境界面であるグーテンベルク不連続面で途絶える。
④ 外核と内核の境界面をグーテンベルク不連続面といい，地震波の S 波が伝わらないことから，外核は液体であると考えられている。
⑤ 核は外核と内核に分かれるが，ともにかんらん岩質でできている。

No.2
（解答 ▸ P.29）

地球の内部構造に関する次の記述のうち正しいものはどれか。

① 地殻とは，地表から約 2,900km までをいい，大陸部では海洋部よりも厚い。
② マントルはかんらん岩質からなる固体であるため，地震波の P 波も S 波も通る。
③ 外核は，地表から約 5,100 ～ 6,400km までをいい，液体でできている。
④ 内核とは，地表から約 6,400km から中心部までをいい，鉄を主成分とする固体でできている。
⑤ 地殻とマントルとの境界面をコンラッド不連続面という。

No.3

（解答 ▸ P.29）

次のア～エに入る語句の組合せとして妥当なものはどれか。

地球の内部は，地殻・マントル・外核・内核に分かれるが，地殻とマントルの境界面を（　ア　）不連続面といい，マントルと外核の境界面を（　イ　）不連続面という。地震波の（　ウ　）は，この面で途絶えるので，外核は液体と考えられている。また，外核と内核の境界面を（　エ　）不連続面という。

	ア	イ	ウ	エ
①	モホロビチッチ	レーマン	S波	グーテンベルク
②	コンラッド	グーテンベルク	P波	モホロビチッチ
③	モホロビチッチ	グーテンベルク	S波	レーマン
④	グーテンベルク	レーマン	縦波	モホロビチッチ
⑤	コンラッド	グーテンベルク	横波	レーマン

No.4

（解答 ▸ P.29）

次の表のA～Eに当てはまる語句の組合せとして正しいものはどれか。

火山岩	（　A　）	アンザン岩	（　C　）
深成岩	ハンレイ岩	（　B　）	花こう岩
SiO_2量	──────────→		（　D　）
色	（　E　）←──────────		

	A	B	C	D	E
①	玄武岩	リュウモン岩	センリョク岩	少ない	白っぽい
②	リュウモン岩	センリョク岩	玄武岩	少ない	黒っぽい
③	かんらん岩	かんらん岩	玄武岩	多い	白っぽい
④	玄武岩	センリョク岩	リュウモン岩	多い	黒っぽい
⑤	リュウモン岩	かんらん岩	玄武岩	少ない	白っぽい

No.5

（解答▶P.29）

火成岩の標本を顕微鏡で見たときの図を示したものである。正しい記述のものはどれか。

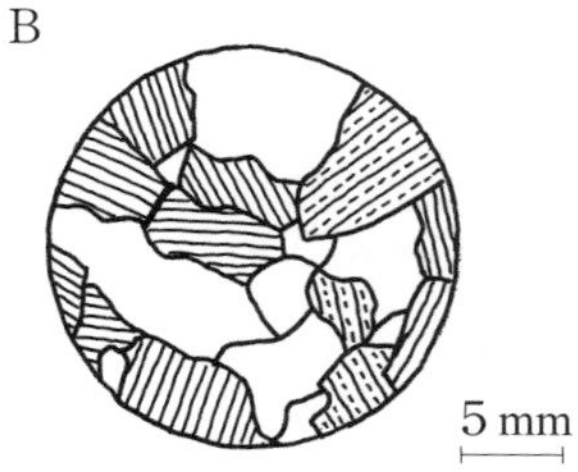

① Ａは一部分が結晶，他の部分が非結晶の岩石で，深成岩である。

② Ａは非常に小さな粒子やガラス質の石英やカリ長石の鉱石を成分とする花こう岩である。

③ Ｂは１つ１つがほぼ等しい大きさの結晶があり深成岩である。

④ Ｂをつくる鉱物の主なものに輝石とかんらん石がある。

⑤ Ａ，Ｂ，ともに同じ鉱物である。

No.6

（解答▶P.29）

火成岩を構成する主な鉱物のうち，次の中で無色鉱物はどれか。

① かんらん石

② キ石

③ セキエイ

④ カクセン石

⑤ クロウンモ

MEMO

第4章 地殻変動・地震

地球の表面は，**プレート**とよばれる十数枚の厚い岩盤の板で覆われている。プレートは厚さ約100kmで，**リソスフェア**とよばれる地殻とマントル上部のうち比較的固い部分が，**アセノスフェア**とよばれるその下の柔らかく流動性の高い部分の上を，年間数cmずつそれぞれ別の方向へ動いている。プレート間のはたらきによって地殻に様々な変動が起こるという考え方を，**プレートテクトニクス**という。

たとえば，プレート相互の境界では，地震や火山，造山活動といった現象が見られ，大陸のプレートに与える歪みが限界に達すると海洋・大陸プレートの境界面で破壊が起こり，大陸プレートの反発が地殻変動や巨大地震の原因となる。海洋プレートが大陸プレートの下に沈みこむ場合には，深い海溝を生じ，**深発地震**が引き起こされる。これらのプレート間でのもぐり込みに伴う摩擦熱がマグマを発生させ，上昇して火山となる。

日本は，**太平洋プレート**と**フィリピン海プレート**，**ユーラシアプレート**，**北米プレート**を周囲に配しており，これが地震列島とよばれる理由である。

地震の大きさや規模を表す尺度に，**震度**と**マグニチュード**がある。震度とは，観測点における地震による揺れの大きさであり，地盤の軟らかい地域ほど大きく観測される。地震そのものの規模（地震のエネルギー）を表現するのがマグニチュードであり，マグニチュードが１大きくなると最大振幅は**10倍**，地震のエネルギーは**約32倍**になる（マグニチュードが２上昇した場合の地震のエネルギーは1,000倍に達する）。

大地震の際には，断層や土地の隆起・沈降・水平移動などいろいろな地殻変動が生じるが，地震による衝撃は波となって**震源**（地震波が最初に発生した場所）から周囲に伝わる。これを**地震波**といい，振動方向と波の進行方向が等しい縦波をＰ**波**（**プライマリー（primary）波**），波の進行方向と直角に進む横波をＳ**波**（**セカンダリー（secondary）波**），震源から地表に出てから地表面に沿って伝わる**表面波**の３つに区分できる。Ｐ波到着とＳ波到着の時間差を**初期微動継続時間**といい，Ｐ波がＳ波よりも速く進むという特徴を利用して複数の観測地点からの距離を計算することで，震源の位置を特定することができる。観測点から震源までの距離は**震源距離**，震源の真上の地表は**震央**とよばれる。

解法のポイント

(1) プレートテクトニクスと地震と火山

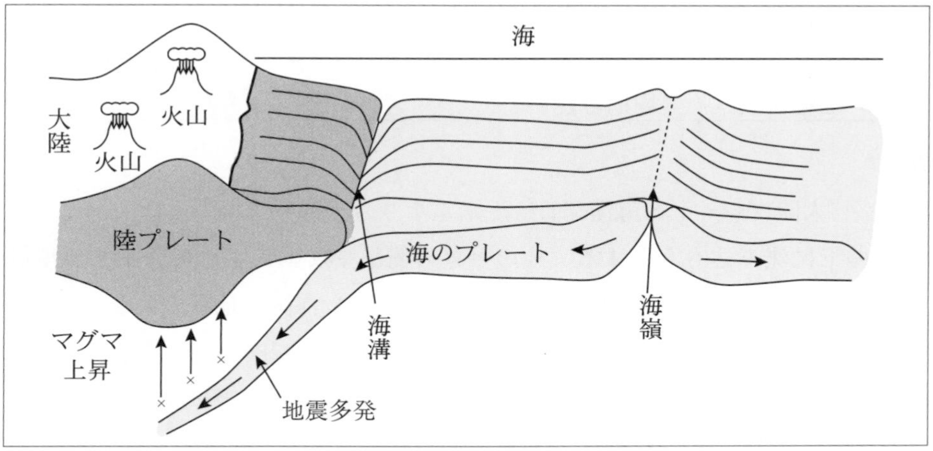

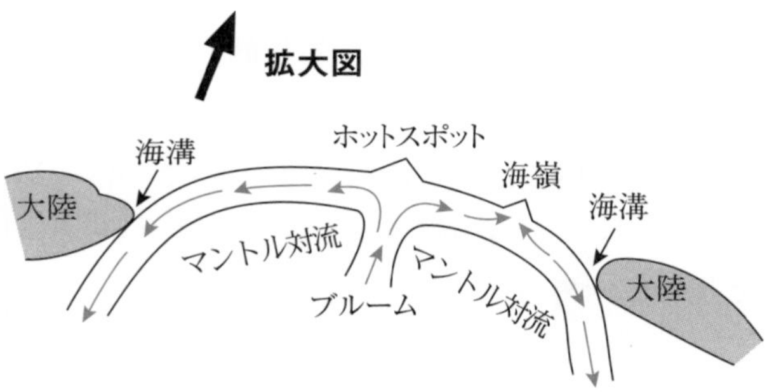

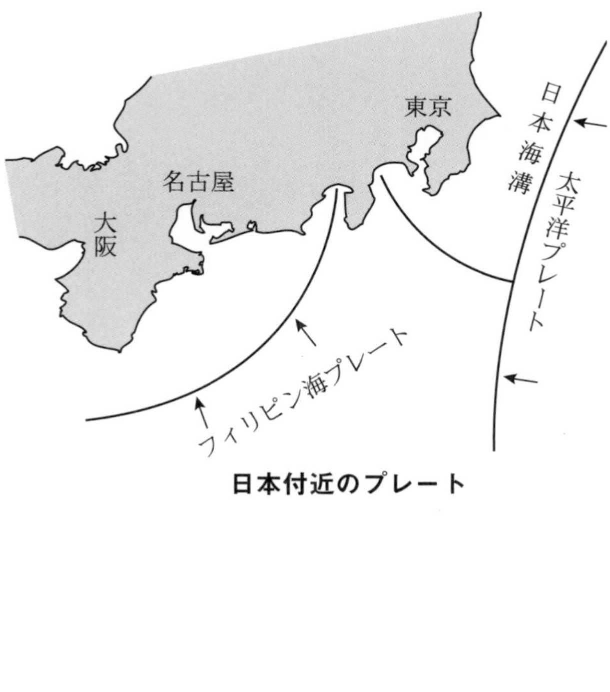

日本付近のプレート

(2) P波とS波

P波	a）固体，液体，気体にかかわらず，すべての物質中を伝わる。縦揺れ。 b）S波より速く，地表近くの岩石中では約5～7km/s。 c）振幅が小さく，短い周期の波。
S波	a）固体の中だけ伝わる。横揺れ。 b）P波より遅い，約3～4km/s。 c）振幅が大きく，周期も長い。

(3) 地震の種類

① 海溝型地震　大陸プレートと海洋プレートが重なり合う部分（海溝）は，海洋プレートが大陸プレートの下に沈み込もうとする。そのときの衝撃や反動によって発生する地震のことを海溝型地震という。十勝沖地震，東北地方太平洋沖地震は海溝型地震である。

② 活断層型地震　約200万年前から現在までの間に活動した断層のことを活断層といい，その断層のずれによって生じた地震のことを活断層型地震という。内陸部での直下型地震である兵庫県南部地震（阪神・淡路大震災），新潟県中越地震もこの活断層型地震である。

③ 火山性地震　火山付近の地下浅いところで起こる地震。マグマ，ガス，地下水の移動などが原因の地震であり，火山の噴火予知における重要な手がかりとなる。

④ 深発地震　大陸プレートとその下に沈み込んだ海洋プレートとの境界面において，地下100km以上もの非常に深い地点において発生する地震のことをいう。日本における深発地震面は，その発見者の名を取って，「和達－ベニオフ帯」という。

演習問題

No.1

（解答▸P.30）

プレートテクトニクスに関する記述として最も妥当なのは，次のうちどれか。

① プレートは，地殻とマントル上部からなり，海嶺で生成され，アセノスフェア上を移動するとされる。
② プレートは，地球の冷却収縮により生ずる地表付近の横方向の圧力により移動するとされる。
③ ヒマラヤ山脈などの大山脈は，プレートテクトニクスによると，かつて地向斜であったところが造山運動によってできたとされる。
④ アメリカのサン・アンドレアス断層は，トランスフォーム断層であり，この上に位置するサンフランシスコでは，深発型地震が多発している。
⑤ ハワイ－天皇海山列は，ホットスポットで生じた火山が，プレートにのって移動してきたものであり，ハワイ島に近いほど古いとされる。

No.2

（解答▸P.30）

地震波の種類と性質について記述したものである。A～Eに入る語の組合せとして正しいものを1つ選べ。

ア：地震波のうち，進行方向と振動方向が一致する（　A　）を（　B　）波という。
イ：（　C　）波は波の進行方向と振動方向が垂直な（　D　）で（　E　）中は伝わらない。

	A	B	C	D	E
①	縦波	S	P	横波	液体
②	横波	S	P	縦波	気体
③	縦波	P	S	横波	液体
④	横波	P	S	縦波	固体
⑤	縦波	P	S	横波	固体

No.3

（解答▸P.30）

ある地震の初期微動継続時間が 10 秒だったとき，震源までの距離が正しいものは，次のうちのどれか。ただしＰ波の速度は 6km/s，Ｓ波の速度は 3km/s とする。

① 16km
② 32km
③ 48km
④ 60km
⑤ 120km

No.4

（解答▸P.30）

震度について述べた文として，最も適当なものを選べ。

① 震度は地震の規模を表し，マグニチュードは地震の揺れの大きさを表す。
② 初期微動継続時間とは，S 波の到着後，P 波が到着するまでの時間のことである。
③ 初期微動継続時間が長くなると，その分だけ振動も大きくなる。
④ 震央がわからなくても，ある場所での震度は決定することができる。
⑤ 震度は，地盤が軟らかいほど震度階級が小さくなる。

No.5

(解答 ▸ P.30)

次の文章を読み，文中の空欄にA，B，Cに入る語の組合せで正しいものを選べ。

地球の表面は，いくつかのプレートで覆われている。このプレートは（　A　）下において生成され，1枚の固体の板（プレート）のようになっているが，よく調べてみると，地球表面は十数枚のプレートによって覆われている。海のプレートは，徐々に（　A　）から離れていき，陸のプレートの下にもぐり込み，陸のプレートを引きずり込んで（　B　）を生じるとともに，深発地震を発生する。また，陸のプレートに与えるひずみが限界に達すると，海陸プレート境界面でひずみが解放され巨大地震をおこし，陸のプレートは反動で地殻変動を発生する。この説を（　C　）とよんでいる。

	A	B	C
①	海山	海溝	ホットスポット
②	海嶺	海山	プレートテクトニクス
③	海溝	海嶺	プレートテクトニクス
④	海嶺	海溝	プレートテクトニクス
⑤	海溝	海嶺	アイソスタシー

No.6

(解答 ▸ P.30)

地震に関する次の記述のうち，正しいものはどれか。

① 気象庁制定の震度階級では，震度は０～７の８段階あり，震度５強は家屋が激しく揺れ，歩行者でも感じる程度の揺れである。
② マグニチュードが1.0大きくなると，地震のエネルギーは約10倍大きくなる。
③ 地震が発生すると，まず疎密波であるP波が発生し，しばらくしてから横波であるS波が発生する。
④ 震源地からの距離が等しい地点でも震度が異なることがあるのは，地盤のようすに違いが見られるためである。
⑤ 世界の震央分布は，太平洋，インド洋，大西洋それぞれの周辺部に集中している。

第5章 地球と星の運動

天体は，大きく**恒星・惑星・衛星**の３種類に区分することができる。たとえば，太陽は恒星であり，地球は惑星，月は地球の周りを回る衛星である。

地球は，西から東へ反時計回りに回転運動をしているが，これを地球の**自転**という。同じように，地球は太陽の周りを反時計回りにまわっており，これが**公転**とよばれる。**恒星の日周運動**や**フーコーの振り子**などは，地球の自転を，**年周視差**や**年周光行差**は地球の公転を証拠づけるものとして一般的に挙げられる。

太陽は，地球から１億5,000万kmの距離にある超高温のガス体である。**水素**と**ヘリウム**を主成分とし，中心部での**水素の核融合反応**をエネルギー源としている。太陽の大気は，表面から上層に向かって**光球・彩層・コロナ**の順に3層をなしており，彩層で起こる爆発現象として**プロミネンス**や**フレア**がある。

恒星である太陽を中心としてその引力圏内で運動している天体は**太陽系**とよばれる。太陽系の惑星は，**水星・金星・地球・火星・木星・土星・天王星・海王星**の８つ（公転軌道の小さい順）。そのほか，**冥王星・ケレス・エリス**といった**準惑星**，彗星などを含む**太陽系小天体**のほか，**衛星**も太陽系天体の一部である。

惑星の分類法としては，地球よりも太陽に近い公転軌道を有する**内惑星**と遠い軌道の**外惑星**といった分け方のほか，質量・半径・平均密度等の特徴を基に**地球型惑星**と**木星型惑星**に分類することもできる。

解法のポイント

(1) 天体の種類

恒星	水素やヘリウムなどの核融合反応などによるエネルギーにより自ら光を放つ天体。
惑星	恒星の周りをまわる天体。惑星軌道の配列は一般にボーデの法則に当てはまる。
衛星	惑星の周りをまわる天体。

⑵ フーコーの振り子

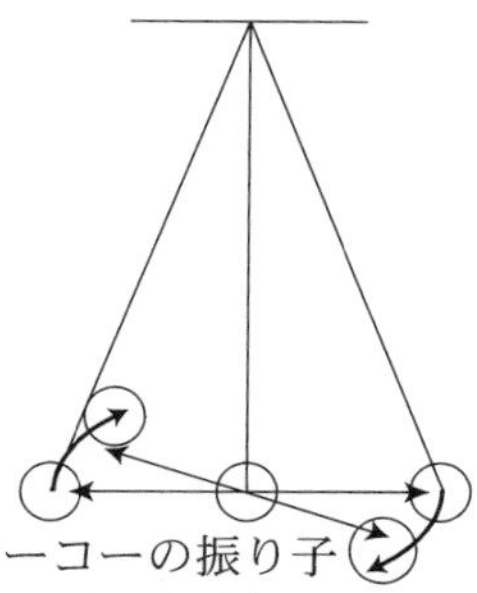

フーコーの振り子
振動面がずれていく。

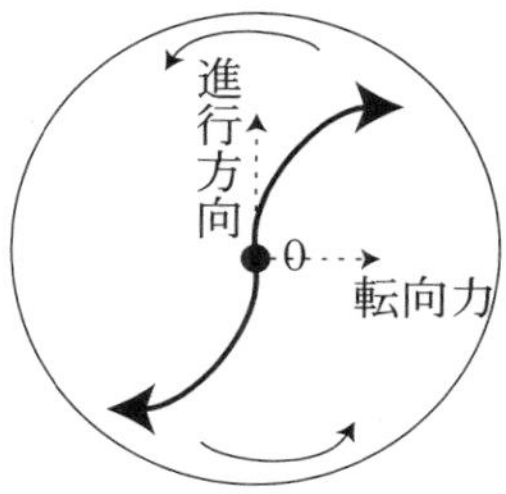

・左図のような円板を点Oを中心に反時計回りに回転させて，ビー玉をまっすぐころがす。ビー玉は太線矢印の軌道でころがる。これは，ビー玉に転向力がはたらいたためである。フーコーの振り子を北極で実験すれば，振動面は時計回りに回転する。

⑶ 太陽の大気

① 光球　地球上から光として見ている太陽の表面であり，この光球面を観察すると全体に斑点が見える。これを粒状斑という。

② 彩層　光球より光が弱いため通常は肉眼では見ることはできないが，皆既日食（太陽－月－地球と並ぶ）のときには太陽の周りで赤く輝いて見える。

③ コロナ　彩層の外側の太陽半径の10倍以上の高さにまで達することのある希薄な大気層であり，温度は100万（K）もある。ここから宇宙空間に向かって流れ出る電子や陽子などの粒子のことを太陽風という。皆既日食のときにのみ白い輪として観測される。

⑷ 太陽にみられる諸現象

① 黒点　太陽表面に見られる黒い点のこと。黒点は温度が約4,000（K）であり，周辺よりも温度が低いため黒く見える。黒点の数が増減する周期はおよそ11年である。また，黒点の観測から太陽が自転していることがわかる。

② プロミネンス　彩層で起こる爆発現象のことで，赤い炎のようなものがコロナまで到達する。紅炎ともよばれる。

③ フレア　太陽の彩層における爆発現象のこと。エネルギーが短時間のうちに解放され，強大な電磁波やX線が出る。このような電子や陽子のような荷電粒子を太陽風といい，太陽風はフレアが起こったときに非常に強くなる。デリンジャー現象（電磁波によって電波障害を起こす）やオーロラが発生する原因となる。

(5) **太陽系の特徴**

① 惑星の公転方向は，すべて太陽の自転方向（反時計回り）と同じになる。

② 惑星の軌道面は，ほぼ黄道面（地球の軌道面）に一致している。

③ 惑星の軌道は円に近いだ円である。

④ 太陽からの距離が近い惑星は，質量が小さいが密度は大きい。中間に位置する惑星は，質量が大きく密度は小さくて，多数の衛星をもっている。

⑤ 太陽系全体の質量のうち，約 99.9％は太陽の質量である。

⑥ 太陽の赤道面は惑星の軌道面から，わずかに傾斜している。

⑦ 衛星の公転方向は主惑星の自転の方向（反時計回り）と大部分が一致し，軌道面も惑星の赤道面に等しいものが多い。

(6) **地球型惑星と木星型惑星**

	地球型惑星	木星型惑星
惑星	水星，金星，地球，火星	木星，土星，天王星，海王星
半径・質量	小さい	大きい
平均密度	大きい	小さい
衛星数	少ない（0～2）	多い
環	なし	あり
主成分	岩石	木星，土星…ガス 天王星，海王星…氷

(7) **惑星の位置と見かた**

内惑星	外惑星
内合：地球―惑星―太陽の順に並んだ状態 外合：地球―太陽―惑星の順に並んだ状態 ＊内合・外合の位置の場合，星の観測ができない 東方最大離角：A_1 のときの∠θ 西方最大離角：A_2 のときの∠θ	合：地球―太陽―惑星の順に並んだ状態 衝：惑星―地球―太陽の順に並んだ状態 ＊衝の場合一晩中観測でき，合の場合星の観測ができない状態になる 東方矩：太陽より東に 90° 西方矩：太陽より西に 90°
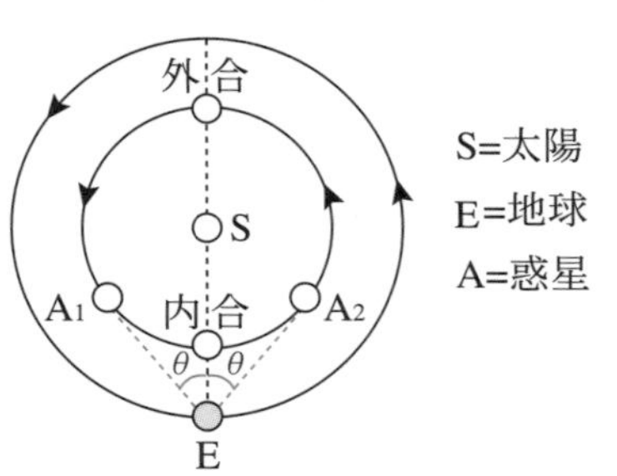	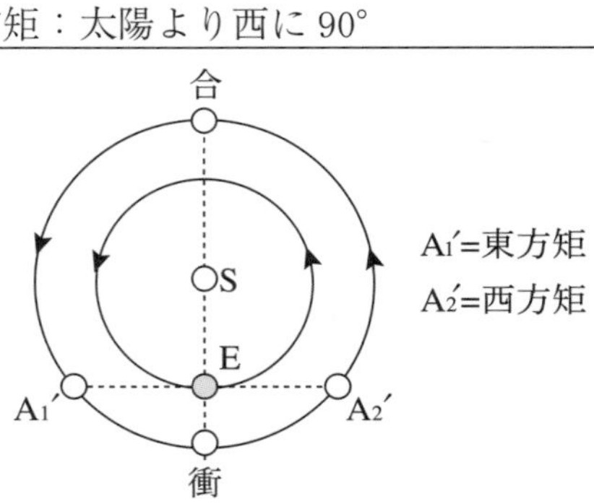

(8) 惑星の視運動―順行と逆行

惑星は天球上を西から東へ移動することが一般的であり，これを順行という。しかし，時には東から西へ移動することがおこる。これを逆行という。順行から逆行，あるいは逆行から順行に移るとき惑星は，天球上に止まって見える。これを留という。このように絶えず一定の動きをするわけではなく，逆行する動きをするためこの星を惑星とよぶ。この原因は地球と惑星の公転速度が違うため，追い抜きがおこるためである。

(9) ケプラーの法則

第1法則	第2法則	第3法則
惑星は太陽を1つの焦点とする楕円軌道上を動く	太陽と惑星を結ぶ線分は，等しい時間に等しい面積を描く	惑星の太陽からの平均距離 a^3 は，惑星の公転周期 T^2 に比例
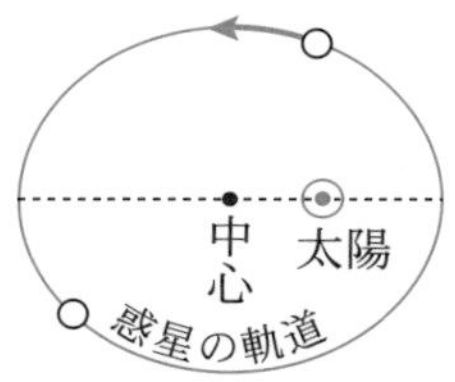	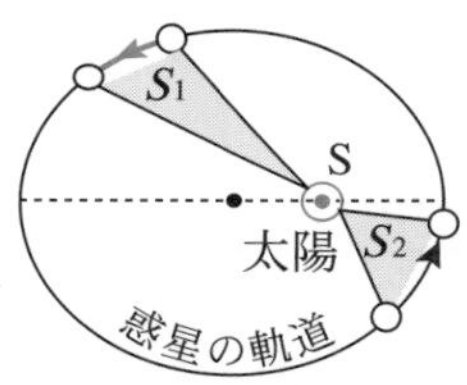	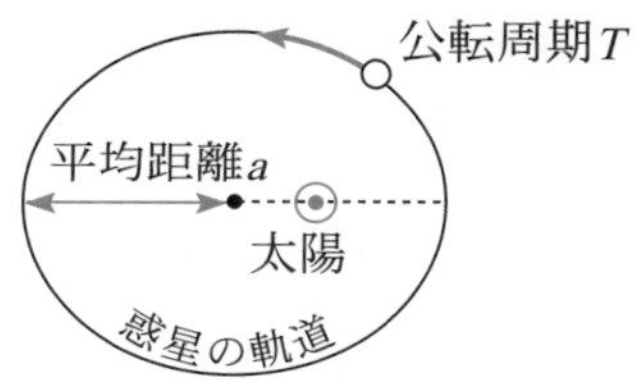

＊第2法則より，太陽に近づくほど移動速度が速くなることが分かる

(10) 月の満ち欠け

太陽からの離角により月の満ち欠けが生じる。

(a) 地球－月－太陽と並ぶと新月

(b) 月－地球－太陽と並ぶと満月

(c) 太陽から東に 90° 離れる

……上弦（右半分輝く）

(d) 太陽から西に 90° 離れる

……下限（左半分輝く）

満月～満月，新月～新月までの時間→1朔望月 29.53 日

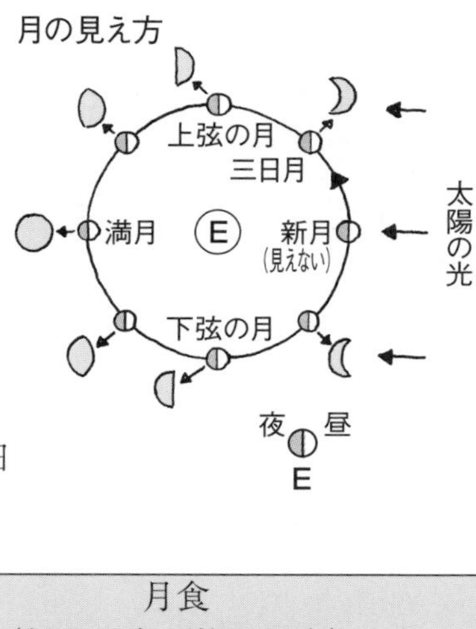

(11) 日食と月食

日食 （部分日食／皆既日食／金環食）	月食 （部分月食／皆既月食）
太陽が月に隠される現象	月が地球の本影に入って隠れる現象

(12) **太陽系主要惑星の特徴**

水星	① 太陽に最も近い軌道上を公転している。観察は太陽に近いので難しい。 ② 太陽側の表面温度約 400℃，反対側約 −200℃。 ③ 大気はほとんどない。 ④ 惑星の中で最小。
金星	① 反射能が高く，明るく輝いている。 ② 宵の明星，明けの明星（約 10 か月交代）。 ③ 体積，質量ともに地球よりやや小型。 ④ 大気の成分，CO_2 が 96％，N_2 が 3.4％で温室効果のため表面温度は 450℃～500℃で一定。
火星	① 地球に最も近い軌道で，公転している外惑星。 ② 赤味を帯びたオレンジ色の部分と緑がかった部分がある。 ③ 極地方に極冠がある。ドライアイスと氷であると考えられる。 ④ 大気の成分，CO_2 が 90％以上，N_2，Ar ⑤ 衛星の数は２つ（フォボス，ダイモス）。
木星	① 惑星最大，直径＝地球の 11 倍，質量＝地球の約 320 倍。 ② 赤道に平行な茶かっ色のしま模様と，だ円状の大赤斑がある。 ③ 大気の成分，H_2 が約 89％，He が約 11％ ④ ４本の環をもつ。淡いため肉眼では観測できない。 ⑤ 衛星は 95 個が発見されている（確定数は 72）。ガリレオ衛星とよばれる４つ（イオ，エウロパ，ガニメデ，カリスト）が特に大きい。
土星	① 環をもつ惑星（小さな氷を主とした固まりが多数集まって構成）。７本に分類される壮麗なリングが見られる。 ② 衛星 146 個発見（確定数は 66）。その中のタイタンは，地表で 1.5 気圧の濃い大気をもつ衛星。

演習問題

No.1

（解答▶P.31）

惑星の公転運動についての文である。空欄のＡ～Ｅに入る語句の組合せで正しいものを選べ。

ア　天体が太陽の周りを公転している運動を見ると，西から東へ行く（　Ａ　）と東から西へ行く（　Ｂ　）の２つがある。この（　Ａ　）から（　Ｂ　），あるいは（　Ｂ　）から（　Ａ　）に移るとき，惑星は天球上に止まって見える。これを（　Ｃ　）という。

イ　内惑星の公転運動は，天球上で太陽を中心に東西方向への往復運動をしているように見える。内惑星が太陽から最も離れるのは，地球から惑星の公転軌道に接線を引いた接点にあるときである。このときの角度を最大離角といい，内惑星観測の最大好機である。東側接点との角度，東方最大離角のときは（　Ｄ　）の空，西方最大離角のときは（　Ｅ　）の空で観測できる。

	Ａ	Ｂ	Ｃ	Ｄ	Ｅ
①	逆行	順行	留	東	西
②	逆行	順行	合	西	東
③	順行	逆行	留	西	東
④	順行	逆行	留	東	西
⑤	逆行	順行	合	東	西

No.2

（解答▶P.31）

次に挙げる現象のうち，地球の公転の証拠となる運動の組合せはどれか。

Ａ：転向力　Ｂ：年周光行差　Ｃ：月の満ち欠け　Ｄ：年周視差
Ｅ：日本における四季の変化

①　Ａ，Ｃ　②　Ａ，Ｅ　③　Ｂ，Ｃ　④　Ｂ，Ｄ　⑤　Ｃ，Ｅ

No.3

（解答 ▸ P.31）

A～Dの記述のうち，地球の自転によっておこる現象には○，地球の自転とは無関係な現象には×をつけた組合せとして正しいのはどれか。

A　昼夜の別が生じる。
B　季節の変化が生じる。
C　フーコーの振り子の振動面が北半球では時計回りに変化する。
D　天球上で恒星の位置が１年周期で小さな円を描くように変化する。

	A	B	C	D
①	×	×	○	○
②	×	○	○	×
③	○	×	○	○
④	○	×	×	○
⑤	○	×	○	×

No.4

（解答 ▸ P.31）

月食，日食に関する記述として正しいのは，次のうちどれか。

① 月食がおきるとき，日食とは異なって必ず皆既月食になるが，これは地球の影が大きいことによる。
② 日食がおきるとき，部分日食になるか，皆既日食になるかは太陽と地球との距離の長短による。
③ 皆既日食の断続時間と皆既月食のそれとがほぼ同じであるのは，地球，月の動く距離の比がほぼ同じであることによる。
④ 月食のおきる回数が日食より少ないのは，地球の影が月の影よりも大きいことによる。
⑤ 日食がおきるとき，皆既日食になるか，金環食になるかは，月の本影が地球に届くか届かないかによる。

No.5

（解答 ▸ P.31）

太陽に関する記述のうち，妥当なものはどれか。

① 太陽の直径は地球の約 109 倍で，質量は地球の約 33 万倍である。
② 太陽活動が活発化する周期は約 22 年である。
③ 黒点の温度は約 4,500K で，周囲より約 1,500K ほど高い。
④ 太陽のエネルギーはヘリウムの核融合反応であり，最終的には鉄が生成される。
⑤ 太陽の外側には非常に希薄なコロナとよばれる大気があり，この温度は約 1 万 K である。

No.6

（解答 ▸ P.31）

太陽，地球，惑星の位置関係によって，合や衝などの惑星現象を生じるが図のａ，ｂ，ｃ，ｄの位置を何というか，次の組合せの正しいものを１つ選べ。

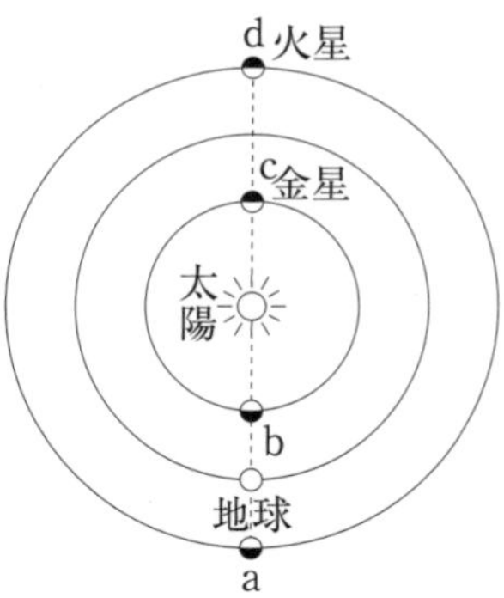

	a	b	c	d
①	合	内合	外合	衝
②	衝	内合	外合	合
③	外合	衝	合	内合
④	衝	外合	内合	合
⑤	合	衝	内合	外合

No.7

（解答▶P.31）

内惑星に関する次の記述の空欄A～Dに入る語句の組合せとして正しいものはどれか。

地球の軌道の内側を公転している内惑星である水星と金星が，太陽と地球の間にあるときを（　A　）といい，太陽の向こう側にあるときを（　B　）という。内惑星は，地球から見て，太陽からある一定の角度以上は離れない。これを最大離角といい，水星の最大離角は約（　C　）で，金星の最大離角は約（　D　）である。

	A	B	C	D
①	内合	外合	45°～48°	18°～28°
②	外合	内合	45°～48°	18°～28°
③	合	衝	18°～28°	45°～48°
④	衝	合	45°～48°	18°～28°
⑤	内合	外合	18°～28°	45°～48°

No.8

(解答 ▸ P.31)

木星型惑星に関する次の記述は，それぞれどの惑星について述べたものか。正しい組合せを選べ。

A　大気中のメタンによる吸収のため青白く見え，ほとんど模様が見られないことから，比較的穏やかな大気であると考えられている。自転軸が公転面に対してほぼ水平になっている。

B　太陽系の惑星のうち最も扁平率が大きく，平均密度も小さい。大規模なリングは小さな氷や岩片などが多数集まってできたものである。

C　大気は激しく対流をおこし，はっきりとした縞模様や大赤斑などが見られる。衛星のイオには，地球外の天体で初めて活火山が観測された。

D　表面上に見える大暗斑などからその大気は激しく運動していると考えられている。最も内側の衛星であるトリトンは公転方向が惑星の自転方向と逆である。

	A	B	C	D
①	海王星	土　星	木　星	天王星
②	天王星	海王星	土　星	木　星
③	海王星	木　星	天王星	土　星
④	天王星	土　星	木　星	海王星
⑤	土　星	天王星	海王星	木　星

No.9

(解答 ▸ P.32)

惑星の運動に関する次の記述のうち，正しいものはどれか。

① 地球から見て水星・金星は内惑星であるため，太陽から一定の角度以上離れて見ることはできない。

② 火星・木星・土星などの外惑星は，真夜中に見ることはできない。

③ 外惑星には逆行が見られるが，内惑星には逆行は見られない。

④ 惑星は，太陽に近づくほど公転速度は遅くなり，太陽から遠ざかるほど公転速度は速くなる。

⑤ 惑星の太陽からの平均距離の二乗は，惑星の公転周期の三乗に比例する。

No.10

(解答 ▸ P.32)

惑星の運動に関する記述のうち，誤っているものはどれか。

① 内惑星の公転速度は地球より速く，天の北極側から見て太陽を中心に反時計回りに公転している。

② 惑星は，太陽を１つの焦点とするだ円軌道上を運動している。

③ 惑星と太陽を結ぶ線分が，一定時間内に描く面積は等しい。

④ 内惑星は，日の出前か日の入後の比較的短い時間には見ることができるが，真夜中には見ることができない。

⑤ 外惑星が真夜中に太陽と反対側にあるときを合といい，太陽と同じ方向にあるときを衝という。

MEMO

第6章 補　足

解法のポイント

(1) **地衡風・地衡流**

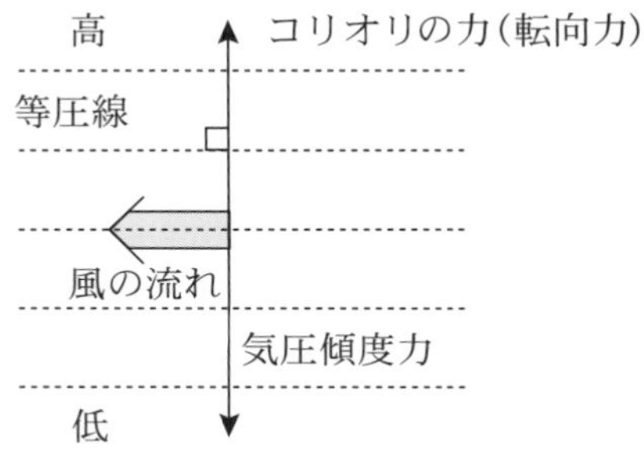

上層の風（地上1 km 以上）や海流に主にはたらいている力は，気圧傾度力（海洋では圧力傾度）とコリオリの力である。コリオリの力は北半球では流れの向きに対して右向きにはたらく。

気圧傾度力は高圧側から低圧側に向かってはたらき，これと流れに直角にはたらくコリオリの力がつり合っている。こうした大気の流れを**地衡風**という。同じように黒潮も圧力傾度力のコリオリの力のつり合いによって地衡流の流れとなる。

(2) **海流と波**

① **海流のエネルギー源**：海洋上を吹く風からの運動エネルギーと海面を通しての熱の出入りによるエネルギー。

② **暖流**：黒潮のように低緯度から高緯度に向かう海流。

寒流：親潮のように高緯度から低緯度に向かう海流。

③ **風浪**：風の影響を直接受けている波。

④ **うねり**：風浪が発生域を離れて風の直接の影響を受けなくなったもの。風が弱まった後も残る波のこと。

⑤ **磯波**：風浪やうねりが海岸に近づくと波長が短くなるとともに波高が高くなり，波の前面の傾きが急になり砕ける波。

巻き波：波の前面が切り立った崖状になり，波全体が同時に砕ける波。

くずれ波：風や海底の形状で，波の前面が十分に切り立つままで砕ける波。

⑥ **津波**：地震によって，海底が急に隆起したり陥没したりすることによって生じる波。

⑦ **高潮**：台風など大きな低気圧が通過するとき，気圧の低下により海面から「吸い上げ」られる。また強風による海岸への海水の「吹き寄せ」作用により，海面が異常に上昇する。

⑧ **潮汐**：海面の昇降現象，周期的に満ちたり引いたりする現象。

海水面が最も高くなったとき＝満潮……１日に２回
海水面が最も低くなったとき＝干潮……１日に２回
（満潮・干潮）干満は１日に２回

原因：月の引力＋地球の公転によって生じる「遠心力＋太陽の引力」などが影響

(3) 火山の構造と形

盾状火山	成層火山	溶岩ドーム (溶岩円頂丘，鐘状火山)
粘性の低い溶岩が繰り返し大量に流出する。 広大で緩い傾斜が特徴。	溶岩と火山砕屑物が交互に重なってできている。	粘性が大きく溶岩が押しあがってできた火山。鐘上規模は小さく，急傾斜。
ケイ素SiO_2含有量小・塩基性溶岩	←→	ケイ素SiO_2含有量大・酸性溶岩
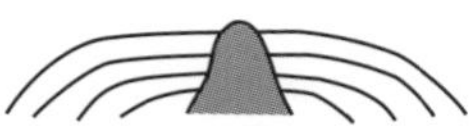 平らな形の火山	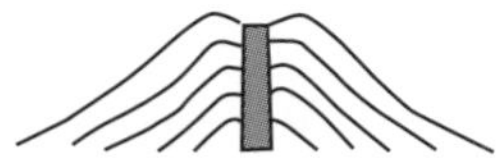 円すい形の火山	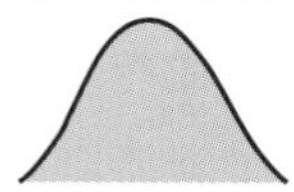 おわんをふせたような形の火山
例：マウナロア山（ハワイ）	例：富士山，浅間山，桜島	例：雲仙普賢岳，昭和新山

(4) 造山運動

大陸地殻は，大きく安定陸塊と造山帯に分けられる。大山脈などは造山活動によって作られるものであるが，こうした大規模な地殻変動の理由として，第４章で挙げた水平運動に焦点を合わせたプレートテクトニクス説のほかに，以前は垂直運動を重視する地向斜説もあった。

安定大陸（安定陸塊）……カナダやシベリア，アフリカ大陸などは，先カンブリア時代に造山運動がおこったものの，古生代以降は大規模な造山運動がなく，侵食のために平坦な地形になっている。このような地域を安定大陸（楯状地）という。

造山帯……世界的には，**アルプス＝ヒマラヤ造山帯**と**環太平洋造山帯**などがある。これらは世界的な火山帯でもあり，地震の多発地帯でもある。

時代・造山運動	造山運動の地域
安定陸塊（楯状地） 先カンブリア時代	カナダ楯状地・アンガラ楯状地（シベリアなど）・バルト楯状地・ゴンドワナ楯状地（ギアナ・ブラジル・アフリカ・オーストラリア）
カレドニア造山運動 古生代前期	スカンジナビア半島・イギリス北部・アメリカ大陸東岸のアパラチア山脈
バリスカン造山運動 古生代後期	ウラル山脈・アルタイ山脈・イギリス南部・フランス・スペイン
アルプス造山運動 中生代～新生代	アンデス山脈・ロッキー山脈・アラスカ山脈・日本列島などの環太平洋造山帯とヒマラヤ山脈・イラン高原・アルプス山脈を結ぶアルプス＝ヒマラヤ造山帯

(5) 河川のはたらきと地形

侵食・運搬・堆積は，河川の３作用とよばれる。図のように１つの河川においても，さまざまな作用によって複雑な地形が形成されている。

① **V字谷**：谷の先端をけずる。河川の上流の延長。河床を掘り下げられた谷の両岸は切り立ち，V字形の横断面となる。（下図参照）

② **河岸段丘**：土地の隆起によって谷の若返りがおこると，流水による侵食，運搬，堆積などの変化を生じる。今まで堆積が行われていた河岸が侵食を受け，新しい河川の両岸に古い河川の河岸が階段状にとり残された状態になる。

③ **扇状地**：山間部から平野部に出ると河床の傾斜は緩やかになる。運搬されてきたレキ，砂などが堆積される。この地形が川口を扇状に広げる。（下図参照）

④ **三日月湖と蛇行**：下流に進むにつれ堆積物は砂質になり，流路の両側に運搬物を堆積し自然の堤ができる。河床勾配が緩やかなため，河川は流路を変えやすく，曲がりくねっている。この曲流を**蛇行**という。蛇行の度合いが進むと洪水がおこったときなどに河川が流路を変えて直線状に流れるようになり，前の流路であったところに三日月形の湖ができる。（下図参照）

例　釧路川の蛇行

⑤ **三角州**：河川を流れる水は，河口から海に出てもしばらくは同じ方向へ流れるが，速度は急速におとろえ，静止する。河口付近に運搬物質が堆積し，三角形をした新しい陸地を形成する。（右図参照）

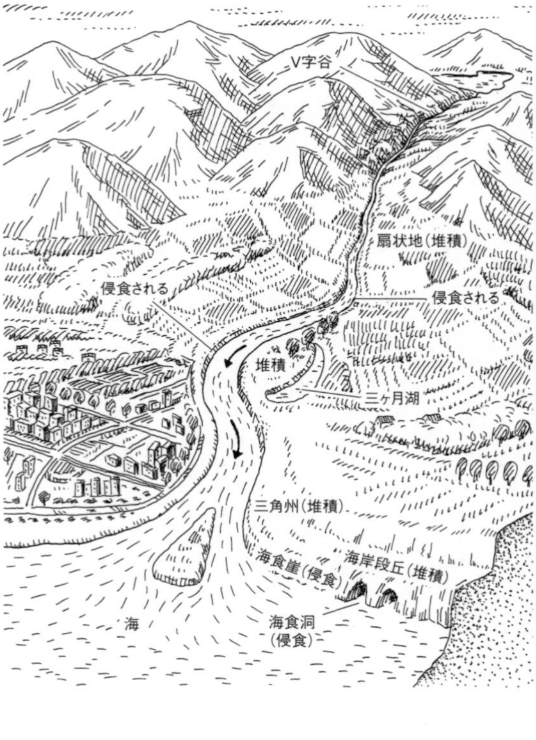

(6) ヘルツシュプルング・ラッセル図（HR 図）

HR 図は，縦軸を恒星の明るさ，横軸を表面温度とし，個々の恒星がその図表上でどの位置にくるかをプロットしたものである。

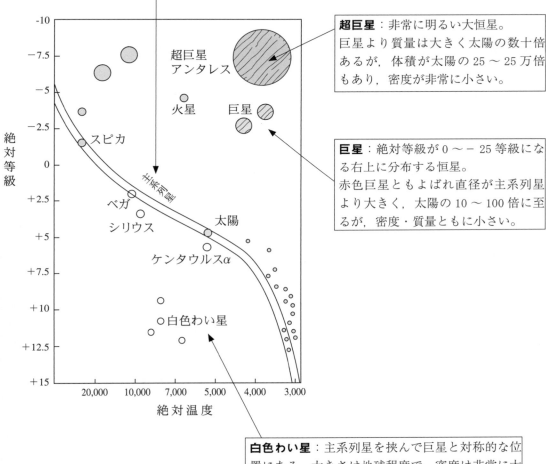

主系列星：帯状に分布する恒星グループ
（左上の恒星は青白輝の明るい恒星／右下は赤輝の暗い恒星）

超巨星：非常に明るい大恒星。
巨星より質量は大きく太陽の数十倍あるが，体積が太陽の 25 ～ 25 万倍もあり，密度が非常に小さい。

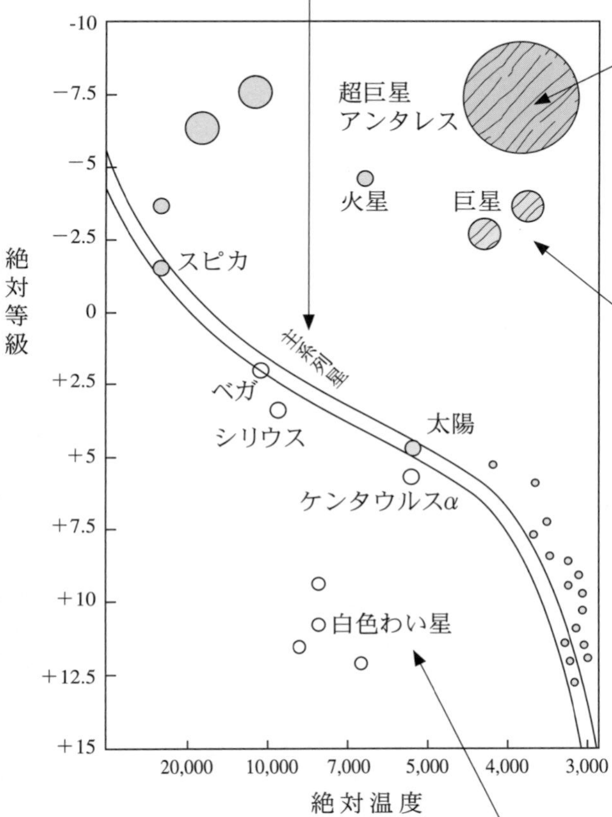

巨星：絶対等級が 0 ～－25 等級になる右上に分布する恒星。
赤色巨星ともよばれ直径が主系列星より大きく，太陽の 10 ～ 100 倍に至るが，密度・質量ともに小さい。

白色わい星：主系列星を挟んで巨星と対称的な位置にある。大きさは地球程度で，密度は非常に大きい。

演習問題

No.1

（解答 ▸ P.32）

地衡風の説明として正しいのはどれか。

① 中緯度高圧帯より低緯度で，ほとんど1年中北半球では北東の風が吹いている。この風のことをいう。
② 中緯度高圧帯から高緯度低圧帯の間の上層部では，常に西寄りの風が吹く，この風のことをいう。
③ 地表付近の地形により摩擦力の加わった力によって吹く風のこと。
④ 気圧傾度による力とコリオリの力とのつり合いにより，等圧線に沿って平行に吹く風のこと。
⑤ 高緯度低圧帯より高緯度で吹く東寄りの風のこと。

No.2

（解答 ▸ P.32）

造山運動に関する記述のA～Dに入る語句の組合せとして正しいものはどれか。

大陸は，地殻変動の比較的緩やかな先カンブリア時代の安定陸塊（楯状地）とそれを取り囲むようにしている造山帯とに分けられる。世界の造山帯は，古生代前期に活動した（　A　）造山帯，古生代後期の（　B　）造山帯，中生代から新生代に活動した（　C　）造山帯に分けることができる。造山運動の原因は，水平方向の運動を重視する（　D　）説が一般的である。

	A	B	C	D
①	カレドニア	バリスカン	アルプス	アイソスタシー
②	バリスカン	カレドニア	アルプス	プレートテクトニクス
③	カレドニア	バリスカン	アルプス	プレートテクトニクス
④	アルプス	バリスカン	カレドニア	アイソスタシー
⑤	バリスカン	アルプス	カレドニア	アイソスタシー

No.3

（解答▸P.32）

海岸に関する記述として正しいのは，次のうちどれか。

① 津波とは，低気圧によって海水が湾の奥に吹き寄せられ，海面の水位が異常に高まる現象である。

② 海流とは，海水の温度差によって生じる熱対流であり，海面から海底まで一定の速さで動いている。

③ うねりとは，地震によって生じる波長の長い波である。

④ 潮汐とは，月や太陽の引力や地球の公転による遠心力によって地球上の海面の水位が毎日ほぼ２回ずつ周期的に昇降する現象をいう。

⑤ 高潮とは，潮が満ちて海面が上昇したときをいう。

No.4 （解答 ▸ P.32）

火山活動に関する次のA～Eの文のうち，正しい文が3つある。その組合せとして妥当なものはどれか。

A　日本には，合計40カ所ほどの火山があり，そのうちのいくつかは，現在も活発な活動を行っている。

B　玄武岩質溶岩の噴火は，ハワイのマウナロア山のようなマグマ流出型の噴火になりやすい。

C　アンザン岩質溶岩の噴火は，爆発によって大量の火山破せつ物をまきちらすため，富士山のような成層火山を形成しやすい。

D　雲仙普賢岳などの非常に粘性の高い溶岩の場合には，溶岩ドームなどが形成されることがあり，ここから土石流が発生して大きな災害をもたらすことがある。

E　カルデラとは火口付近が陥没した地形を指し，ここに湖ができてカルデラ湖となることがある。十和田湖や摩周湖はその代表的なものである。

①　A，C，D
②　A，B，E
③　B，C，D
④　B，C，E
⑤　B，D，E

公務員試験
地方初級・国家一般職(高卒者)テキスト　自然科学　第4版

2013年3月1日　初　版　第1刷発行
2024年2月15日　第4版　第1刷発行

編著者　TAC株式会社
(出版事業部編集部)
発行者　多田敏男
発行所　TAC株式会社　出版事業部
(TAC出版)
〒101-8383
東京都千代田区神田三崎町 3-2-18
電話 03 (5276) 9492 (営業)
FAX 03 (5276) 9674
https://shuppan.tac-school.co.jp/
印　刷　株式会社ワコー
製　本　東京美術紙工協業組合

ISBN 978-4-300-11054-6
N.D.C. 317

書籍の正誤に関するご確認とお問合せについて

書籍の記載内容に誤りではないかと思われる箇所がございましたら、以下の手順にてご確認とお問合せをしてくださいますよう、お願い申し上げます。

なお、正誤のお問合せ以外の**書籍内容に関する解説および受験指導などは、一切行っておりません。**

そのようなお問合せにつきましては、お答えいたしかねますので、あらかじめご了承ください。

1 「Cyber Book Store」にて正誤表を確認する

TAC出版書籍販売サイト「Cyber Book Store」の
トップページ内「正誤表」コーナーにて、正誤表をご確認ください。

CYBER BOOK STORE TAC出版書籍販売サイト

URL:https://bookstore.tac-school.co.jp/

2 1の正誤表がない、あるいは正誤表に該当箇所の記載がない ⇒ 下記①、②のどちらかの方法で文書にて問合せをする

★ご注意ください★

お電話でのお問合せは、お受けいたしません。

①、②のどちらの方法でも、お問合せの際には、「お名前」とともに、

「対象の書籍名(○級・第○回対策も含む)およびその版数(第○版・○○年度版など)」

「お問合せ該当箇所の頁数と行数」

「誤りと思われる記載」

「正しいとお考えになる記載とその根拠」

を明記してください。

なお、回答までに1週間前後を要する場合もございます。あらかじめご了承ください。

① ウェブページ「Cyber Book Store」内の「お問合せフォーム」より問合せをする

【お問合せフォームアドレス】

https://bookstore.tac-school.co.jp/inquiry/

② メールにより問合せをする

【メール宛先　TAC出版】

syuppan-h@tac-school.co.jp

※土日祝日はお問合せ対応をおこなっておりません。
※正誤のお問合せ対応は、該当書籍の改訂版刊行月末日までといたします。

乱丁・落丁による交換は、該当書籍の改訂版刊行月末日までといたします。なお、書籍の在庫状況等により、お受けできない場合もございます。

また、各種本試験の実施の延期、中止を理由とした本書の返品はお受けいたしません。返金もいたしかねますので、あらかじめご了承くださいますようお願い申し上げます。

(2022年7月現在)

〈冊子ご利用時の注意〉

以下の「解答・解説冊子」は、この色紙を残したままていねいに抜き取り、ご使用ください。

また、抜き取りの際の損傷についてのお取替えはご遠慮願います。

解答・解説

自然科学

Natural science

TAC出版編集部編

テキスト

TAC出版
TAC PUBLISHING Group

目次

第1編　物理

第1章　力と運動1

（問題，本文10ページ）

No.1

大きさだけを持つ物理量…スカラー量
大きさと向きの両方をもつ物理量…ベクトル量

① 速さは大きさのみ。スカラー量。
② 力は大きさと向き。ベクトル量。
③ 正しい。
④ 時間は大きさのみ。スカラー量。
⑤ 運動量は質量と速度の積。速度が含まれているので向きと大きさをもつ。ベクトル量。

答　③

No.2

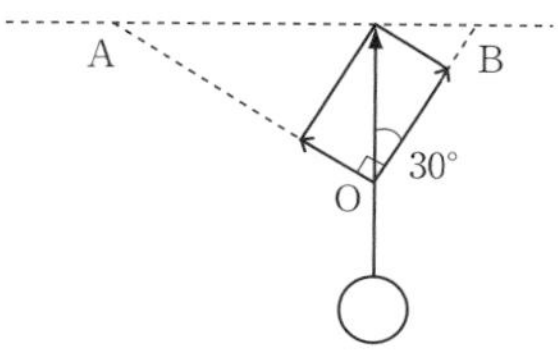

上の図より，ひもOAにかかる力 F_{OA} は

$$F_{OA} = 100 \times \frac{1}{2} = 50〔N〕$$

答　②

No.3

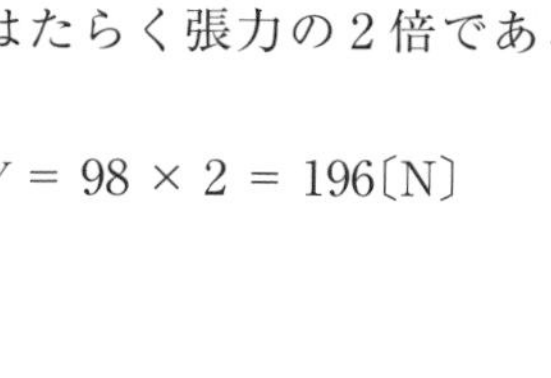

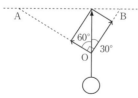

上の図より，おもりにはたらく重力 W は，ひもOAにはたらく張力の2倍であることがわかる。
よって，$W = 98 \times 2 = 196$〔N〕

答　⑤

No.4

$$120 \times 20 = F \times (100 - 20)$$
$$F = 30〔N〕$$

答　②

No.5

それぞれに吊り下げられているおもりの重さを，A，B，C，Dとする。

$$50A + 40B = 20C + 50D$$

B，C，Dのおもりの重さが等しいので，すべてBに置き換えると，

$$50A + 40B = 20B + 50B$$
$$50A = 30B$$
$$A = \frac{3}{5}B$$

よって，Aのおもりは，Bのおもりの $\frac{3}{5}$ 倍の重さである。

答　②

No.6

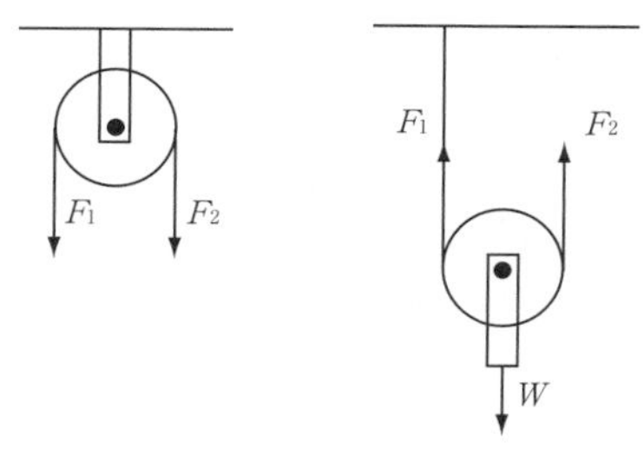

定滑車の場合，$F_1 = F_2$

動滑車の場合，$F_1 = F_2 = \frac{W}{2}$

これより，アのおもりにはたらく重力は，100N。

$$イ = \frac{W}{2} = \frac{100}{2} = 50〔N〕$$

答　②

No.7

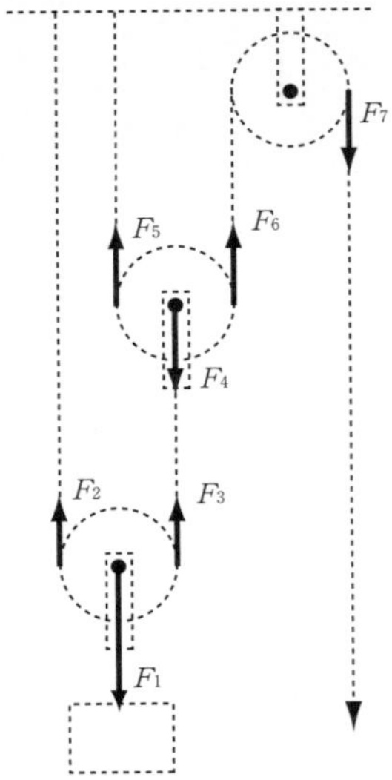

F_1 =おもり+滑車= 120 + 40 = 160〔N〕
動滑車なので,

$$F_2 = F_3 = \frac{1}{2}F_1 = \frac{160}{2} = 80〔N〕$$

$$F_5 = F_6 = \frac{1}{2}(F_4 + F_3) = \frac{80+40}{2} = 60〔N〕$$

定滑車なので, $F_6 = F_7 = 60$〔N〕

答 ④

No.8

グラフより, バネAは10gにつき1cm伸び,
バネBは10gにつき4cm伸びる。
バネBにはたらく力は, おもり1個分。よって,
20gだから8cm伸びる。
バネAにはたらく力は, おもり2個分。よって,
40gだから4cm伸びる。
よって, 2つのバネの伸びの和は,
8 + 4 = 12cm

答 ③

第2章　力と運動2

(問題, 本文21ページ)

No.1

Aから見たBの相対速度=Bの速度−Aの速度
ア　B − A = 3 − 5 = − 2〔m/s〕
イ　B − A = (− 3) − 3 = − 6〔m/s〕
　Bの速度が負の値なので, AとBは逆向きの運動をしている。
ウ　B − A = 3 − 2 = 1〔m/s〕

答 ④

No.2

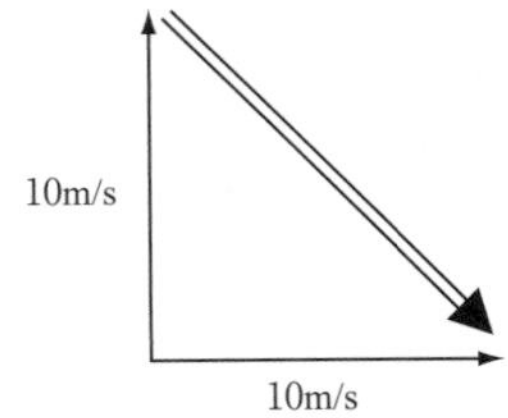

ベクトルの合成により, 相対速度を求める。
これより, 南東の向きに $10\sqrt{2}$ = 約14〔m/s〕

答 ③

No.3

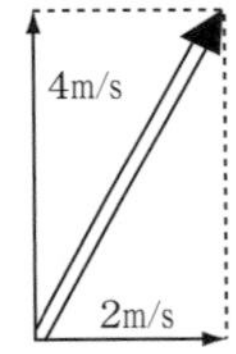

川の流れの速さを v として, 三平方の定理を用いる。

$v^2 = 2^2 + 4^2$
$v = \sqrt{4+16}$
$= \sqrt{20}$
$= 2\sqrt{5}$〔m/s〕

答 ③

No.4

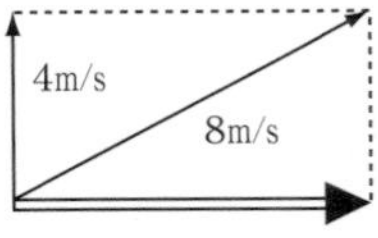

三平方の定理を用いる。
$8^2 = 4^2 + v^2$
$v^2 = 48$
$v = \sqrt{48} = 4\sqrt{3}$〔m/s〕

答 ③

No.5

v - t グラフと x 軸の間に囲まれる面積は，その時間までに進んだ距離を表す。よって，

$$\frac{1}{2} \times 15 \times 5 + 15 \times (30 - 5) + \frac{1}{2} \times 15 \times 15$$
$$= 525〔\mathrm{m}〕$$

答　⑤

No.6

等加速度直線運動の公式を用いる。

位置 $x = v_0 t + \frac{1}{2} at^2$
$= 2.0 \times 4 + \frac{1}{2} \times 0.4 \times 4^2$
$= 8 + 3.2$
$= 11.2〔\mathrm{m}〕$

速度 $v = v_0 + at$
$= 2.0 + 0.4 \times 4$
$= 3.6〔\mathrm{m/s}〕$

答　②

No.7

ア　正しい。空気抵抗がない場合，落下距離 $y = \frac{1}{2} gt^2$ に従う。

イ　誤り。水平方向の移動距離は，初速の等速運動になるため，初速が異なると水平方向の移動距離が変わる。鉛直方向の移動距離は等しい。

ウ　正しい。鉛直方向の速度変化の割合とは，加速度を指す。加速度は重力加速度になるので，物体の種類に関係なく等しい。

答　②

No.8

小球 A は自由落下運動する。地面に到達する時間は，

$y = \frac{1}{2} gt^2$ より，

$140 = \frac{1}{2} \times 9.8 \times t^2$

$t^2 = \frac{140}{4.9}$

$t = \frac{10\sqrt{14}}{7}$〔秒〕

このとき，小球 B が 80 m 進んで，崖の下にあればよい。

摩擦がないので，小球 B は等速直線運動するから，

$x = vt$ より，

$80 = v \times \frac{10\sqrt{14}}{7}$

$v = \frac{80 \times 7}{10\sqrt{14}}$

$= 4\sqrt{14}〔\mathrm{m/s}〕$

答　①

第３章　力と運動・エネルギー

（問題，本文 31 ページ）

No.1

ア　物体に力がはたらかなければ，物体の運動状態は変わらない。このことを「慣性の法則」という。

イ　押せば押し返される。引けば引き返される。A が B に力を及ぼすと，B も A に対して力を及ぼし返すことを「作用・反作用の法則」という。

ウ　加速度 a は，力 F に比例し，物体の質量 m に反比例する。これを式にすると，
$F = ma$ 「運動方程式」である。

答　②

No.2

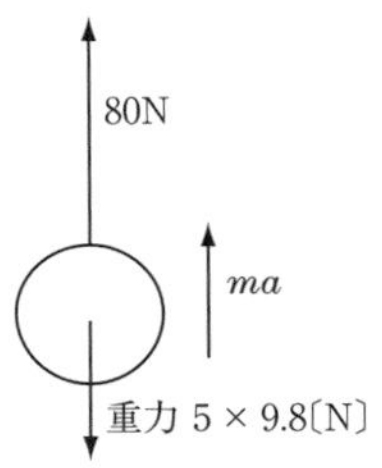

小球の質量 m，加速度 a，ひもを引く力を F とする。
小球の運動方程式は，
$ma = F - mg$
これに代入して，
$5 \times a = 80 - 5 \times 9.8$
$a = 6.2$〔m/s^2〕

答　③

No.3

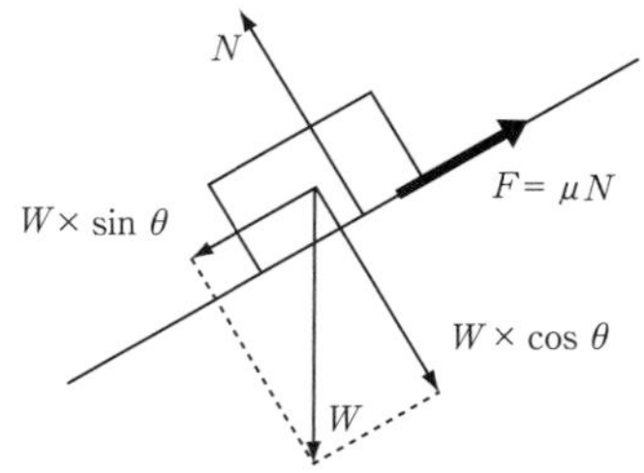

重力 $W = mg = 10 \times 9.8 = 98$〔N〕
重力の斜面方向の分力 $= W \times \sin\theta$
$= 98 \times \dfrac{3}{5} = 58.8$〔N〕
摩擦力＝重力の斜面方向の分力であるから，
摩擦力 $F = 58.8$N
また，垂直抗力を N，静止摩擦係数を μ とすると，
摩擦力 $F = \mu N$

垂直抗力 $N = W \times \cos\theta = 98 \times \dfrac{4}{5}$

これより，

摩擦力 $F = \mu \times 98 \times \dfrac{4}{5}$

$98 \times \dfrac{3}{5} = \mu \times 98 \times \dfrac{4}{5}$

$\mu = \dfrac{3}{4} = 0.75$

答　④

No.4

運動量保存の法則より，
右向きの運動を正とすると，
$5 \times 8 + 4 \times (-6) = 5 \times 0 + 4 \times v$
$v = 4$〔m/s〕
よって，右向きに 4 m/s の速さで運動。

答　③

No.5

運動量保存の法則より，
右向きの運動を正とすると，
$5 \times 8 + 4 \times (-10) = 5 \times (-10) + 4 \times v$
$v = 12.5$〔m/s〕
よって，右向きに速さ 12.5m/s で運動。

答　②

No.6

力学的エネルギー保存則を用いる。位置エネルギー U，運動エネルギー K とすると，

落下前：

$$K + U = \frac{1}{2} \times m \times 0^2 + mg \times 65 = 65mg$$

地面から 25m の高さにあるとき：

$K + mg \times 25$

この 2 つが等しいので，

$$\begin{aligned} 65mg &= K + 25mg \\ K &= 65mg - 25mg \\ &= 40 \times 3 \times 9.8 \\ &= 1176〔\mathrm{J}〕 \\ &= 1.176〔\mathrm{kJ}〕 \end{aligned}$$

答　②

No.7

お湯が失った熱量＝金属球が得た熱量

t ℃で一定になったとすると，

$4.2 \times 100 \times (80 - t) = 115 \times (t - 25)$

これより，$t \fallingdotseq 68.2$

答　⑤

第 4 章　波　動

（問題，本文 41 ページ）

No.1

① 振動数ではなく，周期。
② 周期ではなく，振動数。
③ 波長ではなく，波の速さ。
④ 山と山の距離を波長という。
⑤ 正しい。

答　⑤

No.2

進行方向に対して垂直に振動する波を横波，進行方向と同じ方向に振動する波を縦波という。縦波のことを疎密波ともいう。

弦や糸を伝わる波は振動の変位が複雑なものが多く，この場合縦波と横波が干渉してできたものである。地震の表面波や，水波はこの例である。

光は波動性と粒子性の両方の特徴をもつが，その波動性は横波である。

よって，ア：横波　イ：縦波　ウ：水波　となる。

答　③

No.3

光が空気中から水中に入射するときなど，異なる媒質に入射するとき光の一部は反射し，残りはその媒質を透過する。このとき，透過した光はある角度で屈折する。屈折は，媒質を通る光の速度が変わるためにおこる。このとき，光の振動数は変化せず，波長と波の速度は変化する。入射光と境界面の垂線とのなす角を入射角，屈折光と法線のなす角を屈折角といい，入射角と屈折角を用いて屈折率を求めることができる。屈折光がなくなるときの入射角を臨界角といい，光の入射角が臨界角より大きくなると，光は境界面ですべて反射される。この現象を全反射という。真夏のよく晴れた日は地表面の空気層の温度差，すなわち密度の違いにより屈折が生じる。目線が遠くに向けられると入射角が臨界角を超えるため全反射がおこり，地面が見えなくなるため，逃げ水現象がおこる。また，光ファイバーは全反射がおこるような屈折率の材質を用いており，ファイバー内を全反射しながら光信号は進んでいく。

答　⑤

No.4

A に対する B の相対屈折率 n_{AB} は，

$$\begin{aligned} n_{AB} &= \frac{n_B}{n_A} \\ &= \frac{7}{3} \div \frac{4}{3} = \frac{7}{4} \end{aligned}$$

答　③

No.5

波が強めあったり，弱めあったりすることを，波の干渉という。干渉は，水波だけでなく縦波でも横波でもおこる。

波が干渉したとき，まるでどちらの方向にも進まないように見える波ができることがある。この波を定常波という。定常波のもっとも大きく振動しているところを「腹」，全く振動していないところを「節」という。管楽器や弦楽器か

ら音が生じるとき，定常波が生じている。
よって，ア：干渉　イ：光波でも音波でも　ウ：定常波　となる。

答　④

No.6

幾種類かの単色光が混合している光を同一の媒質に通過させると，屈折率の違いのために光が分かれる。この現象を，光の分散という。
光の速度は，青色光（紫）より，赤色光のほうがわずかに速い。速度が遅い（波長が小さい）ほど屈折角は大きくなる性質がある。
よって，ア：分散　イ：遅く　ウ：大きく　となる。

答　①

No.7

ア＝散乱　昼間の空が青く見えるのは，大気中の粒子によって青い光が強く散乱されるから。また，夕焼けが赤いのは，大気中を通る間に青い光が散乱されていき，目に届くときには赤い光が多く含まれているから。
イ＝分散　色の違いによって屈折率が異なるため，プリズムを通った後の屈折光が色の帯のようになることを，光の分散という。
ウ＝屈折　大気層に温度差（密度差）があると，屈折率が変わる。このとき目に届く光が屈折して曲げられるため，本来見えないものが見える現象を蜃気楼という。

答　③

No.8

ドップラー効果による音の高さの変化は，観測者と音源が近づくときに高く，観測者と音源が離れるときに低く聞こえる。
③　観測者に対する音源の相対速度は，
$3 - 2 = 1$〔m/s〕
すなわち，音源は観測者に対して 1 m/s の速さで離れていくことを指す。
音源と観測者は時間経過に伴って離れていくので，実際の音よりも低くなる。

答　③

第５章　電気物理学

（問題，本文 53 ページ）

No.1

直列回路の合成抵抗は，各抵抗値の和。
$R = 15 + 25 = 40$〔Ω〕
オームの法則　$V = IR$　より，
$100 = I \times 40$
$I = 2.5$〔A〕

答　②

No.2

直列に接続した場合，合成抵抗は各抵抗値の和に等しい。
よって，抵抗 B が B Ω とすると，
オームの法則 $V = IR$ より，
$9 = 0.5 \times (10 + B)$
$10 + B = 18$
$B = 8$
よって，8 Ω

答　②

No.3

抵抗が並列に接続しているとき，
電池の電圧
＝抵抗 A にかかる電圧＝抵抗 B にかかる電圧
回路全体の電流
＝抵抗 A を流れる電流＋抵抗 B を流れる電流
となる。
これより，電流計が 12 A，抵抗 A を 10 A の電流が流れているので，抵抗 B に流れる電流は 2 A となる。
抵抗 A，B にかかる電圧は等しいので，これを V とおく。
抵抗 A を R_A Ω，抵抗 B を R_B Ω とすると，
オームの法則より，

抵抗 A：$V = 10 \times R_A$ より，$R_A = \dfrac{V}{10}$

抵抗 B：$V = 2 \times R_B$ より，$R_B = \dfrac{V}{2}$

よって，R_B は R_A の 5 倍である。

答　⑤

No.4
並列回路の合成抵抗 R の逆数は，各抵抗値の逆数の和に等しい。

よって，$\frac{1}{R}=\frac{1}{1}+\frac{1}{1}+\frac{1}{2}=\frac{5}{2}$

$R=\frac{2}{5}=0.4$〔Ω〕

オームの法則　$V=IR$　より，

$8=I\times0.4$

$I=20$〔A〕

答　④

No.5
直列部分を流れる電流の値は等しいので，
抵抗A＝(抵抗B＋抵抗C)＝3A
の関係が成立。よって，抵抗Aには3Aの電流が流れる。
オームの法則より，
$V=3\times2=6$〔V〕
抵抗Aには，6Vの電圧がかかっている。
抵抗B, Cは抵抗値が等しいので，かかる電圧，流れる電流ともに等しい。
電流について，抵抗B＋抵抗C＝3Aなので，
抵抗Bに流れる電流は1.5 A

答　①

No.6
(1)　合成抵抗を求めて，回路全体に流れる電流の大きさを求める。
抵抗A，Bは並列接続なので，抵抗A，Bの合成抵抗を R_{AB} とすると，

$\frac{1}{R_{AB}}=\frac{1}{1}+\frac{1}{3}=\frac{4}{3}$

$R_{AB}=\frac{3}{4}$〔Ω〕である。

回路全体の合成抵抗＝抵抗C＋合成抵抗 R_{AB} より，

回路全体＝$2+\frac{3}{4}=\frac{11}{4}$〔Ω〕である。これより，回路全体に流れる電流 $I_{全}$ の大きさは，

オームの法則より，$16.5=I_{全}\times\frac{11}{4}$

$I_{全}=6.0$〔A〕となる。

(2)　抵抗Cにかかる電圧 V_C より，並列部にかかる電圧を求める。
抵抗Cは直列なので，抵抗Cを流れる電流 $I_C=6.0$〔A〕となる。
オームの法則より，$V_C=6.0\times2=12$〔V〕
抵抗Cにかかる電圧＋並列部にかかる電圧＝全電圧となるので，
並列部にかかる電圧＝$16.5-12=4.5$〔V〕

(3)　抵抗Bに流れる電流を求める。
抵抗A，Bにかかる電圧は等しいので，(2)より，$V_B=4.5$〔V〕
抵抗Bについて，オームの法則より，
$4.5=I_B\times3$　　$I_B=1.5$〔A〕

答　③

No.7
抵抗ABCの抵抗値を R〔Ω〕，電池の電圧を V〔V〕とする。

(1)　抵抗の合成
抵抗Dの抵抗値は $2R$ とおける。
抵抗Bと抵抗Dの合成抵抗は，直列接続なので，
$R+2R=3R$
抵抗Cと抵抗BDは並列接続なので，

$$\frac{1}{R}+\frac{1}{3R}=\frac{1}{x}$$

$$x=\frac{3R}{4}〔Ω〕$$

回路全体は，$R+\frac{3R}{4}=\frac{7R}{4}$〔Ω〕

(2)　回路を流れる電流

回路の合成抵抗が $\frac{7R}{4}$，電池の電圧 V〔V〕より，回路全体を流れる電流の大きさは，

オームの法則より $V=x\times\frac{7R}{4}$

$x=\frac{4V}{7R}$〔A〕

電池に対して直列部分は，これに等しいので，

抵抗Aに流れる電流＝$\frac{4V}{7R}$〔A〕

(3)　それぞれの抵抗にかかる電圧

抵抗Aは R〔Ω〕，電流 $\frac{4V}{7R}$〔A〕より，オー

ムの法則から，$x = \frac{4V}{7R} \times R$

抵抗 A にかかる電圧は，$x = \frac{4V}{7}$〔V〕

これより，抵抗 BCD 部分全体の電圧は，

$V - \frac{4V}{7} = \frac{3V}{7}$〔V〕とわかる。

(4)　抵抗 BCD 部

抵抗 BD 部と抵抗 C は並列なので，それぞれにかかる電圧は $\frac{3V}{7}$〔V〕

よって抵抗 C について，

オームの法則より，$\frac{3V}{7} = x \times R$

抵抗 C に流れる電流は，$x = \frac{3V}{7R}$〔A〕

回路全体の電流 $\frac{4V}{7R}$〔A〕のうち，$\frac{3V}{7R}$〔A〕が抵抗 C 側に流れているので，抵抗 BD 部は $\frac{V}{7R}$〔A〕だけ流れていることがわかる。

抵　抗	A	B	C
抵抗値(Ω)	R	R	R
電　圧(V)	$\frac{4V}{7}$	$\frac{V}{7}$	$\frac{3V}{7}$
電　流(A)	$\frac{4V}{7R}$	$\frac{V}{7R}$	$\frac{3V}{7R}$

これより消費電力 $P = IV = I^2R = \frac{V^2}{R}$ なので，

抵　抗	A	B	C
消費電力	$\frac{16V^2}{49R}$	$\frac{V^2}{49R}$	$\frac{9V^2}{49R}$

よって，最も大きいのは A，小さいのは B である。

答　①

No.8

磁力線は，磁石の N 極から出て S 極に入る向きである。

地球上で磁石の N 極が北極を向くのは，北極に S 極があってそれと引き付けあっている，とたとえることができる。

直線電流の周りに生じる磁界の向きを表す法則は「右ねじの法則」。右手の親指の向きを電流の向きとしたとき，他の 4 本の指の向きが磁界の向き，という例もある。

これより，北から南に向かって電流を流した場合，導線の下側には西から東へ向かう磁力線が生じている。よって，N 極は東を向くことになり，ア：N 極から出て S 極　イ：S 極　ウ：右ねじ　エ：東　となる。

答　②

No.9

電池から流れる電流は直流で，向きは常に同じである。家庭用電源は電流の向きが周期的に変化する交流を用いている。電流の向きが 1 秒間に変化する回数を周波数（振動数）といい，東日本では 50 Hz，西日本では 60 Hz である。交流は変圧器を用いて，電圧を容易に変えることができる。

よって，ア：常に同じ向きで　イ：交互に変化する　ウ：交流　エ：ヘルツ（Hz）　が入る。

答　①

No.10

④　オームの法則

電圧 V，電流 I，抵抗 R とすると，$V = IR$

すなわち，抵抗 R が変化しないとき，電圧 V と電流 I は比例する。

答　④

第 6 章　原子と原子核

（問題，本文 65 ページ）

No.1

レントゲンが発見したのは X 線である。X 線を用いる『レントゲン撮影』の名前は発見者の名前から付けられている。

放射性元素が崩壊するとき，α 線を放射するときを α 崩壊，β 線を放射するときを β 崩壊とよぶ。γ 線は α 崩壊，β 崩壊に付随して放射される。γ 線は原子が α 線，β 線が出たあと不安定な状態になったときに，放射されるためである。

α 線は陽子 2 個，中性子 2 個で構成される，へ

リウム原子核である。陽子が正電荷をもつため，α 線も正電荷をもち，磁場の影響を受ける。β 線は核内の中性子が陽子に変わるときに放射され，それ自体は電子の流れである。電子は負電荷をもつので，β 線も負電荷をもち，磁場の影響を受ける。γ 線は電荷をもたないので磁場の影響は受けない。
3種類の透過性は，γ 線が最も強く，α 線が最も弱い。
よって，ア：X線　イ：ヘリウム　ウ：電子　エ：正　オ：負　となる。

答　④

No.2

半減期とは，放射性元素が崩壊して現在量の半分になるまでの期間である。半減期20年の放射性原子核が100個あった場合，20年後には $100 \times \frac{1}{2} = 50$〔個〕，さらに20年後には $50 \times \frac{1}{2} = 25$〔個〕になる。すなわち，40年後に0個になるのではなく，25個になるのが正しい。

答　①

No.3

α 崩壊によって，ヘリウム原子核が放出される。原子番号は原子核が持つ陽子数に等しく，質量数は原子核が持つ陽子数と中性子数の和であるため，放出した陽子・中性子の数にしたがって，原子番号と質量数が変化する。
1回の α 崩壊によって，ヘリウム原子核1個分，すなわち原子番号は2減少し，質量数は4減少する。よって，4回の α 崩壊では，原子番号は $2 \times 4 = 8$ 減少し，質量数は $4 \times 4 = 16$ だけ減少する。
すなわち，原子番号は $92 - 8 = 84$
質量数は $234 - 16 = 218$ となる。

答　⑤

No.4

α 崩壊：原子番号2減少，質量数4減少。
β 崩壊：原子番号1増加，質量数変化なし。
質量数が $235 - 207 = 28$ 減少しているので，
α 崩壊は $\frac{28}{4} = 7$〔回〕
原子番号は α 崩壊7回分で $7 \times 2 = 14$ 減少し，β 崩壊 x 回分で $x \times 1 = x$ 増加したとすると，

$$92 - 14 + x = 82$$
$$x = 4〔回〕$$

よって，α 崩壊7回，β 崩壊4回

答　④

第２編　化学

第１章　物質の構造

（問題，本文 84 ページ）

No.1

オゾン…O_3　酸素原子のみでできた単体。
アルミニウム…Al　Al 原子のみでできた単体。
氷…H_2O　水素原子と酸素原子の化合物。
ステンレス…合金の一種。混合物。
空気…窒素や酸素など，さまざまな気体の混合物。

答　⑤

No.2

同素体の例は主に４組。
硫黄の同素体…斜方硫黄，単斜硫黄，ゴム状硫黄
炭素の同素体…ダイヤモンド，黒鉛
酸素の同素体…酸素，オゾン
リンの同素体…黄リン，赤リン

答　①

No.3

陽子数は，元素に固有の値なので，「原子番号」と決めている。同じ元素で中性子数が異なる原子どうしを「同位体」といい，１種類の元素でできた単体で，性質の異なるものを「同素体」という。

答　④

No.4

元素記号の左下の数字は原子番号，原子番号の上の数字は質量数。この２つの原子は「同じ種類の元素で質量数が異なる同位体」である。同位体の違いは，「中性子数」。中性子の数が異なるから，「質量数」が変わる。

答　④

No.5

陽子数は，原子番号と等しい。また，イオンになっても陽子の数は変わらない。

答　③

No.6

イオン化エネルギーも電子親和力も，周期表で左下にある元素の原子ほど値が小さい。イオン化エネルギーは「陽イオンへのなりやすさ」に関与し，電子親和力は「陰イオンへのなりやすさ」に関与する。「イオン化エネルギーが大きいから陰イオンになる」という考えは誤りなので注意。
(ア)　陽イオン　(イ)　左下　(ウ)　陰イオン
(エ)　ハロゲン　(オ)　貴ガス

答　③

No.7

①　陽子ではなく，電子を放出して陽イオンになる。
②　ケイ素は非金属元素。単体は共有結合の結晶。
③　正しい。
④　ホウ素は 13 族に属する。
⑤　ヘリウムの最外殻電子数は２。ネオンは８。

答　③

No.8

ア　炭素 12g ＋酸素 32g ＝二酸化炭素 44g
　このように反応前と反応後の質量の和が等しくなることを，「質量保存の法則」という。
イ　文章から２つのことが読み取れる。
　「炭素 12g が完全燃焼するとき酸素 32g」と
　「炭素６g が完全燃焼するとき酸素 16g」
　炭素の量が半分になると，必要な酸素の量も半分になっている。これは「定比例の法則」。
　このように，いずれも同じ反応だが質量が異なる例を比較しているときは「定比例の法則」

であることが多い。

ウ　文章から2つのことが読み取れる。

炭素12gを燃焼させて,「一酸化炭素を作るときは酸素が16g必要」と「二酸化炭素を作るときは酸素32g必要」

必要な酸素の量が,整数比になっている。これは,「倍数比例の法則」。このように,反応物は同じだが,生成物が異なる例を比較しているときは「倍数比例の法則」であることが多い。

答　⑤

No.9

A　不対電子ではなく,「自由電子」という。

B　クーロン力ではなく「ファンデルワールス力（分子間力）」である。

答　⑤

No.10

二酸化炭素13.2gより $\frac{13.2}{44} = 0.30$〔mol〕

反応式の係数より,

酸素 O_2：二酸化炭素 $CO_2 = 5 : 3$

これより,反応した酸素は0.50mol

答　②

No.11

反応式は次の通り。

$2C_2H_6 + 7O_2 \rightarrow 4CO_2 + 6H_2O$

これより,エタン0.1molから,二酸化炭素が0.2mol,水が0.3mol生じることがわかる。

二酸化炭素0.2molより $0.2 \times 44 = 8.8$〔g〕

水0.3molより $0.3 \times 18 = 5.4$〔g〕

よって全重量は,$5.4 + 8.8 = 14.2$〔g〕

答　③

第2章　物質の三態変化

（問題,本文94ページ）

No.1

A：融解

B：沸点

答　④

No.2

ア　固体中の粒子は,周りの粒子と結合しており,その場で振動するだけである。全く運動しなくなるのは,0〔K〕(ケルビン)のときと考えられている。

イ　正しい。固体,液体までは粒子間の引力を無視することはできないが自由に動いて形を変えることができる。

ウ　すべての粒子が同じエネルギーをもっているわけではない。異なるエネルギーをもった粒子の集まりである。運動エネルギーを測定すれば,それは平均の値である。

エ　正しい。熱運動する粒子は,熱エネルギーを粒子の運動エネルギーに変換している。一般に温度が高くなるほど,運動エネルギーは大きくなる。

答　③

No.3

①　高地などでは水の沸点は100℃以下になる。液体の沸点は,外圧（大気圧）によって変化する。

答　①

No.4

④　水は100℃で沸騰する。それ以上加熱しても,水の温度は上昇しない。大気圧が1気圧より低いところでは,100℃より低い温度で沸騰する。

答　④

No.5

ボイル・シャルルの法則 $\frac{pV}{T}$ =一定

グラフを見間違えないように注意！

初めは,体積 V が一定で圧力 p が大きくなっている。これより,温度 T を上げたことがわかる。

このあと,グラフは双曲線を描いていることから,「体積 V が圧力 p に反比例」している。ボイルの法則　pV =一定であるから,温度 T は一定で圧力 p を小さくしたか,体積 V を大きくしたことがわかる。

これより，体積 V が一定で温度 T を上げたのち，温度 T が一定で体積 V を大きくした。

答　①

第3章　溶液

（問題，本文104ページ）

No.1

① 一般に温度の上昇に伴って，気体の溶解度は小さくなる。固体の溶解度は大きくなるものが多いが，物質によっては小さくなるものもある。

答　①

No.2

水に溶けにくいものは，無極性分子や分子が大きいもの。

Cのデンプンは分子が大きいため水の中で分散しにくい。

Dの硫黄は無極性分子なので，極性溶媒である水には溶けにくい。

答　③

No.3

水100gに60℃で124g溶かすと，20℃では，124 － 88 ＝ 36〔g〕を析出する。

100：36 ＝ 250：x

x ＝ 90〔g〕

答　④

No.4

小さな溶媒分子は通すが，大きな溶質分子は通さないという選択性をもつ膜を半透膜という。濃度の異なる溶液が半透膜を挟んで接しているとき，しばらく放置しておくと溶液の濃度を薄めようとするように，溶媒分子の移動が起こる。希薄溶液は，純溶媒と比べると，「蒸気圧が降下」し「沸点が上昇」する。また，「凝固点が降下」する。

よって，ア：溶媒　イ：低く　となる。

答　①

No.5

① 塩化鉄(Ⅲ)は $FeCl_3$

$FeCl_3 + 3H_2O \rightarrow Fe(OH)_3 + 3HCl$

② 少量ならば疎水コロイド。

③ セッケンは親水コロイドなので，塩析。

④ 光を吸収するのではなく，光を乱反射するためにおこる。チンダル現象という。

⑤ 正しい。

答　⑤

第4章　酸・塩基

（問題，本文112ページ）

No.1

ア　塩酸…1価

イ　酢酸…1価

ウ　リン酸…3価

エ　硫酸…2価

オ　シュウ酸…2価

答　⑤

No.2

NaOH…1価の強塩基

$Mg(OH)_2$…2価の弱塩基

NH_3…1価の弱塩基

$Ca(OH)_2$…2価の強塩基

答　⑤

No.3

HCl…1価，H_2SO_4…2価，CH_3COOH…1価，NH_3…1価，$Ba(OH)_2$…2価，$Fe(OH)_3$…3価

アンモニア NH_3 は水素イオン H^+ を受け取る数を考える。

$NH_3 + H^+ \rightarrow NH_4^+$

答　③

No.4

濃度が同じで，同じ体積の溶液を混合したら中和した。すなわち，価数が同じ酸・塩基の組合せを考える。

① 塩酸…1価　　水酸化バリウム…2価

② 酢酸…1価　　水酸化バリウム…2価
③ 硫酸…2価　　アンモニア…1価
④ 酢酸…1価　　アンモニア…1価
⑤ 硫酸…2価　　水酸化ナトリウム…1価
これより，④の組合せで中和することがわかる。

答 ④

No.5

中和した溶液が中性を示すのは強酸と強塩基を中和反応させたとき。
① 強塩基と弱酸
② 弱塩基と強酸
③ 強塩基と強酸。よって pH = 7 になる。
④ 弱塩基と強酸
⑤ 弱塩基と弱酸

答 ③

No.6

	硫　酸	水酸化ナトリウム
価　数	2価	1価
濃　度	x mol/L	0.05mol/L
体　積	50mL	20mL

これより，

$$2 \times x \times \frac{50}{1000} = 1 \times 0.05 \times \frac{20}{1000}$$

$$x = 0.01〔\mathrm{mol/L}〕$$

答 ①

No.7

HCl は1価の強酸，NaOH は1価の強塩基なので，(濃度不明の NaOH 水溶液) + (後から加えた NaOH 水溶液) = (加えた塩酸)
求めるものを x mol/L とすると，

$$x \times \frac{5}{1000} + 0.01 \times \frac{5}{1000} = 0.01 \times \frac{17}{1000}$$

$$x = 0.024〔\mathrm{mol/L}〕$$

答 ②

No.8

pH = − log［H^+］と定義されるので，pH の値が1小さくなると，水素イオン濃度は10倍になる。
よって，10^2 倍 = 100倍

答 ④

No.9

④ pH = 6 の塩酸を100倍に希釈したときの pH を求めると，計算上は pH = 8 となるが，これでは塩酸が塩基性を示すことになってしまう。実際は，酸・塩基の水溶液を希釈していくと pH は7に近づいていく。この場合，pH = 8 にはならない。

答 ④

第5章　酸化・還元

(問題，本文128ページ)

No.1

酸化・還元の定義

	酸素	水素	電子
受け取った	酸化された	還元された	還元された
失った	還元された	酸化された	酸化された

相手を酸化した物質を「酸化剤」，相手を還元した物質を「還元剤」という。
よって，A：酸化　B：還元　C：還元　となる。

答 ②

No.2

原則として水素 H の酸化数は + 1。酸素 O の酸化数は − 2(ただし，過酸化物は − 1)。これから計算により機械的に求める。
CuO…酸素が − 2。全体でゼロになるので Cu は + 2。
H_2SO_4…水素2個なので 2 × (+ 1) = + 2。
酸素4個なので 4 × (− 2) = − 8。
全体でゼロになるので S は + 6。
H_2S…水素2個なので 2 × (+ 1) = + 2。
全体でゼロになるので S は − 2。
同じ元素でも，化合物によって酸化数が変わることがある。

答 ③

No.3

① 塩基性酸化物と酸の反応…中和
② 代表的な酸化還元反応
③ 酸と塩基の反応…中和
④ イオンの組み換えが起こる反応
⑤ 熱分解反応

答 ②

No.4

⑤ 熱濃硫酸には酸化力があるので銀と反応するが，発生する気体は二酸化硫黄 SO_2 であり，水素ではない。

答 ⑤

No.5

ア 溶ける→イオンになることなので，Aが最もイオンになりやすくイオン化傾向が最大。
イ CとBでは，Bのほうがイオンになりやすい。＝イオン化傾向はB＞C
BとDでは，Dのほうがイオンになりやすい。＝イオン化傾向はD＞B
この2つを組み合わせて考えると，D＞B＞C
以上より，A＞D＞B＞C

答 ②

No.6

(1)より，B＞A
(2)より，D＞C
(3)より，E＞A・B・C・D
(4)より，A・B＞C・D
以上をまとめると，E＞B＞A＞D＞C

答 ①

No.7

① 電流の流れる向きは電子と逆になるので，電流は銅板から外部回路に流れ出る。電子が，電極から外部へ流れ出る電極を負極という。よって，銅板が正極，亜鉛板が負極となる。

答 ①

No.8

水酸化ナトリウム水溶液を電気分解したとき，電極で起こる反応は以下の通り。

陰極：$2H_2O + 2e^- \rightarrow H_2 + 2OH^-$
陽極：$4OH^- \rightarrow 2H_2O + O_2 + 4e^-$

水酸化ナトリウム水溶液は塩基性であることからもわかるように，水素イオン H^+ は微量しか存在せず，水素イオン H^+ が直接還元されて水素が発生するとは考えられない。水分子が反応して水素が発生すると考えるのが妥当である。また，電離で生じた Na^+ はイオン化傾向が大きいので水溶液中では還元されない。
よって，ア：Na^+ イ：水素 ウ：酸化 エ：酸素 となる。

答 ③

No.9

ア 水酸化ナトリウム水溶液を電気分解すると水素と酸素が発生する。濃い塩化ナトリウム水溶液の電気分解は水酸化ナトリウムの製造法である。記述中の水酸化ナトリウムを塩化ナトリウムに，塩化ナトリウムを水酸化ナトリウムに変えると正しい内容となる。誤り。
イ 正しい。
ウ 氷晶石はアルミナの融点を下げるはたらきがある。誤り。
エ 正しい。ブリキの表面に傷がつくと，鉄が表面に出てくる。鉄とスズでは，鉄のほうがイオン化傾向が大きいため，鉄の方が集中して腐食されるようになる。
よって，アとウが誤り。

答 ②

第6章 無機化合物

（問題，本文 143 ページ）

No.1

⑤ 酸化マンガン(Ⅳ)と希塩酸の反応は酸化還元反応である。酸化マンガン(Ⅳ)は触媒ではない。

答 ⑤

No.2

② 吸湿作用ではなく「脱水作用」。

答 ②

No.3
④ 黒鉛の結晶には電気伝導性がある。

答 ④

No.4
① 赤リンは人体への毒性は少ないので，マッチの側薬として用いられる。
それ以外は，全て毒性がある。 **答 ①**

No.5
非金属元素の酸化物は，酸性を示すものが多い（酸性酸化物）。
金属元素の酸化物は，塩基性を示すものが多い（塩基性酸化物）。
また，主な強塩基は Ca, Ba, K, Na などがある。
① $CaO + H_2O \rightarrow Ca(OH)_2$ 強塩基。
② MgO は水に溶けにくい。弱塩基。
③ FeO は水に溶けにくい。弱塩基。
④ $SO_2 + H_2O \rightarrow H_2SO_3$（亜硫酸）弱酸。
⑤ $3NO_2 + H_2O$（温水）$\rightarrow 2HNO_3 + NO$ 強酸。

答 ①

No.6
塩化カルシウム…アンモニア以外の気体の乾燥。タンスや押入れの湿気取りとして利用。
濃硫酸…塩基性物質以外の乾燥。これとは別に「脱水作用」ももつ。
シリカゲル…多孔質の無定形固体で，水分や気体を吸着する力が強い。お菓子の乾燥剤として利用。
この他，十酸化四リン，ソーダ石灰などがある。

答 ②

No.7
ボーキサイトから不純物を取り除いた，純粋な酸化アルミニウムをアルミナという。アルミニウムはイオン化傾向が大きいので酸化されやすいにも関わらず，実際は不動態となるので鉄のようには錆びない。
アルミニウムは典型元素に分類され，酸・塩基の両方と反応する両性元素のひとつである。両性元素の単体と酸･塩基の水溶液が反応すると，いずれの場合も水素が発生する。
ミョウバンの化学式は，$AlK(SO_4)_2 \cdot 12H_2O$。
重曹は炭酸水素ナトリウム $NaHCO_3$ のことである。
よって，ア：ボーキサイト イ：不動態 ウ：両性元素 エ：水素 オ：ミョウバン となる。

答 ⑤

No.8
(ア) ステンレス鋼は，鉄にクロム，ニッケルを混ぜて作った合金である。希硫酸との反応式は次の通り。
$Fe + H_2SO_4 \rightarrow FeSO_4 + H_2$
水溶液中には $FeSO_4$ から生じた Fe^{2+} が含まれている。
Fe^{2+} は淡緑色，Fe^{3+} は黄褐色のイオンである。
(イ) 赤みを帯びた金属といえば，銅。電気・熱の伝導性は銀に次いで2番目に大きい。溶鉱炉，転炉で作った銅は粗銅（純度99％）とよばれ，これを電解精錬して純銅（純度99.99％）を得る。
(ウ) 電気・熱の伝導性が最も大きいのは銀。銀の化合物には感光性があるものが多く，褐色瓶で保存する。この感光性を利用して，写真フィルムの感光剤に用いられている。

答 ⑤

No.9
A AgCl…白，$Al(OH)_3$…白，$Fe(OH)_3$…赤褐色
B CuS…黒，FeS…黒，ZnS…白

答 ③

第7章 有機化学

（問題，本文 152 ページ）

No.1
有機化合物を構成する元素は非金属元素が多い。そのため，原子間は共有結合で結ばれる。
また，気体分子とは違って多数の原子で構成されるため，結合の数が多く融点が低い。反応性も低く，触媒を使って反応させることが多い。
よって，A：共有 B：低い C触媒 D：異

性体　となる。

答　③

No.2

① エチレンは二重結合をもつので，付加反応を起こしやすい。付加重合してポリエチレンを生じる。

② 正しい。

③ アセトンは分子内に極性のあるカルボニル基をもつので，水によく溶ける。

④ メタノールは有毒。消毒薬に用いられるのはエタノール。ギ酸はカルボン酸の中で唯一例外的に還元性を示す。

⑤ ホルムアルデヒドは常温で気体で存在する。この気体を水に溶かしたものがホルマリンである。

答　②

No.3

メタノールはアルコールなので，ヒドロキシ基をもつ。

アセトンはケトンの一種。カルボニル基をもつ。

酢酸メチルはエステルの一種。エステル結合をもつ。

答　②

No.4

① 還元性とは，「反応相手を還元する」性質である。このとき，自身は酸化されている。

② 還元性を示すギ酸（カルボン酸）や，グルコース（糖）など，アルデヒドに分類されていないものもある。

③ ヨードホルム反応は還元性とは関係ない。還元性を利用した検出法は，銀鏡反応やフェーリング反応がある。

④ 正しい。メタノールを酸化すると，ホルムアルデヒドをへてギ酸を生じる。ホルムアルデヒドもギ酸も還元性を示す。

⑤ 2-プロパノールを酸化して得られるのはケトン。ケトンにはアルデヒド基がないので還元性はない。

答　④

No.5

高級脂肪酸のナトリウム塩を「セッケン」という。セッケンは弱酸と強塩基の塩なので，塩基性を示す。繊維などに水が浸透しやすくする作用を「界面活性作用」という。セッケン分子が汚れなどの油分に吸着し，それを水中に引き出して安定なミセルとして分散させる作用を「乳化作用」という。セッケンや洗剤の洗浄作用は，「界面活性作用」と「乳化作用」の２つによるものと考えられる。

セッケンがカルボン酸塩であるのに対し，合成洗剤はスルホン酸塩である。強酸と強塩基の塩であるため，水溶液は中性を示す。

よって，ア：セッケン　イ：塩基　ウ：界面活性作用　エ：合成洗剤　オ：中　となる。

答　①

No.6

① アルケンなどの脂肪族不飽和炭化水素は付加反応を起こしやすいが，ベンゼンは置換反応を起こしやすい。

② トルエンはベンゼンの一置換体。メチル基を１つだけもつ。

③ 正しい。有機化合物の結晶は分子結晶であるため，イオン結晶に比べると融点が低いものが多く，ナフタレンのように昇華するものもある。

④ ベンゼンに濃硝酸と濃硫酸を加えて加熱するとニトロ化が起こる。得られるのはニトロベンゼン。

⑤ 紫外線を照射しながら塩素と反応させると，付加反応が起きてヘキサクロロシクロヘキサンが得られる。

答　③

No.7

フェノール（Phenol）はベンゼン環に１個のヒドロキシ基（－OH）が結合している。アルコールと同様に語尾が（－ol）になっていることがヒント。

安息香酸はベンゼン環に１個のカルボキシ基（－COOH）が結合している。語尾が『酸』になっていることがヒント。

アニリンはベンゼン環に1個のアミノ基（$-NH_2$）が結合している。代表的な芳香族アミンなので覚えよう。

答 ④

No.8

濃硝酸と濃硫酸を加えて加熱すると，ベンゼン環がニトロ化される。
サリチル酸メチルの生成は，エステル化。サリチル酸がカルボン酸として反応している。サリチル酸メチルは，サロメチール（商品名）とよばれ消炎作用がある。
サリチル酸のフェノール性ヒドロキシ基が無水酢酸と反応する。アセチルサリチル酸は，アスピリン（商品名）と呼ばれ解熱作用がある。
よって，ア：ニトロ　イ：エステル　ウ：消炎　エ：解熱　となる。

答 ⑤

No.9

アミノ基$-NH_2$は1対の非共有電子対をもつので，水素イオンH^+を引き寄せる性質をもつ。このためアミノ基をもつ化合物は，酸と中和反応を行う。ただし，芳香族アミン（アニリンなど）の塩基性はアンモニアよりもはるかに弱いので，赤色リトマス紙を青くする力はない。
アニリンなどからジアゾニウム塩を作る反応をジアゾ化という。得られたジアゾニウム塩がフェノール類や芳香族アミンと反応してアゾ化合物を作ることをカップリングという。得られたアゾ化合物は工業用染料の約60%を占め，食用色素の一部にも利用されている。
よって，ア：中和　イ：塩基性物質　ウ：ジアゾ化　エ：カップリング　オ：色素　となる。

答 ②

No.10

① 1分子中にカルボキシ基を2個もつ酸性アミノ酸は酸性を示し，2個のアミノ基を持つ塩基性アミノ酸などは塩基性を示す。中性とは限らない。

② グリシンは不斉炭素原子をもたないので，光学異性体は存在しない。

③ 正しい。アミノ酸どうしでアミド結合した場合のみペプチド結合とよぶ。ペプチド結合の数により，ジペプチド，トリペプチドなどに分類される。

④ ビウレット反応はポリペプチドの検出。ニンヒドリン反応は，ニンヒドリンがアミノ酸と反応することを利用した検出法。タンパク質分子の末端アミノ酸に対しても同様に反応するので，タンパク質や各種のペプチドを検出することができる。しかし，ビウレット反応は2個以上の連続するペプチド結合が反応することを利用しているので，ペプチド結合のないアミノ酸の検出はできない。

⑤ 天然のアミノ酸は約20種類。システインのように硫黄元素を含むアミノ酸，フェニルアラニンのようにベンゼン環を含むアミノ酸は存在するが，塩素原子を含む天然アミノ酸はない。

答 ③

No.11

グルコース，フルクトースなど…単糖類
スクロース，マルトースなど…二糖類
デンプン，セルロース，グリコーゲン…多糖類
単糖類の水溶液はすべて還元性を示すが，二糖類には還元性を示すものと示さないもの（スクロース）がある。
デンプンの検出法としてよく知られているヨウ素デンプン反応は，デンプンのらせん構造の中にヨウ素分子が取り込まれることによって起こる。このため，同じ多糖類であってもらせん構造をとらないセルロースは，ヨウ素でんぷん反応を示さない。
よって，ア：単糖類　イ：多糖類　ウ：還元性　エ：青紫　となる。

答 ①

第３編　生物

第１章　細胞構造

（問題，本文 164 ページ）

No.1

⑤　(オ)＝核小体または仁。

①～④は正しい。

答　⑤

No.2

細胞膜：溶液に対して選択的な半透性を示し，細胞内外の物質の出入りを選択的に調節する。→ A

細胞液：液胞を満たす液体で，糖・有機酸・無機塩類を含み，細胞の浸透圧を保つ。→ B

ゴルジ体：数枚の袋が重なった構造で，細胞内で作られる各種物質を膜で包み，小胞として分泌・排出する。→ C

小胞体：管状または袋状の膜がつながり，細胞質内全体に広がったもので，物質輸送にはたらく。→ D

細胞壁：比較的厚い３層の膜からなり，多糖類のセルロースとペクチンが主成分で，水や水に溶けている物質を自由に通す全透性をもっている。→ E

答　⑤

No.3

細胞小器官のはたらき

①　小胞体：物質の移動，運搬の通路

②　正しい。

③　リボソーム：タンパク質合成の場

④　核小体：タンパク質，RNA の合成

⑤　ゴルジ体：細胞内で合成された物質の貯蔵や，細胞外への分泌・排出

答　②

No.4

①　光合成を行う場は葉緑体である。ゴルジ体では物質の分泌と貯蔵を行う。

②　ミトコンドリアは酸素呼吸の場である。

③　中心体は細胞分裂に関与する。

④　正しい。

⑤　細胞壁は動物細胞には存在しない。植物細胞や原核細胞のものである。

答　④

第２章　植物の調節作用

（問題，本文 169 ページ）

No.1

オーキシンのはたらき

植物の代表的なホルモン。成長がさかんな芽や葉で作られ，茎を下降して茎・葉・根・果実などで各種のはたらきをする。

性質やはたらき

- 細胞の成長促進作用。
- 光や重力の刺激により，茎や根の片側に分布することで，成長に差が生じる。屈性をおこす原因となる。
- 子房の発育促進

※問題のア，イ，ウの内容から，オーキシンの密度の多い細胞がより成長。

答　④

No.2

①　オーキシンは芽や茎の先端・葉で作られ，茎を下降。

②　オーキシンは，光と反対側に集まる。

③　オーキシン濃度が高すぎると，成長を阻害する。

④　発芽を促進させるホルモンは，ジベレリン。

⑤　正しい。

答　⑤

No.3

① 動物ホルモンとは，化学構造もはたらきも異なる。

② 光と反対側に集まって，成長を促進させるため，光の方向へ曲がる。

③ 先端部分でオーキシンが作られるため，先端を切り取ると成長しない。

④ 正しい。

⑤ 植物の組織・器官によって最適濃度が異なる。
茎：10^{-4} ～ 10^{-5} mol/L
根：10^{-10} ～ 10^{-11} mol/L など

答　④

No.4

④ 気孔の開閉運動は孔辺細胞の膨圧運動によるものである。

答　④

No.5

① 花芽形成に必要な条件は暗期の長さである。

答　①

第3章　同化と異化

(問題，本文179ページ)

No.1

⑤ 光のエネルギーの吸収を行っているのは，チラコイドである。 **答　⑤**

No.2

日中は光合成が行われ，気孔から二酸化炭素を取り入れ，酸素を放出する。また，夜間は光が当たらないため光合成は行われない。しかし，呼吸は常に行われているため，気孔から酸素を取り入れ，二酸化炭素を放出する。以上よりアは誤り。
光合成は青と赤の光が使われる。したがって，イは誤り。
ウについてクロロフィルはチラコイドにある。
光－光合成曲線から，光合成速度を見ると，光の弱いところでは温度には関係がない。また，光が十分強いところでは，温度が関係していることがわかる。したがって，光が弱いAでは光の強さが，光が強いBでは，温度が光合成速度を決める限定要因である。
以上よりウ，エが正しい。 **答　⑤**

No.3

① 光エネルギーの吸収はチラコイドで行われる。

② 正しい。

③ 光を必要としない反応は葉緑体内のストロマで行われる。

④ 光飽和点という。

⑤ 光が十分あっても，ある一定の二酸化炭素濃度，ある一定の温度がなければ反応は十分に進行しない。

答　②

No.4

ア＝A　　イ＝F
ウ＝E（イ＝E　ウ＝Fでも可）
エ＝A　　オ＝D　　カ＝B
キ＝C

答　④

No.5

A＝ストロマ（同化色素をもつチラコイド以外の基質部分）
B＝チラコイド（同化色素をもつ二重の膜で包まれた袋状の構造）
C＝グラナ（チラコイドの層全体の名称）

答　③

No.6

① ⓐ→ⓑ→ⓓ　乳酸発酵
② ⓐ→ⓑ→ⓒ　呼吸
③ ⓐ→ⓑ→ⓔ　アルコール発酵
④ ⓑ→ⓔ→ⓕ　酢酸発酵
⑤ ⓐ→ⓑ 解糖

答　(A)＝②，(B)＝③

No.7

③ ATP生成は呼吸がグルコース1分子につき38ATP。アルコール発酵はグルコース1分子につき，2ATP。乳酸発酵も同様で，大

きな差がある。

答　③

No.8

⑤　サンショウウオなど両生類の成体は肺呼吸が中心。

答　⑤

No.9

アルコール発酵の反応式

$C_6H_{12}O_6 \rightarrow 2C_2H_5OH + 2CO_2 + 2ATP$

答　③

No.10

①　正しい。

②　刺激により筋原繊維のまわりからCa^{2+}によりATPが分解され，運動エネルギーになる。

③　植物でも出芽，発酵などで熱を発生。

④　エネルギー変換においては必ずエネルギー保存の法則に従う。

⑤　植物食性動物の呼吸商は大きく動物食性動物の呼吸商は小さい。

$$呼吸商 = \frac{CO_2}{O_2}$$

答　①

No.11

A＝解糖系　　B＝クエン酸回路

C＝電子伝達系

①　ATP最大の反応はCの電子伝達系の反応である。

②　Aの解糖系の反応は細胞質基質での反応である。

③　Bのクエン酸回路でのATP生成量も，Cに比べれば少ない。

④　Bのクエン酸回路はミトコンドリア内のマトリックスでの反応。
Cの電子伝達系はミトコンドリアの内膜（クリステ）での反応

⑤　正しい。

答　⑤

No.12

呼吸は解糖系→クエン酸回路→電子伝達系の３つの反応からなる。解糖系の段階では酸素は不要である。解糖系は２分子のATPが生産される。クエン酸回路はミトコンドリアのマトリクスで行われ，電子伝達系はミトコンドリアの内膜（クリステ）で行われる。
動物の筋肉内では発酵も行われ，解糖という。その際乳酸が作られ，これが，筋肉の疲労物質である。
よって，A：不要　B：ATP　C：ミトコンドリア　D：乳酸　となる。

答　④

第４章　動物の恒常性と調節

（問題，本文193ページ）

No.1

①〜④　抗原抗体反応である。

⑤　血が止まるのは血しょう板が血液凝固因子やフィブリノゲンのはたらきにより，傷口をふさぐためである。抗原抗体反応ではない。

答　⑤

No.2

A＝赤血球　　B＝血小板　　C＝白血球

D＝血しょう

答　④

No.3

①　A型の血液の凝集原はA，凝集素はβである。

②　O型の血液には凝集原はないが，凝集素α，βがある。

③　正しい。

④　AB型の血液には凝集原A，Bがあり，凝集素はない。

⑤　凝集する。

㊟　Aとα，Bとβが混ざると凝集する。

答　③

No.4

A＝抗体　　B＝抗原　　C＝白血球

D ＝抗原

答　②

No.5

④　肝臓では赤血球を破壊するが，赤血球を作るはたらきはない。

答　④

No.6

A　腎小体(マルピーギ小体)　　B　糸球体
C　タンパク質　　D　腎う

答　③

No.7

①　だ液は弱アルカリ性 pH7 ～ 8，デンプンをマルトースに分解する。
②　正しい。胃液は強酸性 pH2。
③　胆汁は肝臓で作られ，胆のうに蓄えられる。消化酵素はなく，消化を助ける。
④　すい液リパーゼは脂肪を脂肪酸とモノグリセリドに分解する。
⑤　すい液はすい臓で作られ，多くの消化酵素を含んでいる。

答　②

No.8

①　だ液アミラーゼ：デンプン→デキストリン＋マルトース
②　ラクターゼ：ラクトース→グルコース＋ガラクトース
③　リパーゼ：脂肪→脂肪酸＋モノグリセリド
④　ペプシン：タンパク質→ペプチド
⑤　マルターゼ：マルトース→グルコース

答　④

No.9

③　酵素には⑤に記述してあるように１種類の基質（養分）にしかはたらかない基質特異性という性質がある。

答　③

No.10

A ＝脂肪　　B ＝タンパク質
C ＝無機塩　　D ＝炭水化物

答　②

No.11

①　血糖値はヒトで約 0.1%である。
②　正しい。
③　血糖値が上がるとすい臓のランゲルハンス島のＢ細胞からインスリンが分泌されて血糖値が減少する。
④　インスリンは血糖値を減少させるはたらきがある。
⑤　高血糖のときは，副交感神経がはたらく。

答　②

第５章　神経系の発達

（問題，本文 204 ページ）

No.1

① 散在神経系：ヒドラなどの腔腸動物の神経系である。神経細胞が全身に散在している。この神経細胞はそれぞれ網目状に連結している。

② かご形神経系：プラナリアなどの扁形動物の神経系である。脳があり，そこからからだの両端をはしる２本の神経がある。体節ごとに神経があり，この２本の中枢神経の間を連絡している。この神経の形が，かごに似ている。

③ はしご形神経系：環形動物，昆虫などの神経で，各体節に神経細胞の集まった神経節が１対ずつあり，それをつなぐように腹部の中央に２本の神経繊維の束があって，はしご形の中枢神経を構成。

④ 管状神経系：脊椎動物の神経細胞は，その中枢となる脳と脊髄とから成り立っている。発生は神経管に由来し，中空の管状になっているため，管状神経系という。

⑤ 自律神経系：末梢神経の１つで，心臓，肺，肝臓など内臓器官や腺・皮膚・血管に分布し，自律的にはたらきを調節する神経。

答　④

No.2

A：延髄→呼吸運動，心臓の拍動，せき，くしゃみなどの中枢がある。

B：脊髄→脊髄反射の中枢。

C：大脳→経験・学習に基づいた知能行動に関与している。

答　⑤

No.3

① 正しい。

② 呼吸は交感神経で促進，副交感神経で抑制。

③ 瞳孔は交感神経で拡大，副交感神経で収縮。

④ 交感神経はノルアドレナリン分泌。副交感神経でアセチルコリン分泌。

⑤ 心臓の拍動は，交感神経で促進，副交感神経で抑制。

答　①

No.4

a＝細胞体　　b＝核

c＝樹状突起　　d＝軸索

答　⑤

No.5

A＝ニューロン　　B＝軸索

C＝シナプス

答　③

No.6

① 正しい。

② 興奮は一定以上の刺激があればおこるが，それ以上大きくなっても興奮の活動電位は変わらない。

③ ニューロンと他のニューロンとの結合部分をシナプスといい，受容器とは感覚器のこと。

④ 感覚器で生じた興奮は，感覚神経から脊髄を通って感覚中枢である大脳皮質に伝えられる。

⑤ バソプレシンは，脳下垂体後葉から分泌される血圧上昇ホルモンのことである。

答　①

No.7

生得的行動には走性，反射，本能が含まれる。
習得的行動には，学習，知能が含まれる。

答　③

No.8

A＝間脳　　B＝二酸化炭素
C＝交感神経　　D＝大脳

答　⑤

No.9

ア と エ：エ は血糖量の増加ホルモン，ア は間脳による自律神経系のはたらきによって副腎髄質よりアドレナリン分泌。

イ と オ と カ：副交感神経が興奮して，イ から血糖を増加させるホルモン オ または，血糖を低下させるホルモン カ が分泌されることがわかる。

イ：すい臓ランゲルハンス島

ウ：甲状腺ホルモン，代謝の促進

以上の事項より

ア：副腎髄質

イ：すい臓

ウ：チロキシン

エ：アドレナリン

オ：グルカゴン

カ：インスリン

答　④

第６章　遺伝の仕組みと遺伝子の本体

（問題，本文 217 ページ）

No.1

ア：DNA　　イ：糖
ウ：ヌクレオチド　　エ：二重

答　⑤

No.2

④の構成塩基が違う。

RNA の塩基は，アデニン（A），ウラシル（U），グアニン（G），シトシン（C）

DNA の塩基は，アデニン（A），チミン（T），グアニン（G），シトシン（C）

答　④

No.3

交配と交雑の違いを明確にすること。

交配：２個体間で行われる配偶子の受精。

交雑：遺伝子型が異なる２個体間の交配。

答　①

No.4

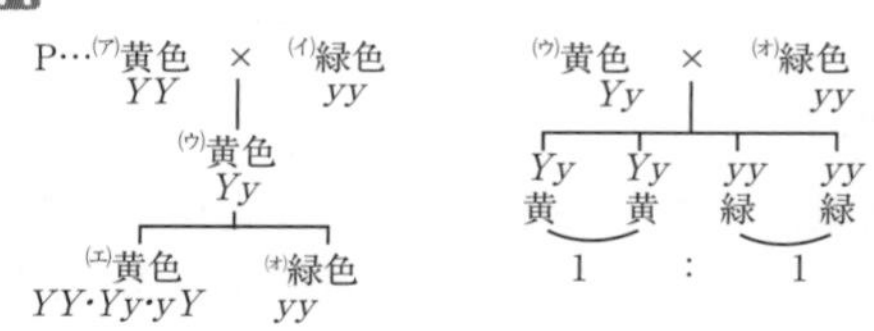

答　⑤

No.5

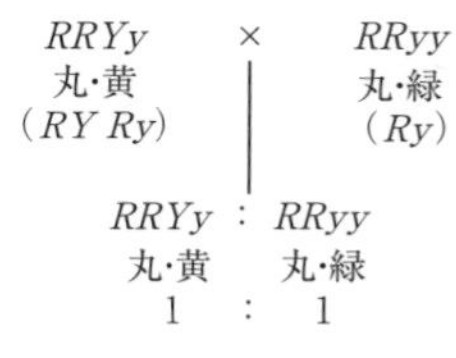

	RY	Ry
Ry	RRYy 丸黄	RRyy 丸緑

答　③

No.6

P……紫色 × 白色
$CCPP$ $ccpp$

F_1…………紫色
$CcPp$

F_1の紫色 Pの白色
$CcPp$ $ccpp$

$CcPp$: $Ccpp$: $ccPp$: $ccpp$
紫花 白花 白花 白花

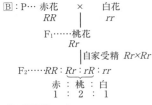

P \ F_1	CP	Cp	cP	cp
cp	$CcPp$ 紫花	$Ccpp$ 白花	$ccPp$ 白花	$ccpp$ 白花

∴ 紫花 ： 白花 = 1 ： 3

答 ⑤

No.7

A：不完全顕性
B：P… 赤花 × 白花
RR rr
F_1……桃花
Rr
自家受精 $Rr \times Rr$
F_2……RR : Rr : rR : rr
赤 ： 桃 ： 白
1 ： 2 ： 1
赤の遺伝子 = R
白の遺伝子 = rとする。

答 A ⑤ B ②

No.8

伴性遺伝…性染色体に，眼色の遺伝子がある。赤眼の遺伝子＝X，白眼の遺伝子＝X′とする。X は X′に対し顕性である。

P……白眼の雌 ― 赤眼の雄
X′X′ XY

F_1……X′X ：X′X：X′Y：X′Y
赤 赤 白 白
雌 雄

F_1の雌と雄を交雑

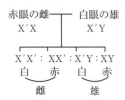

赤眼の雌 ― 白眼の雄
X′X X′Y

X′X′：XX′：X′Y：XY
白 赤 白 赤
雌 雄

雄，雌とも，赤眼，白眼が1 ：1の割合で生まれる。

答 ③

No.9

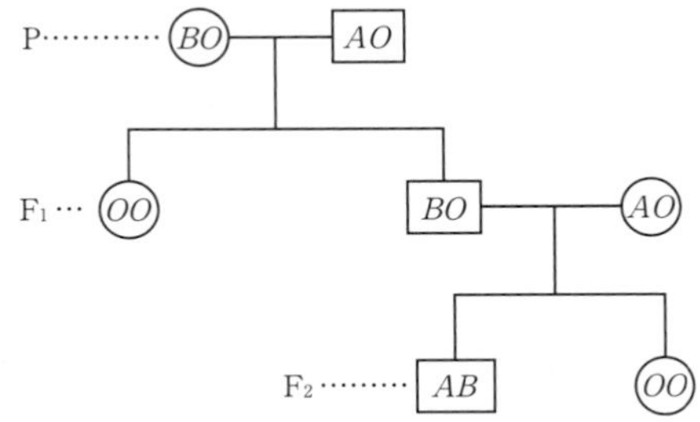

これより，1はB型。2はA型である。

O 型…OOのみ
AB 型…ABのみ
A 型…AOとAA
B 型…BOとBB

O 型の子どもが生まれたならば，親の遺伝子型は，AO，BO，OOのいずれかになる。

答 ②

第７章　生殖と発生

（問題，本文 230 ページ）

No.1

① スギナ：胞子生殖
② ヒドラ：出芽
③ オランダイチゴ：栄養生殖
④ ショウジョウバエ：受精
⑤ 酵母菌：出芽

答 ④

No.2

体内受精する動物：ほ乳類，は虫類，鳥類，昆虫類など
体外受精する動物：魚類，両生類など
① トンボ：体内受精
② トノサマガエル：体外受精
③ アオウミガメ：体内受精
④ イルカ：体内受精
⑤ ニワトリ：体内受精

答 ②

No.3

⑤ ミツバチの雄は単為生殖，雌は受精

答 ⑤

No.4

減数分裂が起こるのは，胞子ができるとき。

㋖→㋐

答 ④

No.5

A：卵割　B：割球　C：胞胚

D：原腸胚

答 ②

No.6

(1) ア＝外胚葉　イ＝内胚葉　ウ＝原口

エ＝原腸　オ＝中胚葉

答 ④

(2) 呼吸器官(肺，気管，えら）は内胚葉

答 ④

No.7

A：精細胞　B：胚　C：極核

D：胚乳　E：重複受精

答 ②

第8章　生物の進化

（問題，本文 237 ページ）

No.1

(a) 古生代中期　(b) 古生代前期

(c) 新生代　(d) 中生代

∴ (b)→(a)→(d)→(c)

答 ②

No.2

① アンモナイト：中生代

② ナウマンゾウ：新生代

③ フズリナ：古生代

④ 始祖鳥：中生代

⑤ 恐竜：中生代

答 ③

No.3

示準化石：その地層の年代を決定することができる化石

① 生存年代が短い

③ 分布域が広い

④ 個体数が多い

⑤ 種類の区別が容易である

などの条件を備えていると，示準化石としての価値が大きい。

答 ②

No.4

② これはワイスマンが発表した「新ダーウィン説（生殖質連続説)」である。突然変異説とは，進化は緩慢な個体変異の累積でおこるのではなく，突然変異によって生じた生物がもとになる，という内容。

答 ②

No.5

① ド＝フリースの突然変異説

② 正しい。ラマルクの用不用説

③ ダーウィンの自然選択説

④ アイメルの定向進化説

⑤ ワグナーの地理的隔離説

答 ②

No.6
① 進化説の説明ではない。
② 用不用説
③ 突然変異説
⑤ 進化説の説明ではない。

答 ④

第９章　生態系と環境問題

（問題，本文 244 ページ）

No.1
①は同種内での争いである。
②～⑤は異種間の関係である。

答 ①

No.2
炭酸同化によって，有機物を自分で作る生物を独立栄養生物という。
① シイタケ：菌類
② アオカビ：菌類
③ バッタ：従属栄養生物。
④ ワラビ：シダ類
⑤ ミジンコ：植物性プランクトンを食べる。

答 ④

No.3
一次消費者：生産者を食物とする小動物，昆虫の仲間，甲殻類の幼生
ＢのイナゴとＥのカメムシ

答 ②

No.4
①イカ，②タコ，④ハマグリ，⑤タニシは軟体動物。③クラゲは腔腸動物。

答 ③

No.5
生存曲線
Ａ：発育初期の死亡率が高い型：魚類，昆虫類，貝類
Ｂ：発育の全過程にわたってほぼ一様な死亡率を示す型：鳥類
Ｃ：発育初期の死亡率が低い型：ほ乳類，大型の鳥類

答 ③

No.6
① 正しい。フロンガスはオゾン層を破壊し，その影響で有害な紫外線が降り注ぐ懸念がある。
② 硫黄酸化物，窒素酸化物が雨中に溶け地上に降り注ぎ，森林や魚に影響を及ぼす酸性雨についての記述である。
③ 温室効果についての記述である。硫黄や窒素ではなく，二酸化炭素が原因。
　温室効果の原因となるのは二酸化炭素やメタンガスである。
④ 赤潮は畑などの化学肥料の使用過多の影響で海水が富栄養化し，プランクトンが大量発生しておきる。DDT は分解されにくい物質で動物体内の脂肪に取り込まれ，それが食物連鎖を通じて上位の動物に濃縮され，動物の生殖に影響を及ぼすと考えられている。
⑤ 赤潮の発生についての記述である。

答 ①

No.7
一定容器内での飼育のため，餌の量や生活空間は限られている。そのため一定の数量個体が増加した場合，環境は汚染されるという環境抵抗がはたらく。

答 ②

第４編　地学

第１章　地球の構造

（問題，本文 253 ページ）

No.1

大気は気温，密度，電離状態によって区分されている。

① 電離圏（熱圏）：80 ～ 500km 。気温急上昇。200km 付近は約 600℃，電子多量存在，電離層多数存在，デリンジャー現象，オーロラ，夜光発現がみられる。正しい。

② 成層圏：11 ～約 50km。約 50km 付近は，－ 2.5℃ぐらい。空気の対流なし。東西方向への風速が大きい。オゾン層が約 20 ～ 30km にあり，紫外線があたるとそれを吸収し，気温が上昇する。真珠雲発現。「対流が生じ，地表近くにオゾン層がある」の部分が誤り。

③ 中間圏：50 ～ 80km。100m ごとに 0.2 ～ 0.3℃低下。80km 付近約－ 85℃。対流なし。電離層 D 存在。夜光雲発現がみられる。正しい。

④ 対流圏：地表～約 11km。100m ごとに 0.6 ～ 0.7℃気温が低下。11km 付近で－ 56℃ぐらい。空気の対流あり。正しい。

⑤ 外気圏：500km 以上。気温が上昇し，500km 付近で約 700℃以上。大気中では，分子・原子・イオンが高速で運動。バン＝アレン帯が存在する。正しい。

答　②

No.2

(ア) 大気の最下層にある対流圏についての記述。**No.1**の④を参照。

(エ) 11 ～約 50km は成層圏についての記述である。**No.1**の②を参照。

ア：D　イ：C
ウ：B　エ：F
オ：A　カ：E

答　②

No.3

① 地球の地表付近の大気を構成する成分で最も多いのは窒素で約 78%，ついで酸素が約 21% である。

② 気圧は，断面積 1 ㎠，高さ 76cm の水銀柱の圧力を 1 気圧とするもので，気圧は高度が高くなるほど低くなっていく。

③ 気温は，対流圏では 100 m上昇するごとに約 0.65℃下がる。高地ほど気温は低くなる。

④ 近年観測されている地球温暖化は，大気中の二酸化炭素が増加し，温室効果によるものである。

⑤ 正しい。

答　⑤

No.4

④ ジェット気流の平均位置は，冬と夏では著しく異なる。一般に夏よりも冬のほうが強く，40m/s 以上になる。また，ジェット気流は停滞前線の近くに存在するため，夏は北上し，冬は南下する。

答　④

第２章　気圧と風

（問題，本文 263 ページ）

No.1

日較差が最も激しくなるのは，快晴時の昼（大気が温まりやすい）と快晴時の夜（夜は冷えやすい）の気温差である。

答　⑤

No.2

ア 積乱雲　イ 乱層雲　ウ 高層雲

寒冷前線による雲：積乱雲，積雲

温暖前線による雲：高い大気より巻雲，巻層雲が現れ，高層雲，乱層雲を生じる。

答　②

No.3

温暖前線が先行し，後方から寒冷前線が追いかける形となる。

a：温暖前線

b：寒冷前線

天気図：㈣が正しい。

答　④

No.4

高気圧の特徴と低気圧の特徴の違いについての問題である。解答は以下の通り。

	付近の気圧	付近の風の方向	付近の風の強さ	中心付近の気流	天候
高気圧	周囲より高い	周囲に向かって吹く	弱い	下降気流	好天
低気圧	周囲より低い	中心に向かって吹く	強い	上昇気流	荒天候

答　④

No.5

緯度がおよそ5～20°，海面の温度が約27℃以上の海上で発生する熱帯性低気圧のうち，最大風速が17.2m/s以上に発達したものを日本では台風とよぶが，アラビア海やベンガル湾などインド洋で発生するとサイクロンとよばれ，メキシコ湾やカリブ海で発生するものをハリケーンとよぶ。台風は水蒸気が上昇して凝結したときに放たれる潜熱がエネルギーであるから，海洋上にあるときに勢力が衰えることはない。上陸するとエネルギー源をたたれて勢力を失う。

よって，A：17m/s　B：サイクロン　C：ハリケーン　D：水蒸気が凝結するときの潜熱となる。

答　③

No.6

A　○　春は，移動性高気圧と気圧の谷（低圧部）が交互に日本上空を通過するため，3～5日周期で天気は変わりやすい。

B　×　梅雨前線は，オホーツク海高気圧と北太平洋高気圧の勢力が均衡し発生する。

C　○　夏には，北太平洋高気圧が発達し南高北低の気圧配置となって高温多湿になる。この高気圧は海洋性であるため，太平洋側では，よく晴れるが蒸し暑い日が多くなる。

D　○　秋には北太平洋高気圧の勢力が弱まり，大陸性のシベリア高気圧が徐々に強くなって，梅雨期と同じように停滞前線が形成される。これを秋雨前線という。この時期は，日本に近づく熱帯低気圧の数がもっとも多くなる。

E　○　冬には，シベリア高気圧が発達して西高東低の気圧配置になり，日本海側は大雪になる。

答　②

No.7

A：北太平洋高気圧　B：寒気団高気圧

C：梅雨前線　D：低気圧

答　①

No.8

① 赤道気団は海洋性であるから多湿である。

② 正しい。

③ オホーツク海気団は海洋性であるから多湿な気団である。

④ 移動性高気圧は，大陸性であるから乾燥した高気圧である。

⑤ 小笠原気団は，海洋性であるから多湿の気団である。

答　②

No.9

A＝春：移動性高気圧が西から，次々に日本に向かっている。

B＝秋：Aと非常によく似ている天気図である。移動性高気圧が西から，次々に日本に向かっている。台風が南海域に発生している。

C＝夏：太平洋高気圧が日本に張り出している。

D＝冬：西高東低の気圧配置。

E＝梅雨：オホーツク海側の高気圧と北太平洋高気圧の間に停滞前線ができ，日本上空に東西に位置している。梅雨前線である。

順序はE－C－B－D

答　②

No.10
晩霜は春に生じる現象で，大陸方面から移動性高気圧が到来し日本を覆うと，日中は風も弱く，快晴になるが，夜間は地表の放射冷却により霜がおりて，作物に被害を与えることがある。秋にも同様の現象があるが，これは早霜という。

答　③

No.11
A：低気圧域　B：海　C：陸　D：低気圧域
E：陸　F：海　G：海風　H：陸風　I：なぎ

答　③

第3章　岩石

（問題，本文 274 ページ）

No.1
① 正しい。大陸地殻下層部や海洋地殻は，玄武岩質でできている。
② 地殻の上層部と下層部の境界面をコンラッド不連続面という。
③ マントルは固体であり，地震波のS波はマントルと外核の境界面であるグーテンベルク不連続面で途絶える。
④ 外核と内核の境界面をレーマン不連続面という。
⑤ 核は，主に鉄やニッケルでできている。

答　①

No.2
① 地殻とは，地表から約数 10km までをいう。後半の記述は正しい。
② 正しい。
③ 外核は，地表から約 2,900 ～ 5,100km までをいう。外核は液体である。後半の記述は正しい。
④ 内核とは，地表から約 5,100km 以上中心部までをいう。後半の記述は正しい。
⑤ 地殻とマントルとの境界面をモホロビチッチ不連続面という。

答　②

No.3
ア　モホロビチッチ
イ　グーテンベルク
ウ　S波
エ　レーマン

答　③

No.4
火成岩はマグマが冷えて固まったものである。火成岩はさらに，マグマが地表付近で急激に冷えて固まったために鉱物の結晶が十分な大きさに成長できなかった斑状組織の火山岩と，マグマが地下深くで，ゆっくり固まったため，鉱物が十分な大きさの結晶に成長した等粒状組織の深成岩に分類される。
また火成岩は，その組成物質である SiO_2 の含有量によって，超塩基性岩，塩基性岩．中性岩，酸性岩に分類される。SiO_2 の含有量が多いほど色が白っぽくなり，SiO_2 の含有量が少ないほど Fe や Mg が多く黒くなる。
A：玄武岩　　B：センリョク岩
C：リュウモン岩　　D：多い
E：黒っぽい

答　④

No.5
A：斑状組織である。組成は細かい粒子が急激に冷えて固まった火山岩である。SiO_2 を多く含むため酸性岩。
B：等粒状組織である。深いところで時間をかけてゆっくり冷えて固まった深成岩である

答　③

No.6
セキエイ：無色鉱物
　　無色鉱物はセキエイとチョウ石である。
その他の鉱物：有色鉱物

答　③

第４章　地殻変動・地震

（問題，本文 281 ページ）

No.1

① 正しい。海嶺で生成され，アセノスフェア上を移動し海溝に入る。

② プレートは，地殻とマントル上部の一部のリソスフェアであり，その下にあるアセノスフェアとそれぞれ別の方向に移動している。

③ ヒマラヤ，アルプスなどの大山脈はしゅう曲山脈である。背斜と向斜をくり返して著しくしゅう曲し，細長い形をしている。

④ トランスフォーム断層の地震は浅発型が多い。

⑤ ハワイ諸島の真下にマグマ発生のホットスポットがあり，活動中の火山がある。したがって，ハワイに近い島ほど新しく，遠くなると古くなるため長い年月で侵食され，海底山脈となっている。

答　①

No.2

A：縦波　B：P　C：S
D：横波　E：液体

答　③

No.3

$$D = T \times \frac{v_1 \times v_2}{v_1 - v_2}$$ を利用する。

D ＝震源距離　T ＝初期微動継続時間
v_1 ＝ P 波の速度　v_2 ＝ S 波の速度
上記の式に数値を代入し，

$$D = 10 \times \frac{6 \times 3}{6 - 3} = 60〔\text{km}〕$$

答　④

No.4

震度とは観測点での振動の強さの程度を０，１，２，３，４，５弱，５強，６弱，６強，７の10 段階で表す。
マグニチュードとは地震の規模，地震のエネルギー量。

① 震度とマグニチュードの説明が反対。

② P 波到着後，S 波が到着するまでの時間。

③ 両者は無関係。

④ 正しい。振動の強さであるから震央の位置が明確でなくても決定できる。

⑤ 地盤が軟らかいほど震度階級は大きくなりやすい。

答　④

No.5

A：海嶺　B：海溝
C：プレートテクトニクス

答　④

No.6

その地点での地震の揺れの大きさは震度で表し，地震のエネルギーそのものはマグニチュードで表す。マグニチュードは，震源から一定の距離にある標準地震計の振幅をもとに計算される。

① 震度階級は０～７の 10 段階である。また，震度５強は壁に割れ目が入り，ブロック塀が崩れるなどの大きな揺れである。

② マグニチュードが 1.0 大きくなると，振幅はほぼ 10 倍になるが，地震のエネルギーは約 32 倍になる。

③ 地震が発生すると，P 波と S 波は同時に発生する。しかし，P 波のほうが速度が速いために，震源から離れた地点ではまず P 波が観測され，しばらくしてから S 波が観測されることになる。この時間の差を P–S 時間という。

④ 正しい。

⑤ 太平洋周辺部は地震の多発地帯であるが，大西洋では周辺部よりも中央海嶺に沿った地域で地震が多発している。基本的に，海溝や海嶺，断層に沿った地域で地震がおこりやすい。

答　④

第５章　地球と星の運動

（問題，本文 289 ページ）

No.1

順行とは，惑星が他の惑星と同じ方向に運動している状態を指す。それに対して逆行とは，順行とは逆の方向に運動している状態を指す。

A ＝順行　B ＝逆行　C ＝留　D ＝西　E ＝東

答　③

No.2

地球の公転を証明する現象は，年周光行差と年周視差である。

よって，B，D。

答　④

No.3

A：自転による現象。正しい。

B：季節の変化は地球の自転軸が公転面に対して 23.4° 傾いているため。誤り。

C：正しい。

D：地球の公転による見かけの運動。誤り。

答　⑤

No.4

① 月食は部分月食と皆既月食がある。地球の影が大きいため金環月食はない。

② 太陽と地球の距離ではなく，地球に届く月の影の大きさが原因。

③ 皆既日食は約 7 分 30 秒，皆既月食は約 1 時間 45 分。

④ 回数は日食が多い。月と太陽の大きさに関係。

⑤ 正しい。

答　⑤

No.5

① 正しい。太陽の直径は地球の約 109 倍で，質量は地球の約 33 万倍である。

② 太陽活動が活発化する周期は約 11 年である。

③ 黒点の温度は約 4,500K で，周囲より約 1,500K ほど低いため黒く見える。

④ 太陽は主系列星であり，エネルギーは水素の核融合反応で，ヘリウムが生成される。

⑤ 太陽の外側のコロナの温度は約 100 万 K である。

答　①

No.6

a ＝衝　b ＝内合　c ＝外合　d ＝合

答　②

No.7

A ＝内合　B ＝外合　C ＝ 18° ～ 28°

D ＝ 45° ～ 48°

答　⑤

No.8

A ＝天王星　B ＝土星　C ＝木星　D ＝海王星

答　④

No.9

① 正しい。地球から見て水星・金星は内惑星であるため，太陽から一定の角度以上離れて見ることはできない。これを最大離角という。

② 外惑星は，地球の軌道の外側を公転しているので，地球から見て太陽の反対側にくることもあり，真夜中に見ることもできる。真夜中に見ることができないのは内惑星である。

③ 逆行は惑星の公転周期が異なることからおこる見かけの運動である。これは，内・外惑星の区別とは関係なくおこる。

④ ケプラーの第２法則によれば，「太陽と惑星を結ぶ線分は，等しい時間に等しい面積を描く」。太陽に近づくほど線分が短くなるので速度が速くなり，太陽から遠ざかると線分が長くなるので速度は遅くなる。

⑤ ケプラーの第３法則によれば，「惑星の太陽からの平均距離の三乗は，惑星の公転周期の二乗に比例する」。三乗と二乗が逆である。

答 ①

No.10

⑤ 外惑星が真夜中に太陽と反対側にあるときを衝といいい，太陽と同じ方向にあるときを合という。合と衝が逆である。

答 ⑤

第６章　補足

（問題，本文 300 ページ）

No.1

地衡風は地上１km 以上で吹く風。主にはたらいている力は気圧傾度力とコリオリの力。高圧部から低圧部にむかってはたらく気圧傾度力と，風の流れに対して右方向にはたらく（北半球の場合）コリオリの力がつり合うため，風は等圧線に平行に吹く。

① 貿易風

② 偏西風

③ 地上風

④ 正しい

⑤ 極東風

答 ④

No.2

A カレドニア

B バリスカン

C アルプス

D プレートテクトニクス

答 ③

No.3

① 津波とは，地震により海底が急に隆起したり陥没したりすることによっておこる波。

② 海流とは，気温，海水の温度（等温線），風，地球の自転などさまざまな原因があるが，主たるものは風である。深さにより流れは変化する。

③ うねりとは，風浪が発生域を離れて風の直接の影響を受けなくなったもの。または発生域で風が弱まった後に，残る波。風浪に比べ，波高は低く波長は長い。波頭は丸みをおびており，また波の山が，かなり横に長く延びている。

④ 正しい。

⑤ 高潮とは，台風などの強い低気圧が通過するとき，気圧の低下による海面の吸い上げ作用や，強風による海岸への海水の吹き寄せ作用によって，海面が異常に上昇する現象。

答 ④

No.4

A 気象庁の規定によれば，日本には 111（2022 年現在）カ所以上の火山がある。

B 正しい

C 正しい

D 土石流ではなく，火砕流である。

E 正しい

答 ④